学思平治

名家谈
推进中国式现代化

解振华 林毅夫 朱 民 王昌林 刘世锦 等 著

长安街读书会 张斗伟 主编

人民出版社

责任编辑：祝曾姿

装帧设计：汪　莹

图书在版编目（CIP）数据

学思平治：名家谈推进中国式现代化 / 解振华等著；
长安街读书会，张斗伟主编 . -- 北京 ： 人民出版社，2025. 5.
ISBN 978 - 7 - 01 - 027256 - 6

I . D616

中国国家版本馆 CIP 数据核字第 2025MR6226 号

学 思 平 治

XUE SI PING ZHI

——名家谈推进中国式现代化

解振华　林毅夫　朱 民　王昌林　刘世锦　等 著

长安街读书会　张斗伟　主编

人民出版社 出版发行

（100706　北京市东城区隆福寺街 99 号）

中煤（北京）印务有限公司印刷　新华书店经销

2025 年 5 月第 1 版　2025 年 5 月北京第 1 次印刷

开本：710 毫米 × 1000 毫米 1/16　印张：18.75

字数：226 千字

ISBN 978 - 7 - 01 - 027256 - 6　定价：66.00 元

邮购地址 100706　北京市东城区隆福寺街 99 号

人民东方图书销售中心　电话（010）65250042　65289539

目　录

一、特征篇

二、改革篇

三、发展篇

四、保证篇

一、特征篇

中国式现代化是人口规模巨大的现代化，健全人口发展支持和服务体系

蔡　昉

习近平总书记强调，人口发展是关系中华民族伟大复兴的大事，必须着力提高人口整体素质，以人口高质量发展支撑中国式现代化。为了保证以人口高质量发展支撑中国式现代化，党的二十届三中全会通过的《中共中央关于进一步全面深化改革、推进中国式现代化的决定》（以下简称《决定》）对健全人口发展支持和服务体系作出重大部署。

一、完善人口发展战略的必要举措

改革开放以来的很长一段时间里，我国的人口发展态势和表现，如生育率降低、劳动年龄人口迅速增长、人口抚养比下降、人均受教育年限增加等，成为经济高速增长的有力支撑。党的十八大以来，针对人口发展出现的新变化、新特点，党中央科学研判，及时调整优化生育政策。作为生育率长期处于低水平的结果，2022年以来，我国人口发展已经进入减量阶段，同时进入以65岁及以上人口占比超过14%为标志的中度老龄社会；2023年，我国人口以1.48‰的幅度继续减少，老年（65岁及以上）人口比重提高到15.4%。以少子化、老龄化和区域人口增减分化为特征，我国人口发展面临新形势。

生育率随人均收入水平的提高趋于下降，是现代化过程中各国都会发生的规律性现象。由于经济社会发展和多年实行计划生育政策的双重作用，我国人口转变发生得十分迅速。早在 20 世纪 90 年代初，总和生育率（每位妇女平均生育的孩子数）就降到保持人口稳定所需要的 2.1 这一更替水平之下并继续下降，第七次全国人口普查显示，2020 年我国总和生育率降至 1.3。长期处于低生育率因而出生人口趋于减少，加上我国人口老龄化加剧，导致人口增长转负、适龄劳动人口减少，标志着推进中国式现代化面临的人口环境和条件发生了深刻变化。《决定》部署健全人口发展支持和服务体系，促进人口高质量发展，正是适应这一变化完善人口发展战略的必然要求，是新时代人口工作的顶层设计。

健全人口发展支持和服务体系，推动以人口高质量发展支撑中国式现代化，要求以系统观念统筹谋划人口问题，按照全局性、综合性的要求拓展工作思路的深度和工作领域的广度，坚持改革创新，不断深化相关领域改革。具体来说，要树立"大人口观"、全人群和全生命周期观念，把健全人口发展支持和服务体系，同制定实施生育支持和激励措施、强化就业优先政策、完善基本公共服务体系和实施积极应对人口老龄化国家战略等实现有机结合。为此，在实施人口发展战略时，特别需要注重提高系统性、协同性和实效性。

健全人口发展支持和服务体系，推动以人口高质量发展支撑中国式现代化，要求人口工作转向更加重视采用引导和激励的办法。保持适度生育水平和人口规模，是人口高质量发展的必然要求。从国际经验看，从低生育水平回升到更可持续水平，通常会遇到诸多难点和堵点。努力消除各种妨碍生育率回升的障碍，需要家庭生育意愿和社会生育目标逐渐趋于一致，这就要求在工作中更加注重利益引导，加大激励力度，加大支持政策措施的含金量，有效降低生育、养育、教育的直接成本，解除后顾之忧。同时，这也要求在促进人口高质量发展的要求同在发展中保障和改善民生的要求之间，形成目标和手段都一致的相互促进关系。

健全人口发展支持和服务体系，推动以人口高质量发展支撑中国式现代化，要求从诸多方面着手，通过体制机制创新和改革重点展开，达到以下关键目标。首先，加大人力资源开发利用力度，全面提高人口综合素质，以延续人口红利和开启人才红利。为此需要稳定提高人口健康水平、受教育水平和劳动者就业技能。其次，促进生育率向更可持续水平回升，努力稳定人口规模。这要求完善生育支持政策体系和激励机制，降低生育、养育和教育成本，提高生育意愿。再次，把握人口流动客观规律，推动基本公共服务和其他相关公共服务随人走、钱随人走，促进城乡、区域人口合理聚集、有序流动。最后，努力实现老有所养、老有所为、老有所乐。这要求在实施积极应对人口老龄化国家战略过程中，把健全基本养老保险制度、完善养老事业和养老产业政策机制与稳妥有序推进渐进式延迟法定退休年龄改革结合起来，提高老年人社会保险的保障和覆盖水平、养老照护满足度和劳动参与率。

二、健全覆盖全人群、全生命周期的人口服务体系

《决定》提出，健全覆盖全人群、全生命周期的人口服务体系。人口特征的一个重要体现是年龄结构，可以把人口的年龄阶段及其相互关系视为一个"人口回声"现象，即每个年龄段人口的数量和质量特征，都是此前人口特征的"回声"，不仅反映自身的状况以及人口

整体状况，还是此前年龄段人口特征的后果，同时对此后年龄段人口特征产生影响。例如，历史上的生育高峰，通常在 20 年之后相应形成一个劳动力丰富的人口结构，再过 40 年左右，这些劳动者则逐渐进入退休年龄，老龄化水平加快提高，老年人口抚养比（65 岁及以上人口与劳动年龄人口的比率）也必然上升。

以应对老龄化、少子化为重点完善人口发展战略，健全覆盖全人群、全生命周期的人口服务体系，正是针对这种"人口回声"现象及其体现的人口发展规律性的因势利导举措。具体来说，其中体现着三个重要的政策内涵。首先，在全体人民都有着对美好生活的期盼和需要的同时，处在每一个年龄阶段的人口分别对应着特有的民生需求，幼有所育、学有所教、劳有所得、病有所医、老有所养、住有所居、弱有所扶，都是具有年龄特征的民生保障。其次，每个年龄阶段之间都是彼此相连、相互影响的关系。因此，在实施人口发展战略和健全人口服务体系的过程中，这些民生领域的保障和改善，与人口服务体系的建立健全是异曲同工和相辅相成的任务要求。最后，旨在促进人口高质量发展的人口服务体系应该以系统观念统筹谋划，树立"大人口观"，着眼于覆盖全人群、全生命周期。具体来说，应该从婚嫁、生育、养育、教育、就业、就医、住房、养老等全方位推进建设，促进人口高质量发展与人的全面发展和全体人民共同富裕协同推进。

三、推动建设生育友好型社会

《决定》强调，推动建设生育友好型社会。这是适应人口发展新形势，积极应对老龄化、少子化问题的关键举措。从长期来看，通过努力保持适度生育水平和人口规模是最根本的目标。促进生育率向更可持续水平的回升，既不是不可能实现的任务，也不是轻而易举便可以达到的目标。因此，作为一个战略目标，推进实现的过程中既要有时不我待的紧迫感，适时、及时出台相关的政策，也要有足够的历史耐心，持之以恒、久久为功付出长期的努力。根据人口统计规律，总和生育率为 2.1，是一个保证人口发展可持续的更替水平生育率。从世界各国先例来看，生育率在较低的水平上长期徘徊之后，通常难以再回升到更替水平。不过，促进总和生育率向这个方向尽可能靠近，或者在目前水平上有明显的提高，应该成为政策努力达到的目标，以此保持我国人口资源环境关系更加协调，超大规模市场优势更加巩固，综合国力进一步稳步提升。

在实行计划生育政策时期，人口工作着眼于"管"和"限"，较多采用的是行政手段。以促进生育率向适度水平回升为取向的人口工作，在出台了一系列优化生育政策的"放"的举措之后，需要更加注重引导和激励。这要求政府、社会、家庭之间形成激励相容、治理协同和推动同步的局面。推动建设生育友好型社会，就是以应对老龄化、少子化为战略重点，从全人群、全生命周期着眼和入手，以系统统筹、激励引导的方法，健全人口发展支持和服务体系，促进家庭生育意愿与社会适度生育率最大限度的相容。从完善生育支持政策体系和激励机制的任务要求来看，《决定》按照全人群、全生命周期的覆盖要求及顺序，围绕降低"三育"成本，部署了一系列重大举措。一是建立生育补贴制度，在目前各地普遍做法的基础上，整合各种补贴形式，逐步提高补贴水平，并且与生育保险覆盖范围的扩大协同推进，形成广泛覆盖的家庭育儿支持基本制度，提高生育、养育、教育成本公共化水平。二是提高基本生育和儿童医疗公共服务水平，提升生育全程基本医疗保健服务能力，扩大辅助生殖技术服务资源，完善母婴健康、生殖健康和儿童健康服务体系。三是完善生育休假制度，包括制定产假、育儿假、陪护假、哺乳假法规和管理办法，创造育儿友好的就业和社会环境。四是加大个税抵扣力度，具体办法可以从提高抵扣的照护婴幼儿年龄和提高抵扣比例两方面发力。五是加强普惠育幼服务体系建设，增加普惠性服务的战略性投入，加大对家庭婴幼儿照护支持和早期发展指导，完善家庭育儿支持服务体系，推动统筹配置0—6岁育幼服务资源，支持用人单位办托、社区嵌入式托育、幼儿园托育服务、家庭托育点等多种模式发展。

四、完善发展养老事业和产业政策机制

《决定》强调，积极应对人口老龄化，完善发展养老事业和养老产业政策机制。2023年，我国65岁及以上人口在总人口中的比重提高，这既是少子化即长期处于低生育水平的结果，也是人口预期寿命提高的结果。2023年，我国人口平均预期寿命已达78.6岁，显著高于世界银行定义的中等偏上收入国家平均水平，十分接近高收入国家或经济合作与发展组织国家平均水平。我国的健康预期寿命也明显改善。可见，我国的人口老龄化趋势总体上符合各国现代化和人口发展的一般规律，并在一些方面超前于同等发达程度的其他国家。在特殊性方面，既包括诸如"未富先老"带来的诸多挑战，也包括超大规模老年人口具有的人力资源优势和巨大市场潜力。《决定》的重大部署，就是从完善发展养老事业和养老产业政策机制着力，应对挑战和抓住机遇，努力提高老年人生活品质。

从完善发展养老产业政策机制角度来看。2023年我国65岁及以上人口规模接近2.2亿。这个老年人和大龄劳动者群体，既是我国规

模庞大人力资源的一支重要生力军，也应该成为需求效应显著的一个消费群体。发展银发经济、增进老年人福祉就是为达到这一要求作出的战略安排。银发经济着眼于为老年人提供所需产品和服务，具有涉及面广、产业链长、业态多元和潜力巨大的特点，既是解决急难愁盼民生需求的关键领域，也通过挖掘老年人消费潜力扩大内需，支撑经济长期增长。需要同时用力的方面是创造适合老年人的多样化、个性化就业岗位。2023年我国老年人口抚养比达到22.5%，比十年前提高了9.4个百分点，这既导致劳动力供给减少，也造成养老金持续发放的压力。应该看到，部分已达到退休年龄的人口既有继续工作的体能体魄，也有延迟退休的愿望。按照自愿、弹性原则，稳妥有序推进渐进式延迟法定退休年龄改革，有助于更充分挖掘大龄劳动者的人力资本和劳动力潜力，同时提高养老金发放的长期可持续性。鉴于银发经济和涉老产业的性质，应该更好协调市场机制和产业政策作用，同步发挥需求引导供给和供给创造需求的作用。

从完善发展养老事业政策机制角度来看。遵循尽力而为和量力而行的原则满足老年人的基本养老服务需求，是人口高质量发展同人民高品质生活紧密结合的关键任务。优化基本养老服务供给应该从完善政策和机制着力，激励全社会参与的积极性，动员各方面的存量和增量资源。一是通过政策鼓励和市场激励，培育社区养老服务机构，努力提高机构养老覆盖率。二是健全公办养老机构运行机制，提高服务水平、效率和能力。三是鼓励和引导企业等社会力量积极参与，以及推进互助性养老服务。同时要看到，我国发展不平衡的国情特点也表现在养老服务方面。根据第七次全国人口普查数据，按照常住地统计，我国65岁及以上老年人中32.5%居住在城市，20.1%居住在县城，47.4%居住在农村，区域差异和城乡差异也影响老年人福祉水平。因此，基本养老及相关服务的供给，要对困难老年人进行倾斜，加快补齐农村养老服务短板，改善对孤寡、残障失能等特殊困难老年人的服务，推动社会适老化改造，加快建立长期护理保险制度。

【作者系中共十八大代表，中国社会科学院原副院长、党组成员，中国社会科学院学部委员、国家高端智库首席专家】

中国式现代化是全体人民共同富裕的现代化，意味着促进人的全面发展

刘尚希

习近平总书记在《正确认识和把握我国发展重大理论和实践问题》中明确提出了五个重大理论和实践问题。其中，排在首位的就是"正确认识和把握实现共同富裕的战略目标和实践途径"。共同富裕是中国特色社会主义的本质要求。贫穷不是社会主义，两极分化也不是社会主义。这意味着，建设社会主义首先要解放和发展生产力，实现富裕，同时在富裕起来的过程中避免两极分化。这是坚持和发展中国特色社会主义制度的题中应有之义。

只有围绕人来做文章，才能找到促进共同富裕的钥匙

作为发展中大国，我国人均国民生产总值刚刚跨过 1 万美元，还不能算世界上的富裕国家，发展仍是硬道理。同时，我国的基尼系数在世界排名并不低，居民收入差距较大。"既要不断解放和发展社会生产力，不断创造和积累社会财富，又要防止两极分化"，这是我们进入新发展阶段所要面临的一项艰巨任务。只有围绕人来做文章，才能找到促进共同富裕的钥匙。

"国之称富者，在乎丰民。"党的十八大以来，以习近平同志为核心的党中央把握发展阶段新变化，把逐步实现全体人民共同富裕摆在

更加重要的位置上，为促进共同富裕创造了良好条件。现在，已经到了扎实推动共同富裕的历史阶段。

共同富裕是人类文明发展中的难题，迄今为止，还没有任何一个国家完美地解决了这个问题。习近平总书记指出，"一些西方国家在社会财富不断增长的同时长期存在贫富悬殊、两极分化。有的拉美国家收入不算高，但分配差距很大。"

从经济学角度看，共同富裕是一个包括财产、收入在内的物质财富生产和分配的问题。从社会发展的角度来观察，共同富裕的实质是人自身的发展问题。若只是在物质财富的生产和分配上做文章，不落到人的发展、所有人的全面发展上，则共同富裕只是分配政策的目标，仅仅具有短期意义。从世界发达国家的历史经验来观察，仅仅依靠分配政策的调整，不能逆转贫富差距扩大的基本趋势。因为分配差距的根源是人的能力差距，尤其是群体的、阶层的能力差距。

共同富裕意味着促进人的全面发展

现代化的核心是人的现代化。社会主义的内在价值追求是人自身发展的平等机会，物质生活条件的基本平等仅仅是一个手段或实现路径而已。所以，共同富裕意味着促进人的全面发展，而不是物质财富上的均贫富。历史已经告诉我们，均贫富并不能实现所有人的全面发展，甚至可能使发展陷入停滞不前的境地。历史上的平均主义"社会实验"结果已经表明了这一点。

从世界历史来看，促进共同富裕的基本逻辑一直是困在效率与公平的冲突之中。在两极分化的年代，均贫富曾经是追求共同富裕的基本方式。从农民起义到工人运动，无一不是从分配上做文章。

马克思从否定私有制入手来设想人类共同富裕、全面发展的终极愿景，在理论上是极其深刻的。但历史发展过程是曲折的、充满不确定性的。尤其在生产力水平不是十分发达，社会财富没有充分涌流的社会主义初级阶段，还不能通过马上消灭私有制来实现均贫富，从而实现人的自由全面发展。

资本主义的发展从工人运动和马克思主义中汲取了教训和灵感，逐渐建立了保护劳动群众权益的法律制度，如社会保障制度，改善了劳动群众的生活水平，并使之随着生产力发展而不断提高。从人类文明角度看，资本主义的发展促进了一国之内的共同富裕，但遇到了历史的天花板。其根源是嵌入市场经济当中的资本逻辑衍生出的"马太效应"，政府的再分配短期有效，但长期无效。因为"马太效应"总是会以同样的方式，但以更大的力度随着社会再生产循环而不断再现出来。更重要的是，福利主义作为一种历史的进步，陷于物质主义当中，偏离了人的自身发展这个目的。人被资本支配，社会、政治也被资本支配，物本逻辑支配着整个社会的运行和发展。这是资本主义陷入发展困境的一个根源。人与物的关系一旦对立起来，社会发展进步就会走到历史尽头。

我国实行的是中国特色社会主义。习近平总书记明确指出，"促进共同富裕，不能搞'福利主义'那一套。"在推进共同富裕的过程中，我国主动转向人本逻辑。这与新时代中国共产党以人民为中心的发展思想高度吻合，与当前转向高质量发展和创新驱动的战略高度契合。习近平总书记指出："我们追求的发展是造福人民的发展，我们追求的富裕是全体人民共同富裕。"

要将经济问题纳入社会整体当中来考虑

转向社会发展的人本逻辑，意味着要将经济问题纳入社会整体当中来考虑。经济学帝国主义让决策思维不由自主地遮蔽了对社会整体的观察，模糊了经济与社会之间的关系。经济是社会的物质基础，但也只是社会的一部分，受制于社会的整体状态。当区别于之前所有社会状态的"风险社会"来临之际，经济运行的大环境已经改变，经济理论原有的那套自洽性也因此而改变，难以解释和指导当下以及未来的实践。

人的发展、所有人的自由全面平等发展，只有放到整个社会当中才能清楚认识，放在经济当中则只能看到一部分。观察物质财富的生产和分配，若跳出经济思维，从整个社会来看，那只是为人的发展、所有人的自由全面平等发展创造一个必要条件，但不是充分条件。

在社会主义初级阶段，共同富裕的充要条件是通过改革创新以及政府和社会的合力来保障所有人获得基本的能力，尤其是农民群体的能力提升。坚持以人民为中心，就可以形成新的发展模式：目的与手段内在一致、公平与效率深度融合、质量与速度高度统一。当前，我国正着力构建新发展格局，需要从供需两侧同时发力，包括加快推动要素市场化配置改革、扩大中等收入群体、保障改善民生等。这都是从"物"的视角来为"人"的发展创造条件，而人的发展最终离不开我们经常谈到的消费。

经济意义上的消费，是促进国内大循环的重要抓手，能有效拉动经济增长；而社会意义上的消费，是人的发展过程，是人的素质能力提升过程，也是人力投资和人力资本积累的过程。消费的可获得性，涉及收入，即有没有钱和有多少钱的问题，但消费的可及性与收入无关，这涉及的是消费对象、消费条件和消费能力。有钱，未必有条件消费、有能力消费、可以安全消费。消费的高度社会化导致的各种消费风险，带给人的生产再生产很大的不确定性和风险，不是仅仅依靠增加收入就能解决的。

作为与经济概念对应的社会概念，消费是人生产再生产的过程，是人的发展、人力资本积累以及人的能力提升的过程，也是为经济提供目的和创造重要条件——劳动力和人才的过程。消费包括私人消费和公共消费。两者应当合力满足每个人的基本消费，包括基本营养、基本教育、基本医疗、基本住房，以此保障每个人获得基本能力。当私人消费不足以达到基本消费和获得基本能力时，公共消费就应当补上，不让一个人落下。这比政府对家庭的转移性支出这类再分配更重要。把公共消费折算成政府的转移性支出，纳入收入再分配中来考察，模糊了公共消费对能力提升的直接作用，而收入再分配并没有这种直接作用。

国民能力的普遍提升，起点公平、机会公平也就有了基础

国民基本能力得到普遍提升，参与经济循环的起点公平、机会公平也就有了基础，也为创新创业提供了广泛社会基础，为未来的可持续发展提供了动力，效率与公平的融合也就内在其中了。促进共同富裕，要摆脱效率与公平、做蛋糕与分配蛋糕的两难选择困境，只有从物转向人，从财产和收入基准转向消费基准，才能真正做到，也就是从物本逻辑转向人本逻辑，才能实现逐渐地、持续地走向共同富裕。

"共同富裕是社会主义的本质要求，是人民群众的共同期盼。我们推动经济社会发展，归根结底是要实现全体人民共同富裕。"从发

展过程来看，在共同富裕方面，今天的改善是明天进一步发展的条件。促进人的全面发展是实现我国可持续发展的保障，也是实现第二个百年奋斗目标的要义。

习近平总书记强调："我国正处于并将长期处于社会主义初级阶段，我们不能做超越阶段的事情"。从长远来看，"共同富裕是一个长远目标，需要一个过程，不可能一蹴而就，对其长期性、艰巨性、复杂性要有充分估计，办好这件事，等不得，也急不得"。急不得，在于共同富裕首先依赖于发展过程，包括物质发展和人的发展，都不是一夜之间的事情。等不得，在于实现扩大内需、构建新发展格局、推动创新驱动发展等，都依赖于共同富裕的边际改进。

"惟其艰难，才更显勇毅；惟其笃行，才弥足珍贵。"党的十八大以来，中国共产党坚持以人民为中心的发展思想，以时不我待的历史责任感与攻坚克难精神，团结带领人民迈上了扎实推进共同富裕的高质量发展之路。

【作者系全国政协委员，中国财政科学研究院研究员、原院长】

中国式现代化是物质文明和精神文明相协调的现代化，物质富足、精神富有是社会主义现代化的根本要求

马国仓

党的二十大擘画了新时代党和国家发展的宏伟蓝图，指明了党带领人民前进的方向，提出了奋进新征程的行动纲领。全党高举中国特色社会主义伟大旗帜，深刻领悟"两个确立"的决定性意义，坚决维护习近平总书记党中央的核心、全党的核心地位，坚决维护党中央权威和集中统一领导，全面贯彻习近平新时代中国特色社会主义思想，弘扬伟大建党精神，自信自强、守正创新，踔厉奋发、勇毅前行，为全面建设社会主义现代化国家、全面推进中华民族伟大复兴而团结奋斗。

大会号召，从现在起，中国共产党的中心任务就是团结带领全国各族人民全面建成社会主义现代化强国、实现第二个百年奋斗目标，以中国式现代化全面推进中华民族伟大复兴。

党的二十大成果丰硕、内容丰富，意义重大、鼓舞人心。一段时间以来，在不断深化学习宣传贯彻党的二十大精神的日子里，作为一名媒体人和文化从业者，联系自身三十多年工作实际，对党的二十大提出的"以中国式现代化全面推进中华民族伟大复兴"使命任务和"推进文化自信自强，铸就社会主义文化新辉煌"战略部署倍感振奋、体会深刻。

党的二十大报告全面阐述了中国式现代化的中国特色和本质要

求。中国式现代化是中国共产党领导的社会主义现代化，既有各国现代化的共同特征，更有基于自己国情的中国特色。中国式现代化，是人口规模巨大的现代化、全体人民共同富裕的现代化、物质文明和精神文明相协调的现代化、人与自然和谐共生的现代化、走和平发展道路的现代化。这就意味着在不远的将来，中国建成社会主义现代化强国，将包括精神生活在内的人民生活水平实现整体跃升。

建成社会主义现代化强国是中国共产党第二个百年奋斗目标，以中国式现代化推进中华民族伟大复兴，是中国共产党人的时代使命和光荣任务。报告特别强调了中国式现代化是物质文明和精神文明相协调的现代化，既揭示了中国式现代化的一大特征，也凸显了精神文明在中国式现代化建设中的重大作用和重要意义，为推进文化自信自强、铸就社会主义文化新辉煌和到 2035 年建成社会主义文化强国提供了重大历史机遇。

物质富足、精神富有是社会主义现代化的根本要求。物质贫困不是社会主义，精神贫乏也不是社会主义。正因为旧中国的极端贫穷和落后，在很多人固有的思维中，往往把现代化更多地理解为物质文明的丰富发达。从当年的"楼上楼下，电灯电话"到后来的 GDP 崇拜，都是许多人感性认识和惯性思维的结果。真正的现代化，物质文明极其重要，没有物质文明，谈不上现代化；精神文明更不可或缺，没有精神文明的现代化，不是完整的真正意义上的现代化。真正的现代化，应当是物质文明和精神文明二者相互协调、达到统一的现代化，就是要促进物的全面丰富和人的全面发展。从这个意义上讲，中国式现代化，必然是物质文明和精神文明相协调的现代化。

一方面，从物质文明的角度看，中国共产党带领人民实现从站起来到富起来再到强起来的伟大飞跃。新时代十年，完成了脱贫攻坚、全面建成小康社会的第一个百年奋斗目标，历史性地解决了绝对贫困问题。2022 年，中国国内生产总值已过百亿，达到 121 万亿元，我国经济总量占世界经济的比重超过 18.5%，稳居世界第二位；人均国内生产总值达 85698 元……中国经济发展取得巨大成就，为实现中国式现代化奠定了坚实基础、创造了良好条件、提供了重要保障，特别是在我国东南部一些经济发达的地区，物质文明已极度接近现代化国家指标体系。另一方面，从精神文明建设看，社会主义文化建设的繁荣兴盛同样为中国式现代化创造了良好条件。特别是进入新时代以来，党的创新理论深入人心，社会主义核心价值观广泛传播，中华优秀传统文化得到创造性转化、创新性发展，文化事业发展、产业繁荣，网络生态持续向好，意识形态领域形势发生全局性、根本性转变，全党全国各族人民文化自信明显增强、精神面貌更加奋发昂扬……实现中国式现代化的文化基础是到 2035 年建成社会主义文化强国，党的二十大报告中"物质文明和精神文明相协调"的中国式现代化目标对文化强国建设提出了更高要求，因此当下的文化建设在面临重大机遇的同时也面临挑战。

首先是挑战。其一，实现以文化强国为基础的物质文明和精神文明相协调的中国式现代化目标，必然有相应的文化指标体系，并且这个指标体系既要体现中国特色，又是被普遍认同的；其二，文化是一项久久为功的事业，到 2035 年建成社会主义文化强国还只剩短短 12 年时间，可谓时不我待。由此，物质文明和精神文明相协调的中国式现代化目标绝不会是轻轻松松、敲锣打鼓就能实现的，需要文化战线各单位及全体人员以只争朝夕的精神状态付出更为艰苦卓绝的努力。

其次是机遇。其一，新中国成立以来，我们党带领人民披荆斩棘，克服了一个又一个困难，实现了一个又一个奋斗目标。现在，有党的二十大选举产生的以习近平同志为核心的新一届党的领导集体的坚强领导和领航掌舵，有习近平新时代中国特色社会主义思想指引方向，有社会主义制度优越性保驾护航，到2035年建成社会主义文化强国进而推进物质文明和精神文明相协调的中国式现代化目标就有了根本遵循；其二，实现以文化强国建设为基础的物质文明和精神文明相协调的中国式现代化目标，必然引起党和国家对文化建设的进一步重视，相应的改革举措、相应的扶持政策、相应的引导机制必将密集出台，文化建设必将迎来多重利好，进入快速发展的机遇期。

习近平总书记深刻指出："现代化的本质是人的现代化。"从现实看，人的现代化目前还是实现物质文明和精神文明相协调的中国式现代化目标的一大短板，也就是说，就我国发展而言，经济发展一直以来都是蒸蒸日上，即使近年来受到疫情的巨大冲击，也依然是世界经济发展的火车头。我国的文化事业同样繁荣兴盛，取得巨大成绩，但我们不能为此感到骄傲自满，仍需要久久为功。因此，在到2035年建成社会主义文化强国、推进中国式现代化的远景目标中，人的现代化相比经济的现代化难度更大，而要实现人的现代化还无捷径可走，只有以文化人、倡导全民阅读、通过阅读等文化熏陶手段，提升国民的文明素养和精神境界，提高全社会精神文明程度。

当下，尽管我国文化市场丰富多彩，但还无法满足市场消费中多元的、个性化的文化需求，公共文化服务体系建设尚不够完善，人民日益增长的美好生活需要和不平衡不充分的发展之间的矛盾在文化领域依然突出，精品佳作或供给不足、或供货不畅，影响到读者、观众的消费积极性，全社会阅读风尚、精神文化消费习惯尚未形成，这些都影响国民文明素质的提升。

"数百年旧家无非积德，第一件好事还是读书"。阅读是实现人的现代化的重要手段，以文化核心组成部分的图书出版阅读活动为例，2023 年 4 月 23 日，在第二届全民阅读大会上，中国新闻出版研究院发布了第二十次全国国民阅读调查结果，调查结果表明，2022 年我国成年国民包括书报刊和数字出版物在内的各种媒介的综合阅读率为81.8%，较 2021 年的 81.6%提升了 0.2 个百分点。数据显示，2022 年我国成年国民图书阅读率为 59.8%，较 2021 年的 59.7%增长了 0.1 个百分点；报纸阅读率为 23.5%，较 2021 年的 24.6%下降了 1.1 个百分点；期刊阅读率为 17.7%，较 2021 年的 18.4%下降了 0.7 个百分点；数字化阅读方式（网络在线阅读、手机阅读、电子阅读器阅读等）的接触率为 80.1%，较 2021 年的 79.6%增长了 0.5 个百分点。对我国城乡成年居民 2022 年图书阅读率的考察发现，我国城镇居民的图书阅读率为 68.6%，较 2021 年提升 0.1 个百分点；农村居民的图书阅读率为 50.2%，较 2021 年提升 0.2 个百分点。通过对我国城乡成年居民图书阅读量的考察发现，2022 年，我国城镇居民的纸质图书阅读量为 5.61 本，较 2021 年的 5.58 本多 0.03 本；农村居民的纸质图书阅读量为 3.77 本，高于 2021 年的 3.76 本。其中，作为阅读主要群体，2022 年我国 0—17 周岁未成年人图书阅读率为 84.2%，较 2021 年的83.9%提高了 0.3 个百分点。2022 年我国 0—17 周岁未成年人的人均图书阅读量为 11.14 本，较 2021 年的 10.93 本增加了 0.21 本。此外，2023 年 2 月 28 日，国家统计局发布的《中华人民共和国 2022 年国民经济和社会发展统计公报》显示，2022 年全国出版图书 114 亿册（张），人均图书拥有量 8.07 册（张）。两项调查成果有喜有忧，喜的是阅读量总体在增长，忧的是增长幅度普遍过小，有的还有下滑，与世界发达国家的国民阅读量和人均图书拥有量还有较大差距，这也反映出文化建设的短板所在。

文化的短板也是文化的机遇，从另一个角度表明了文化发展的潜力。更好学习贯彻落实党的二十大精神，抢抓中国式现代化带来的文化发展机遇，补齐文化短板，既是新时代文化战线的新使命，也是对文化领域贯彻落实好党的二十大精神的新考验。这就需要我们按照习近平总书记在党的二十大报告中关于思想文化建设的重要指示精神，按照党和国家关于推进中国式现代化的要求部署，大力推进文化自信自强，努力铸就社会主义文化新辉煌。要通过统筹推动文明培育、文明实践、文明创建，推进城乡精神文明建设融合发展；坚持以人民为中心的创作导向，推出更多增强人民精神力量的优秀作品。通过文化繁荣兴盛促进实现人的现代化，让文化发展更好地赋能中国式现代化建设。

文化自信是更基础、更广泛、更深厚的自信，是一个国家、一个民族发展中最基本、最深沉、最持久的力量。历史和现实反复证明，文化兴国运兴，文化强民族强。习近平总书记在致首届全民阅读大会举办的贺信中指出，阅读是人类获取知识、启智增慧、培养道德的重要途径，可以让人得到思想启发，树立崇高理想，涵养浩然之气。中华民族自古提倡阅读，讲究格物致知、诚意正心，传承中华民族生生不息的精神，塑造中国人民自信自强的品格。他在贺信中希望广大党员、干部带头读书学习，修身养志，增长才干；希望孩子们养成阅读习惯，快乐阅读，健康成长；希望全社会都参与到阅读中来，形成爱读书、读好书、善读书的浓厚氛围。党的二十大报告明确提出了"深化全民阅读活动"的要求，中国新闻出版传媒集团作为文化领域的专业媒体，长期以来积极推荐优秀图书，大力倡导全民阅读，为持续提高国民文化素质"大声吆喝"，未来也将继续贯彻落实党的二十大精神，为文化建设鼓与呼，踔厉奋发、勇毅前行，在新征程上创造新业绩，以实际行动全力为建设文化强国、实现中国式现代化目标作出自己的贡献。

【作者系中国新闻出版传媒集团有限公司党委书记、董事长，中国出版协会副理事长】

中国式现代化是人与自然和谐共生的现代化，携手呵护好人类唯一的地球家园

解振华

气候变化是人类发展过程中产生的问题，也只能通过可持续发展来解决。中国将坚定不移推动实现碳达峰碳中和目标，一如既往积极参与应对气候变化国际合作。

中国是一个人口众多、生态脆弱、能源资源相对短缺的发展中国家，同时面临发展、民生、减贫、环保等多重任务。我们用几十年的时间走过了西方发达国家上百年甚至数百年的发展历程，还要在更短时间内把污染、排放控制住、降下来，实现从碳达峰到碳中和，难度超乎想象，需要付出艰苦努力。

在现代化建设过程中，中国比较早就明确提出，不能走先污染、后治理的老路，积极探索可持续发展道路。党的十八大以来，在习近平生态文明思想指引下，中国绿色低碳发展取得显著成效。10年来，中国以年均3%的能源消费增速，支撑了平均超过6%的经济增长。中国可再生能源发电装机居世界第一，是全球风电、光伏和电池设备主要供应国，新能源汽车保有量约占全球一半。随着环境质量明显改善，中国老百姓的幸福感越来越高。中国实践说明，保护生态环境、应对气候变化的行动非但不会阻碍经济发展，还能培育新的增长动能，创造新的就业机会，提高发展的质量和效益。中国愿通过南南合作同其他发展中国家分享绿色发展经验，尽己所能提供帮助，与

各方一道推进全球生态文明建设。

习近平主席指出，应对气候变化是中国可持续发展的内在要求，也是负责任大国应尽的国际义务，这不是别人要我们做，而是我们自己要做。新时代十年，中国为推动全球气候治理进程作出了历史性贡献。

2020 年新冠疫情蔓延、全球经济增长放缓、气候危机交织之际，习近平主席在第七十五届联合国大会一般性辩论上宣布，中国二氧化碳排放力争于 2030 年前达到峰值，努力争取 2060 年前实现碳中和。这一重要举措有力支持联合国提出的绿色复苏倡议，鼓励带动了其他国家提出有力度的气候行动目标。目前，全球绿色低碳转型大趋势已不可逆转。

未来，中国将坚定不移推动实现碳达峰碳中和目标，一如既往积极参与应对气候变化国际合作。面对共同挑战，世界各国应加强对话合作，加快建立绿色低碳可持续的生产方式、生活方式和消费模式，实现人与自然和谐共生，携手呵护好人类唯一的地球家园。

【作者系中国环境与发展国际合作委员会副主席、原中国气候变化事务特使，曾荣获联合国环境保护最高奖"联合国环境署世川环境奖"、全球环境基金"全球环境领导奖"、世界银行"绿色环境特别奖"】

中国式现代化是走和平发展道路的现代化，
对外工作必须坚定奉行独立自主的和平外交政策

王　帆

举世瞩目的党的二十届三中全会于 2024 年 7 月 15 日至 18 日在北京召开，全会审议通过了《中共中央关于进一步全面深化改革、推进中国式现代化的决定》（以下简称《决定》），《决定》对中国进一步深化改革和推进中国式现代化做出明确的部署，意义重大，影响深远。

当前，世界百年变局加速演进，进入新的动荡变革期。对于中国而言，如何在变局中求稳定，如何在世界经济整体低迷中继续发挥中国的稳定器和推进器作用、重振世界信心，如何在分化的历史逆流之下推进人类命运共同体和经济全球化等等，都是中国应对外部世界复杂变局严峻挑战的战略性议题。在复杂严峻的国际形势下，中国如何破局、如何变革创新、如何谋划推进中国发展和人类社会进步的宏大问题，《决定》做出了有力回答。

党的二十届三中全会确定了中国未来改革的时间表和规划书，是新征程上的强力号角。中国强调继续坚定改革开放，继续坚定走和平发展道路，这必将为变乱交织的国际社会带来新的希望，注入新的信心。全会公报中提出"面对纷繁复杂的国际国内形势，面对新一轮科技革命和产业变革，面对人民群众新期待，必须自觉把改革摆在更加突出位置，紧紧围绕推进中国式现代化进一步全面深化改革"，明确了"到二〇三五年，全面建成高水平社会主义市场经济体制"，"到二〇二九年中华人民共和国成立八十周年时，完成本决定提出的改革任务"。中国将继续高水平开放，这对于世界而言将是一个福音。

改革开放是当代中国大踏步赶上时代的重要法宝。中国的改革开放已经进入了新的阶段，由"走出去"到"请进来"，现在要实现"走出去"和"请进来"的更高平衡，达到高水平开放。中国将利用好超大规模市场的活力和吸引力，吸引外资外智，包括主动对接国际高标准经贸规则，进一步推动贸易投资便利化自由化，打通堵点，消除痛点，疏解难点，不断促进高水平开放。"双循环"是破解逆全球化的关键所在。中国走出去的力度更为强劲，走出去的产品质量有了前所未有的提升，以前的轻工产品诸如鞋帽、打火机等仍然是国际社会欢迎的物美价廉的商品，而新能源产品正形成新的一波出口浪潮，新能源汽车、手机等自动智能水平高的新产品不断迭代升级，具有领先性、高科技性。国际社会的发展水平和需求在驱动中国企业更快更强发展。

"走出去"的是更有市场吸引力和感召力的前沿引领精品，"请进来"的是更适应中国发展进程的优质企业，无论是质量还是档次都有巨大提升。"请进来"的政策更为暖心到位。中国缩减外资准入负面清单、实行 72/144 小时过境免签政策和外国游客支付方式多样化，开放的深度和广度得到不断拓展。这就是高水平开放的意义。

这再次证明了一个道理：中国好，世界才会更好。中国只要坚定改革开放，坚持推进高水平开放、高质量发展，坚持统筹好内外"两个大局"，凭借体制优势，充分调动国内外一切有利资源和因素，保持政策的坚定性、连贯性和一致性，稳中求进，中国的改革开放就将是国际社会的强大确定性因素。任何国家都不可能轻视中国、削弱中国，中华民族的伟大复兴就将是不可阻挡的，人类的进步事业也是不可阻挡的。

大国竞争的关键在于自身发展和不断壮大，而不是打压遏制阻断别国的发展。中国的和平发展道路，不是以削弱他国为目的，而是以强化自身、团结合作、推进人类命运共同体为己任。

全会强调，中国式现代化是走和平发展道路的现代化。对外工作必须坚定奉行独立自主的和平外交政策，推动构建人类命运共同体，践行全人类共同价值，落实全球发展倡议、全球安全倡议、全球文明倡议，倡导平等有序的世界多极化、普惠包容的经济全球化。

当今社会，世界在变，中国也在变。有些国家基于传统的霸权思维在开历史倒车，而另一些国家正在努力推动历史进步，但这种努力比以往任何时期都更加艰难。中国意识到并肩负起历史责任，不断努力推动历史车轮向前走。我们看到形成鲜明对比的事实：有些国家搞脱钩断链，逆全球化，甚至热衷于搞排斥多数国家的"小圈子小市场"，中国则是在推进互联互通共建共享。个别大国仍然努力维护只有利于自身而牺牲多数国家公平发展的规则和秩序，全然不顾世界多数国家对于平等有序的多极化、公平正义、普惠包容的经济全球化的强烈呼声。这样的局面正在改变，这样的局面也必须改变。历史证明，中国是参与引领全球治理体系改革和建设的重要建设性力量。

世界好，中国才会好；中国好，世界会更好。中国希望与世界进一步共通共荣，中国式现代化的探索之路也为世界范围的现代化道路提供更多参考和借鉴。中国坚持中国共产党领导下的中国特色社会主义制度，同时追求全人类共同价值，推进全过程人民民主。中国实行中国特色的民主制度，这就是全过程人民民主。民主是人类共同价值之一。公平正义在人类共同价值中也不可缺失。马克思主义基本原理同中国优秀传统文化的有力结合将为人类发展带来新的曙光。中国的社会治理尝试、发展经验、精准扶贫政策都可以为外部世界提供更多借鉴。

中国之变与世界发展大势保持高度一致，与世界的进步连在一起。中国的发展本身即是世界发展进步的重要组成部分。中国式现代化的实现必将推动世界整体的现代化事业迈向新的阶段。中国之变是人类进步的关键所在，中国之变必将建设性影响世界，造福世界。

【作者系外交学院院长、党委副书记兼中国外交培训学院院长，教授、博士生导师，中国国际关系学会常务副会长】

二、改革篇

聚焦发展全过程人民民主，协商民主是实践全过程人民民主的重要形式

李君如

党的二十大强调发展全过程人民民主是中国式现代化本质要求，协商民主是实践全过程人民民主的重要形式。人民政协作为社会主义协商民主的专门协商机构，理所当然要在全过程人民民主中发挥责无旁贷的重要作用。

发挥人民政协在全过程人民民主中的作用是为了实现以中国式现代化全面推进中华民族伟大复兴的中心任务

我们研究人民政协怎样在全过程人民民主中发挥作用，不是为民主而民主，而是要更好地为实现党的中心任务服务。

首先，在今天，发挥人民政协在全过程人民民主中的重要作用，从根本上说，是为了实现以中国式现代化全面推进中华民族伟大复兴这一现阶段的中心任务。从建立新中国到建立社会主义基本制度，从开展大规模的社会主义建设到开辟中国特色社会主义道路，人民政协经历了为革命、建设、改革服务的各个历史阶段。中国特色社会主义进入新时代以来，人民政协为全面建成小康社会，为实现党的第二个百年奋斗目标，不断健全社会主义协商民主，做了大量富有成效的工作。今天，我们强调人民政协要在发展全过程人民民主中发挥重要作

用，也是要为实现中国式现代化和中华民族伟大复兴服务。

同时，我们要认识到，以中国式现代化全面推进中华民族伟大复兴，为人民政协在全过程人民民主中发挥作用提供了可以大有作为的广阔舞台。中国式现代化，无论从其"中国特色"来看，还是从其"本质要求"来看，都是全国政协34个界别的委员可以有大作为的大舞台。我们研究和讨论人民政协在全过程人民民主中的作用，就是要在这一大舞台上，尽显人民政协风采。

人民政协在发展全过程人民民主进程中的五大作用

习近平总书记深刻指出："协商民主深深嵌入了中国社会主义民主政治全过程"。而人民政协正是以实行协商民主为特点开展工作的，在发展全过程人民民主进程中具有责无旁贷的重要作用：

一是具有协商民主平台的作用。自中国特色社会主义进入新时代以来，在以习近平同志为核心的党中央领导下，我们在政治体制改革中建立了包括政党协商、人大协商、政府协商、政协协商、人民团体协商、基层协商以及社会组织协商在内的协商民主体系。在这个广泛多层制度化的协商民主体系中，政协协商是一个重要平台。这一重要平台在全过程人民民主中，和其他重要平台相互联系、相互促进，发挥着自己责无旁贷的重要作用。

二是具有专门协商机构的作用。人民政协从诞生之日起，就和协商民主相伴而生。党中央反复强调，人民政协不仅是协商民主的"重要渠道"，而且是协商民主的"专门协商机构"。这样的规定，决定了政协协商这个平台具有别的协商民主平台所没有的独一无二的功能和作用，由此决定了人民政协在全过程人民民主中具有责无旁贷的重要作用。

三是具有全方位民主的作用。全过程人民民主是全链条、全方位、全覆盖的民主。这里讲的"全方位"，指的是全过程人民民主是贯通国家政治生活和社会生活各层面、各维度的民主。毫无疑问，人民代表大会制度具有这种"全方位民主"的鲜明特点。人民政协制度也具有相应的"全方位民主"特点。一是在层级上，人民政协除了全国委员会，还设有地方委员会；二是在履职范围上，人民政协履行政治协商、民主监督、参政议政职能，涵盖了经济、政治、文化、社会和生态文明建设的各个方面。这也决定了人民政协在全过程人民民主中发挥着责无旁贷的重要作用。

四是具有统一战线组织的作用。统一战线和民主从来就是一体两面的事情，人民政协更是从一开始就是人民民主统一战线的组织。现在，人民政协已经发展为最广泛的爱国统一战线。它的一个最大特点，就是能够在以民主的方式巩固和发展这一最广泛的爱国统一战线中，发挥自己责无旁贷的重要作用。

五是具有建言资政的作用，人民政协在协商民主中，和政党协商一样，也注重政治协商。党中央一再强调，人民政协要坚持建言资政和凝聚共识双向发力。由此决定了人民政协在发展全过程人民民主进程中，还承担着建言资政这一责无旁贷的重要作用。

在新时代新征程牢记和践行人民政协发展全过程人民民主的历史使命

人民政协在新时代要有新作为。在以中国式现代化全面推进中华民族伟大复兴的历史进程中，广大政协委员要牢记和践行"发展全过程人民民主"这一光荣历史使命。

首先，各级政协组织和广大政协委员要深入学习贯彻习近平总书记在中央政协工作会议上的重要讲话和其他重要指示，凝心铸魂，牢记使命，把协商民主贯穿委员履职全过程。

其次，人民政协要加强制度化、规范化、程序化等功能建设，完善制度，提升能力，提高深度协商互动、意见充分表达、广泛凝聚共识水平，充分发挥人民政协作为专门协商机构的作用。

再次，要完善人民政协民主监督和委员联系界别群众制度机制，人在政协，心系群众，更好地为本界别群众服务。

最后，归根到底，人民政协要始终坚持党的领导、统一战线、协商民主有机结合，和党同心，为国尽力，在发展全过程人民民主中，汇聚起实现中国式现代化和中华民族伟大复兴的磅礴力量。

【作者系原中共中央党校副校长，第十届全国政协委员，第十一届全国政协常委】

聚焦建设社会主义文化强国，
坚持中国特色社会主义文化发展道路

李　捷

党的二十大胜利召开后，习近平新时代中国特色社会主义思想在宣传思想文化领域产生对实现中华民族伟大复兴和全面推进中国式现代化具有全局性深远影响的重大理论创新和实践创新成果，即习近平文化思想的形成。深入学习贯彻习近平文化思想，不断增强践行新的文化使命的主动性、自觉性、创造性，是宣传思想文化领域的首要政治任务。

一、习近平文化思想是建设文化强国的根本遵循

2023 年 10 月 7—8 日，全国宣传思想文化工作会议传达学习习近平对宣传思想文化工作作出的重要指示，对深入学习贯彻习近平文化思想作出部署。2024 年 10 月 28 日，习近平总书记在中共中央政治局第十七次集体学习时强调，锚定建成文化强国目标，不断发展新时代中国特色社会主义文化。

中国的现代化的发展历程，从 1953 年第一个五年计划开始到现在，经历了十四个五年规划（计划），大致可以分为三个阶段。

第一阶段即社会主义革命和建设时期，以 1953 年第一个五年计划正式实施为起点，到 1978 年建成独立的、比较完整的工业体系和

国民经济体系告一段落。就中国的现代化来说，这一时期的突出主题可以概括为"工业化"三个字。也就是说，这一阶段突出解决了中国从农业国向工业国转变的瓶颈性障碍，实现了国家工业体系从无到有的转变，实现了国民经济体系从以农业立国向工业立国的转变。

第二阶段即改革开放和社会主义现代化建设新时期，以1978年12月党的十一届三中全会为起点，以2012年为终点。就中国的现代化来说，这一时期的突出主题可以概括为"改革开放+科学技术"。在这一阶段，邓小平振聋发聩地提出"科学技术是第一生产力"，还指出"正确认识科学技术是生产力，正确认识为社会主义服务的脑力劳动者是劳动人民的一部分，这对于迅速发展我们的科学事业有极其密切的关系。我们既然承认了这两个前提，那末，我们要在短短的二十多年中实现四个现代化，大大发展我们的生产力，当然就不能不大力发展科学研究事业和科学教育事业，大力发扬科学技术工作者和教育工作者的革命积极性"。在中国式现代化跨世纪发展的关键时刻，中共中央又及时作出建立和完善社会主义市场经济的战略决策，提出和实施科教兴国战略，对中国大踏步赶上时代步伐、从顺应经济全球化大潮到引领这一潮流，起到了十分重要的作用。

以2012年10月党的十八大召开为标志，中国特色社会主义进入新时代，中国的现代化进入第三阶段。在以习近平同志为核心的党中央坚强有力的领导下，中国经济由高速度增长转变为高质量发展，并在中国共产党成立100周年之际，我们圆满实现了全面建成小康社会的奋斗目标，彻底消灭了绝对贫困，踏上了以中国式现代化全面推进中华民族伟大复兴、全面建设社会主义现代化强国的新征程。一系列的新情况、新问题、新挑战表明，在这个阶段，中国特色社会主义和中国式现代化的深入发展，已经将文化文明问题摆到了和科学技术同等重要的战略地位，到了科学技术与文化文明必须两手同时抓、两手都要硬的关键时刻。正是在这样的关键时刻，习近平文化思想应运而生，成为在中国式现代化中全面推进文化强国建设的根本遵循。

习近平文化思想的形成有一个过程。这一过程在党的十八大后已经拉开帷幕。2013 年 8 月 19 日，习近平总书记在全国宣传思想工作会议上发表重要讲话，强调"经济建设是党的中心工作，意识形态工作是党的一项极端重要的工作"。宣传思想工作的根本任务"就是要巩固马克思主义在意识形态领域的指导地位，巩固全党全国人民团结奋斗的共同思想基础"。"宣传阐释中国特色，要讲清楚每个国家和民族的历史传统、文化积淀、基本国情不同，其发展道路必然有着自己的特色；讲清楚中华文化积淀着中华民族最深沉的精神追求，是中华民族生生不息、发展壮大的丰厚滋养；讲清楚中华优秀传统文化是中华民族的突出优势，是我们最深厚的文化软实力；讲清楚中国特色社会主义植根于中华文化沃土、反映中国人民意愿、适应中国和时代发展进步要求，有着深厚历史渊源和广泛现实基础。中华民族创造了源远流长的中华文化，中华民族也一定能够创造出中华文化新的辉煌。"

2014 年 9 月 24 日，习近平总书记在纪念孔子诞辰 2565 周年国际学术研讨会暨国际儒学联合会第五届会员大会开幕会上提出："优秀传统文化是一个国家、一个民族传承和发展的根本，如果丢掉了，就割断了精神命脉。""努力实现传统文化的创造性转化、创新性发展，使之与现实文化相融相通，共同服务以文化人的时代任务。"

2014 年 10 月 15 日，在文艺工作座谈会上习近平总书记再次强调："文艺是时代前进的号角，最能代表一个时代的风貌，最能引领一个时代的风气。""实现'两个一百年'奋斗目标、实现中华民族伟大复兴的中国梦……文艺的作用不可替代，文艺工作者大有可为。""中华优秀传统文化是中华民族的精神命脉，是涵养社会主义核心价值观的重要源泉，也是我们在世界文化激荡中站稳脚跟的坚实根基。"

2015年2月28日，习近平总书记在会见第四届全国文明城市、文明村镇、文明单位和未成年人思想道德建设工作先进代表时强调："人民有信仰，民族有希望，国家有力量。实现中华民族伟大复兴的中国梦，物质财富要极大丰富，精神财富也要极大丰富"。

2016年2月19日，习近平总书记在党的新闻舆论工作座谈会上指出："做好党的新闻舆论工作，事关旗帜和道路，事关贯彻落实党的理论和路线方针政策，事关顺利推进党和国家各项事业，事关全党全国各族人民凝聚力和向心力，事关党和国家前途命运。必须从党的工作全局出发把握党的新闻舆论工作，做到思想上高度重视、工作上精准有力"。

2016年4月19日，习近平总书记在网络安全和信息化工作座谈会上提出："网络空间是亿万民众共同的精神家园。网络空间天朗气清、生态良好，符合人民利益。网络空间乌烟瘴气、生态恶化，不符合人民利益……我们要本着对社会负责、对人民负责的态度，依法加强网络空间治理，加强网络内容建设，为广大网民特别是青少年营造一个风清气正的网络空间"。

2016年5月17日，习近平总书记在哲学社会科学工作座谈会上强调："一个没有发达的自然科学的国家不可能走在世界前列，一个没有繁荣的哲学社会科学的国家也不可能走在世界前列。坚持和发展中国特色社会主义，需要不断在实践和理论上进行探索、用发展着的理论指导发展着的实践。在这个过程中，哲学社会科学具有不可替代的重要地位，哲学社会科学工作者具有不可替代的重要作用。""坚持和发展中国特色社会主义，必须高度重视哲学社会科学。"结合中国特色社会主义伟大实践，"加快构建中国特色哲学社会科学"。他还首次提出文化自信，指出要"坚定中国特色社会主义道路自信、理论自信、制度自信，说到底是要坚定文化自信，文化自信是更基本、更深沉、更持久的力量"。

2016 年 11 月 30 日，习近平总书记在中国文联十大、中国作协九大开幕式上，将文化自信同道路自信、理论自信、制度自信并提为"四个自信"，还将中华优秀传统文化创造性转化、创新性发展纳入中国特色社会主义文化建设方针。

2017 年 10 月 18 日，习近平总书记在党的十九大上将坚持社会主义核心价值体系作为新时代坚持和发展中国特色社会主义基本方略的"十四个坚持"的重要内容之一，把文化创新视为与理论创新、实践创新、制度创新同等重要的创新领域，将"社会文明程度达到新的高度，国家文化软实力显著增强，中华文化影响更加广泛深入"。作为建设社会主义现代化国家的重要指标，将中华优秀传统文化、革命文化和社会主义先进文化作为中国特色社会主义文化的主要内容，全面系统地阐述了发展中国特色社会主义文化的根本方针。

2018 年 8 月 21 日，习近平总书记在全国宣传思想工作会议上深刻总结了党的十八大以来对宣传思想工作的规律性认识，即"九个坚持"。这"九个坚持"是：坚持党对意识形态工作的领导权；坚持思想工作"两个巩固"的根本任务；坚持用新时代中国特色社会主义思想武装全党、教育人民；坚持培育和践行社会主义核心价值观；坚持文化自信是更基础、更广泛、更深厚的自信，是更基本、更深沉、更持久的力量；坚持提高新闻舆论传播力、引导力、影响力、公信力；坚持以人民为中心的创作导向；坚持营造风清气正的网络空间；坚持讲好中国故事、传播好中国声音；要求宣传思想文化工作"自觉承担起举旗帜、聚民心、育新人、兴文化、展形象的使命任务"，把统一思想、凝聚力量作为宣传思想工作的中心环节。

2019 年 3 月 18 日，习近平总书记在学校思想政治理论课教师座谈会上强调："办好思想政治理论课，最根本的是要全面贯彻党的教育方针，解决好培养什么人、怎样培养人、为谁培养人这个根本问题。新时代贯彻党的教育方针，要坚持马克思主义指导地位，贯彻新时代中国特色社会主义思想，坚持社会主义办学方向，落实立德树人的根本任务，坚持教育为人民服务、为中国共产党治国理政服务、为巩固和发展中国特色社会主义制度服务、为改革开放和社会主义现代化建设服务，扎根中国大地办教育，同生产劳动和社会实践相结合，加快推进教育现代化、建设教育强国、办好人民满意的教育，努力培养担当民族复兴大任的时代新人，培养德智体美劳全面发展的社会主义建设者和接班人"。

2021 年 7 月 1 日，习近平总书记在庆祝中国共产党成立 100 周年大会上首次概括提出伟大建党精神，明确"这是中国共产党的精神之源"；首次概括提出"两个结合"重大论断；首次概括提出"创造了中国式现代化新道路，创造了人类文明新形态"的科学论断。

党的二十大以来，习近平总书记进一步系统总结马克思主义中国化时代化基本规律和基本经验，提出并阐述了"两个结合""六个必须坚持"等推进党的理论创新的科学方法，明确了开辟马克思主义中国化时代化新境界的重大任务；强调在新的起点上继续推动文化繁荣、建设文化强国、建设中华民族现代文明，是我们在新时代新的文化使命；系统阐述了中华文明的突出特性，强调在中华文明 5000 多年深厚基础上开辟和发展中国特色社会主义，把马克思主义基本原理同中国具体实际、同中华优秀传统文化相结合是必由之路；强调要坚守好马克思主义这个魂脉，坚守好中华优秀传统文化这个根脉，指出这是理论创新的基础和前提；强调"第二个结合"是又一次的思想解放，是中国共产党对马克思主义中国化时代化历史经验的深刻总结，是对中华文明发展规律的深刻把握，表明中国共产党对中国道路、理论、制度的认识达到了新高度，表明中国共产党的历史自信、文化自信达到了新高度，表明中国共产党在传承中华优秀传统文化中推进文化创新的自觉性达到了新高度。

特别是在 2023 年 10 月全国宣传思想文化工作会议召开之际，习近平总书记在对宣传思想文化工作作出的重要指示中，充分肯定了党的十八大以来新时代宣传思想文化事业取得的历史性成就以及意识形态领域形势发生的全局性、根本性转变，深刻分析了宣传思想文化工作面临的新形势新任务，对新时代宣传思想文化工作提出了"七个着力"的要求。

综上所述，党的十八大以来，习近平总书记高度重视宣传思想文化工作，始终把它作为事关党的前途命运、事关国家长治久安、事关民族凝聚力和向心力的一项极端重要的工作，从全局和战略高度对宣传思想文化工作作出系统谋划和部署，推动新时代宣传思想文化事业取得历史性成就，意识形态领域形势发生全局性、根本性转变，全党全国各族人民文化自信明显增强、精神面貌更加奋发昂扬，为新时代开创党和国家事业新局面提供了坚强的思想保证和强大的精神力量。

在习近平总书记的高度重视和大力推动下，建立健全党和国家功勋荣誉表彰制度，设立烈士纪念日，深化群众性精神文明创建，建设新时代文明实践中心，推动学习大国建设，推动学习党史、新中国史、改革开放史、社会主义发展史、中华民族发展史，建成中国共产党历史展览馆，开展庆祝中国共产党成立 100 周年、中华人民共和国成立 70 周年、中国人民解放军建军 90 周年、改革开放 40 周年和纪念中国人民抗日战争暨世界反法西斯战争胜利 70 周年、中国人民志愿军抗美援朝出国作战 70 周年等活动，有力彰显了党心民心、国威军威，在全社会唱响了主旋律，弘扬了正能量。

党的十八大以来的实践充分证明，宣传思想文化工作之所以取得历史性成就，最根本的原因就在于有习近平总书记作为党中央的核心、全党的核心领航掌舵，有习近平新时代中国特色社会主义思想的科学指引。这一时期宣传思想文化领域取得的最大标志性成果就是习近平文化思想的形成。

二、全面完整把握习近平文化思想

正如 2023 年 10 月召开的全国宣传思想文化工作会议所指出的，习近平总书记在新时代文化建设方面的新思想新观点新论断，内涵十分丰富、论述极为深刻，是新时代党领导文化建设实践经验的理论总结，丰富和发展了马克思主义文化理论，构成了习近平新时代中国特色社会主义思想的文化篇，形成了习近平文化思想。

全面完整把握习近平文化思想，首先要认真学习领会习近平总书记在上述全国宣传思想文化工作会议召开之际对宣传思想文化工作作出的重要指示。这个重要指示第一次集中系统地阐述了习近平文化思想的核心要义，要紧密结合党的十八大以来习近平总书记在新时代文化建设方面提出的一系列新思想新观点新论断来完整把握。

（一）"两个结合"是精髓

"两个结合"既体现了马克思主义中国化时代化的根本规律，也是习近平文化思想的精髓，从根本方向和根本方法上解决了如何将马克思主义魂脉同中华优秀传统文化根脉相互融合的问题。

中国共产党成立后，在开辟中国革命、建设、改革、强国道路过程中，始终有一个要处理好的问题，就是马克思主义与中国、与中国共产党的关系。历史已经证明，马克思主义深刻改变了中国，中国共产党把马克思主义写在自己的旗帜上是完全正确的。历史同样证明，中国实践也极大地丰富和发展了马克思主义，中国共产党没有辜负马克思主义。"中国共产党为什么能，中国特色社会主义为什么好，归根到底是马克思主义行，是中国化时代化的马克思主义行。"

如何处理好马克思主义与中国、与中国共产党的关系？教条主义不行，思想保守僵化不行，唯一正确的途径就是不断推进马克思主义中国化时代化。推进马克思主义中国化时代化是一个追求真理、揭示真理、笃行真理的过程，也是不断深化对共产党执政规律、社会主义建设规律、人类社会发展规律认识的过程。这一过程永无止境。"只有把马克思主义基本原理同中国具体实际相结合、同中华优秀传统文化相结合，坚持运用辩证唯物主义和历史唯物主义，才能正确回答时代和实践提出的重大问题，才能始终保持马克思主义的蓬勃生机和旺盛活力。"

把马克思主义基本原理同中国具体实际相结合、同中华优秀传统文化相结合，在不断推进马克思主义中国化时代化中具有一体两面的作用。

马克思主义基本原理同中国具体实际相结合的过程，既是坚持以马克思主义为指导、运用其科学的世界观和方法论解决中国实际问题的过程，也是坚持解放思想、实事求是、与时俱进、求真务实、一切从实际出发，着眼解决新时代改革开放和社会主义现代化建设的实际问题，不断回答中国之问、世界之问、人民之问、时代之问的过程。要在这一过程中作出符合中国实际和时代要求的正确回答，得出符合客观规律的科学认识，形成与时俱进的理论成果，更好地指导中国实践。

马克思主义基本原理同中华优秀传统文化相结合的过程，既是使马克思主义本土化的过程，也是使中华优秀传统文化创造性转化、创新性发展的过程。就前者来说，"只有植根本国、本民族历史文化沃土，马克思主义真理之树才能根深叶茂"。就后者来说，"中华优秀传统文化源远流长、博大精深，是中华文明的智慧结晶，其中蕴含的天下为公、民为邦本、为政以德、革故鼎新、任人唯贤、天人合一、自强不息、厚德载物、讲信修睦、亲仁善邻等，是中国人民在长期生产生活中积累的宇宙观、天下观、社会观、道德观的重要体现，同科学社会主义价值观主张具有高度契合性。我们必须坚定历史自信、文化自信，坚持古为今用、推陈出新，把马克思主义思想精髓同中华优秀传统文化精华贯通起来、同人民群众日用而不觉的共同价值观念融通起来，不断赋予科学理论鲜明的中国特色，不断夯实马克思主义中国化时代化的历史基础和群众基础，让马克思主义在中国牢牢扎根"。

始终坚持和推进"第一个结合"，高度重视和强调"第二个结合"，是习近平新时代中国特色社会主义思想的一个突出特征，也是习近平文化思想的鲜明特色。习近平文化思想就是在大力推进"第二个结合"中诞生的，"两个结合"成为贯通习近平文化思想的精髓。

（二）新的文化使命的重要性

聚焦用党的创新理论武装全党、教育人民这个首要政治任务，提出并突出强调新的文化使命，是习近平文化思想的主基调。

这个主基调，既是由宣传思想文化工作的性质地位决定的，也是由其面临的新形势新任务决定的。习近平总书记指出："新时代新征程，世界百年未有之大变局加速演进，中华民族伟大复兴进入关键时期，战略机遇和风险挑战并存，宣传思想文化工作面临新形势新任务，必须要有新气象新作为。"

为什么要强调这一新的文化使命？一是由于中国式现代化发展已经到了必须高度重视文化强国建设的时候。文化关乎国本、国运。二是由于在中国式现代化推进的过程中，势必会提出中华文化、中华文明与中国式现代化相适应的问题。

正因如此，习近平总书记特别提出了文化主体性问题："任何文化要立得住、行得远，要有引领力、凝聚力、塑造力、辐射力，就必须有自己的主体性。中国共产党历来重视文化，新时代我们在道路自信、理论自信、制度自信的基础上增加了文化自信。文化自信就来自我们的文化主体性。这一主体性是中国共产党带领中国人民在中国大地上建立起来的；是在创造性转化、创新性发展中华优秀传统文化，继承革命文化，发展社会主义先进文化的基础上，借鉴吸收人类一切优秀文明成果的基础上建立起来的；是通过把马克思主义基本原理同中国具体实际、同中华优秀传统文化相结合建立起来的。创立新时代中国特色社会主义思想就是这一文化主体性的最有力体现。"

他指明了通过文化强国建设，进一步保持文化主体性的重大意义："有了文化主体性，就有了文化意义上坚定的自我，文化自信就有了根本依托，中国共产党就有了引领时代的强大文化力量，中华民族和中国人民就有了国家认同的坚实文化基础，中华文明就有了和世界其他文明交流互鉴的鲜明文化特性。"

（三）文化自信、开放包容、守正创新是基本前提

文化自信，是党、国家、民族的立足点；开放包容，彰显了中国共产党和中华民族胸怀世界、海纳百川的宏大格局和磅礴气度；守正创新，是坚持和发展马克思主义、坚持和发展中国特色社会主义的基本方法。三者共同构成了新时代文化强国建设和中华现代文明建设的基本前提。

文化是一个国家、一个民族的灵魂。文化兴则国运兴，文化强则民族强。没有高度的文化自信，没有文化的繁荣兴盛，就没有中华民族伟大复兴。特别是对于近代以来经历过国家蒙辱、人民蒙难、文明蒙尘的东方古国来说，文化自信更为重要。坚持文化自信，是坚定道路自信、理论自信、制度自信的题中应有之义，也是不断增强道路自信、理论自信、制度自信的必然结果。"我们说要坚定中国特色社会主义道路自信、理论自信、制度自信，说到底是要坚定文化自信。文化自信是更基本、更深沉、更持久的力量。历史和现实都表明，一个抛弃了或者背叛了自己历史文化的民族，不仅不可能发展起来，而且很可能上演一场历史悲剧。"

坚持文化自信，还有另一层重要意义，就是在建设社会主义文化强国的过程中，能够自觉抵制西方文明观。西方文明观认为，只有西方文明才是建立在工业化和现代化基础上的现代文明，它最终要取代其他文明。西方文明观混淆了两个基本事实：一是各国文明发展究竟是多元还是一元的？它实际上是要用所谓一元取代多元。二是各国文明究竟是平等的还是有所谓的优劣之分？产生于农耕文明时代的古老文明能否随着现代化进程跨入现代文明？它实际上是要将西方文明凌驾于广大发展中国家的文明之上，在所谓效仿西方的过程中消除其他

民族独立发展、独立生存的文明根基，从而达到永远称霸世界的目的。中国特色社会主义，不是简单地延续中华历史文化的母版，更不是西方发展模式的翻版，而"是科学社会主义理论逻辑和中国社会发展历史逻辑的辩证统一，是根植于中国大地、反映中国人民意愿、适应中国和时代发展进步要求的科学社会主义，是全面建成小康社会、加快推进社会主义现代化、实现中华民族伟大复兴的必由之路"。同样，在 5000 多年文明发展中孕育的中华优秀传统文化，在中国共产党和中国人民伟大斗争中孕育的革命文化和社会主义先进文化，积淀着中华民族最深层的精神追求，代表着中华民族独特的精神标识，一定能够在此基础上建成文化强国。

开放包容，既是马克思主义的理论品格，也是中华优秀传统文化的独特禀赋，彼此存在高度的契合性。马克思主义，正是批判地继承和吸收德国古典哲学、英国古典政治经济学、19 世纪法国及英国空想社会主义学说的优秀思想成果。一部马克思主义发展史，就是马克思、恩格斯及其后继者们不断根据时代、实践、认识发展而发展的历史，是不断吸收人类历史上一切优秀思想文化成果丰富自己的历史。这种开放包容使马克思主义始终站在时代前沿，不断探索时代发展提出的新课题，回应人类社会面临的新挑战，使其理论之树常青。中华优秀传统文化开放包容的禀赋，得益于中华民族的包容多样的文明观，我们始终认为不同文明之间没有优劣之分，文明因多样而交流，因交流而互鉴，因互鉴而发展。中华文明从来不用单一文化代替多元文化，而是由多元文化汇聚成共同文化，化解冲突，凝聚共识。中华文化认同超越地域乡土、血缘世系、宗教信仰等，把内部差异极大的广土巨族整合成多元一体的中华民族。开放包容始终是文明发展的活力来源，也是文化自信的显著标志。中华文明的博大气象，就得益于中华文化自古以来开放的姿态、包容的胸怀。越包容，就越是得到认同和维护，就越会绵延不断。这是我们建设文化强国的底气所在。

守正与创新是辩证的统一。我们坚持的马克思主义，是开放发展的马克思主义，既离不开守正（坚持），也离不开创新（发展）。正是在守正创新中，马克思主义深刻改变了中国，中国也极大丰富了马克思主义。我们从事的是前无古人的伟大事业，正如习近平所说："对文化建设来说，守正才能不迷失自我、不迷失方向，创新才能把握时代、引领时代。守正，守的是马克思主义在意识形态领域指导地位的根本制度，守的是'两个结合'的根本要求，守的是中国共产党的文化领导权和中华民族的文化主体性。创新，创的是新思路、新话语、新机制、新形式，要在马克思主义指导下真正做到古为今用、洋为中用、辩证取舍、推陈出新，实现传统与现代的有机衔接。新时代的文化工作者必须以守正创新的正气和锐气，赓续历史文脉、谱写当代华章"。

（四）"七个着力"是根本原则和根本要求

一是着力加强党对宣传思想文化工作的领导。要始终坚持中国共产党的文化领导权，始终坚持中国共产党对意识形态工作的领导权。做好新形势下宣传思想工作，必须自觉承担起举旗帜、聚民心、育新人、兴文化、展形象的使命任务。宣传思想部门承担着十分重要的职责，必须守土有责、守土负责、守土尽责。宣传思想部门工作要强起来，首先是领导干部要强起来，班子要强起来。各级宣传部门领导同志要加强学习、加强实践，真正成为让人信服的行家里手。要树立大宣传的工作理念，把宣传思想工作同各个领域的行政管理、行业管理、社会治理更加紧密地结合起来。

　　二是着力建设具有强大凝聚力和引领力的社会主义意识形态。要始终坚持马克思主义在意识形态领域的指导地位，始终坚持思想工作"两个巩固"的根本任务，始终坚持用习近平新时代中国特色社会主义思想武装全党、教育人民、指导实践。坚持以立为本、立破并举，不断增强社会主义意识形态的凝聚力和引领力。加强党史、新中国史、改革开放史、社会主义发展史、中华民族发展史宣传教育，把坚定"四个自信"作为建设社会主义意识形态的关键，坚持马克思主义在中国哲学社会科学领域的指导地位，建设具有中国特色、中国风格、中国气派的哲学社会科学。

　　三是着力培育和践行社会主义核心价值观。社会主义核心价值观是当代中国精神的集中体现，凝结着全体中国人民共同的价值追求。作为中国人，我们拥有独特的精神世界，拥有日用而不觉的价值观。我们提倡的社会主义核心价值观，充分体现了对中华优秀传统文化的传承和升华。要强化教育引导、实践养成、制度保障，把社会主义核心价值观融入社会发展各方面。弘扬以伟大建党精神为源头的中国共产党人精神谱系，用好红色资源，深入开展社会主义核心价值观宣传教育，深化爱国主义、集体主义、社会主义教育，着力培养担当民族复兴大任的时代新人。要不断提升人民思想觉悟、道德水准、文明素养和全社会文明程度。

　　四是着力提升新闻舆论传播力引导力影响力公信力。要坚持党性和人民性的高度统一。"坚持党性，新闻舆论工作才能有明确的立场和指向；坚持人民性，新闻舆论工作才能获得活力源泉和动力根基。"要把握正确舆论导向，巩固壮大主流思想舆论。要加强传播手段和话语方式创新，让党的创新理论"飞入寻常百姓家"。加强全媒体传播体系建设，塑造主流舆论新格局。科学认识网络传播规律，提高用网治网水平，使互联网这个最大变量变成事业发展的最大增量。

五是着力赓续中华文脉、推动中华优秀传统文化创造性转化和创新性发展。"从历史的角度看，包括儒家思想在内的中国传统思想文化中的优秀成分，对中华文明形成并延续发展几千年而从未中断，对形成和维护中国团结统一的政治局面，对形成和巩固中国多民族和合一体的大家庭，对形成和丰富中华民族精神，对激励中华儿女维护民族独立、反抗外来侵略，对推动中国社会发展进步、促进中国社会利益和社会关系平衡，都发挥了十分重要的作用。"要坚持创造性转化、创新性发展，不断铸就中华文化新辉煌。

六是着力推动文化事业和文化产业繁荣发展。"全面建设社会主义现代化国家，必须坚持中国特色社会主义文化发展道路，增强文化自信，围绕举旗帜、聚民心、育新人、兴文化、展形象建设社会主义文化强国，发展面向现代化、面向世界、面向未来的，民族的科学的大众的社会主义文化，激发全民族文化创新创造活力，增强实现中华民族伟大复兴的精神力量。"

七是着力加强国际传播能力建设、促进文明交流互鉴。要增强中华文明传播力影响力。"坚守中华文化立场，提炼展示中华文明的精神标识和文化精髓，加快构建中国话语和中国叙事体系，讲好中国故事、传播好中国声音，展现可信、可爱、可敬的中国形象。""加强国际传播能力建设，全面提升国际传播效能，形成同我国综合国力和国际地位相匹配的国际话语权。深化文明交流互鉴，推动中华文化更好走向世界。"

（五）实现总任务的基本路径

紧紧围绕建设文化强国的任务，习近平总书记在重要指示里指明了基本路径："充分激发全民族文化创新创造活力，不断巩固全党全国各族人民团结奋斗的共同思想基础，不断提升国家文化软实力和中华文化影响力，为全面建设社会主义现代化国家、全面推进中华民族伟大复兴提供坚强思想保证、强大精神力量、有利文化条件"。这一论述要求凝聚和提升三种力量、发挥好文化文明的三种作用。

在这三种力量中，一是全民族文化创新创造活力。文化和文明，归根到底是人民创造的。能否激发起全民族的文化创新创造活力，是文化强国建设和现代文明建设的关键。二是全党全国各族人民团结奋斗的力量。"人心齐，泰山移"。能否凝聚起这种力量，关键看有没有共同的思想基础。这个共同思想基础，只能是中国特色社会主义共同理想、爱国主义光荣传统、中华民族共同体意识。三是国家文化软实力和中华文化影响力。这是国家综合实力的重要组成部分。要提炼展示中华文明的精神标识和文化精髓，努力展示中华文化独特魅力，注重塑造国家形象，形成同中国综合国力和国际地位相匹配的国际话语权。

文化文明的三种作用是：坚强思想保证、强大精神力量和有利文化条件。它们相互联系、相得益彰，共同为全面建设社会主义现代化国家、全面推进中华民族伟大复兴服务。

（六）指导作用和当代价值

习近平文化思想既有文化理论观点上的创新和突破，又有文化工作布局上的部署和要求，明体达用、体用贯通，明确了新时代文化建设的路线图和任务书，标志着中国共产党对中国特色社会主义文化建设规律的认识达到了新高度，表明中国共产党的历史自信、文化自信达到了新高度，并在中国社会主义文化建设中展现出了强大伟力，为做好新时代新征程宣传思想文化工作、担负起新的文化使命提供了强大思想武器和科学行动指南。

需要特别指出的是，习近平文化思想是一个不断发展的、开放式的思想体系。它在文化强国建设中应运而生，必将随着文化强国建设的深入而不断丰富发展。

三、新时代建设文化强国的科学指南

建设文化强国，既是习近平文化思想的重要内容和理论创新增长点，也是以中国式现代化全面推进中华民族伟大复兴的实践创新着力点。

造就什么样的中华文明的问题，在五四运动时期就提出来了。但不完成彻底的反帝反封建的民主革命，就谈不上继承和弘扬中华优秀传统文化。况且当时人们在反对封建礼教的同时，还存在着对中华传统文化一概否定的偏差，因此不可能为这个问题找到正确出路。

直到延安时期，在以毛泽东同志为主要代表的中国共产党人领导下，这个问题才得以较好地解决。毛泽东在1940年1月发表的《新民主主义论》中，重申了五四运动提出的课题："我们共产党人，多年以来，不但为中国的政治革命和经济革命而奋斗，而且为中国的文化革命而奋斗；一切这些的目的，在于建设一个中华民族的新社会和新国家。在这个新社会和新国家中，不但有新政治、新经济，而且有新文化"。"我们要建立中华民族的新文化，但是这种新文化究竟是一种什么样子的文化呢？"为了回答这个问题，毛泽东回溯了中国近代以来特别是五四运动以来的政治、经济、文化变迁，总结了从五四运动以来"文化革命的统一战线"发展的四个时期的成就和经验，响亮

地提出"民族的科学的大众的文化，就是人民大众反帝反封建的文化，就是新民主主义的文化，就是中华民族的新文化"，使得五四运动以来既已提出却长期不得其解的课题——中华文化向何处去、什么是中华民族的新文化——终于有了科学的答案。

党的十一届三中全会后，中国共产党人对中华民族新文化的认识进一步明确。1986 年 9 月召开的党的十二届六中全会首次作出《关于社会主义精神文明建设指导方针的决议》。1997 年 9 月召开的党的十五大首次明确，中国特色社会主义文化纲领是"以马克思主义为指导，以培育有理想、有道德、有文化、有纪律的公民为目标，发展面向现代化、面向世界、面向未来的，民族的科学的大众的社会主义文化"。2007 年 10 月召开的党的十七大提出"提高国家文化软实力"的战略任务，强调要"弘扬中华文化，建设中华民族共有精神家园"。2011 年 10 月召开的党的十七届六中全会通过《关于深化文化体制改革推动社会主义文化大发展大繁荣若干重大问题的决定》，提出坚持中国特色社会主义文化发展道路、努力建设社会主义文化强国的战略任务。

党的十八大后，中国特色社会主义进入新时代，社会主义文化强国建设进入新阶段，中国共产党对建设文化强国的认识也在逐步深化。党的十九大报告明确指出："中国特色社会主义文化，源自于中华民族五千多年文明历史所孕育的中华优秀传统文化，熔铸于党领导人民在革命、建设、改革中创造的革命文化和社会主义先进文化，植根于中国特色社会主义伟大实践。""发展中国特色社会主义文化，就是以马克思主义为指导，坚守中华文化立场，立足当代中国现实，结合当今时代条件，发展面向现代化、面向世界、面向未来的，民族的科学的大众的社会主义文化，推动社会主义精神文明和物质文明协调发展。要坚持为人民服务、为社会主义服务，坚持百花齐放、百家争鸣，坚持创造性转化、创新性发展，不断铸就中华文化新辉煌。"这两段重要论述阐明了在新时代如何建设文化强国的根本问题。

建设文化强国，需要解决如何认识中华文明的问题。习近平总书记在 2023 年 6 月 2 日文化传承发展座谈会上系统概括了中华文明的五个特征："中华文明的连续性，从根本上决定了中华民族必然走自己的路"；"中华文明的创新性，从根本上决定了中华民族守正不守旧、尊古不复古的进取精神，决定了中华民族不惧新挑战、勇于接受新事物的无畏品格"；"中华文明的统一性，从根本上决定了中华民族各民族文化融为一体、即使遭遇重大挫折也牢固凝聚，决定了国土不可分、国家不可乱、民族不可散、文明不可断的共同信念，决定了国家统一永远是中国核心利益的核心，决定了一个坚强统一的国家是各族人民的命运所系"；"中华文明的包容性，从根本上决定了中华民族交往交流交融的历史取向，决定了中国各宗教信仰多元并存的和谐格局，决定了中华文化对世界文明兼收并蓄的开放胸怀"；"中华文明的和平性，从根本上决定了中国始终是世界和平的建设者、全球发展的贡献者、国际秩序的维护者，决定了中国不断追求文明交流互鉴而不搞文化霸权，决定了中国不会把自己的价值观念与政治体制强加于人，决定了中国坚持合作、不搞对抗，决不搞'党同伐异'的小圈子"。

建设文化强国，需要解决好路径问题。"两个结合"就是建设文化强国的必由之路。习近平总书记指出："'结合'的前提是彼此契合"；"'结合'的结果是互相成就"；"'结合'筑牢了道路根基"；"'结合'打开了创新空间"；"'结合'巩固了文化主体性"。"更重要的是，'第二个结合'是又一次的思想解放，让我们能够在更广阔的文化空间中，充分运用中华优秀传统文化的宝贵资源，探索面向未来的理论和制度创新。"

建设文化强国，需要解决好魂脉和根脉的关系问题。习近平总书记强调："我们决不能抛弃马克思主义这个魂脉，决不能抛弃中华优秀传统文化这个根脉。"对于如何处理好魂脉同根脉的关系，习近平总书记强调了两个方面：一方面，从坚持魂脉来说，"我们必须坚持马克思主义这个立党立国、兴党兴国之本不动摇，坚持植根本国、本民族历史文化沃土发展马克思主义不停步"；另一方面，从坚持根脉来说，我们要"坚定历史自信、文化自信，坚持古为今用、推陈出新，以马克思主义为指导对中华 5000 多年文明宝库进行全面挖掘，用马克思主义激活中华优秀传统文化中富有生命力的优秀因子并赋予新的时代内涵，将中华民族的伟大精神和丰富智慧更深层次地注入马克思主义"。

这实际上是一个双向互动的关系，最终结果是要在更高的层次上，"有效把马克思主义思想精髓同中华优秀传统文化精华贯通起来，聚变为新的理论优势，不断攀登新的思想高峰"。"在'人类知识的总和'中汲取优秀思想文化资源来创新和发展党的理论，形成兼容并蓄、博采众长的理论大格局大气象。"

【作者系中国社会科学院大学新闻传播学院名誉院长，兼任中国史学会会长、国家教材委员会委员、马克思主义理论研究和建设工程咨询委员会委员，《求是》杂志社原社长】

聚焦构建高水平社会主义市场经济体制，构建全国统一大市场

王昌林

从全局和战略高度加快建设全国统一大市场是党中央着眼于国内外发展大势，科学谋划、统筹考虑作出的重大战略决策部署。2022年4月，中共中央、国务院印发实施《关于加快建设全国统一大市场的意见》（以下简称《意见》），为加快建设高效规范、公平竞争、充分开放的全国统一大市场提供了重要依据和行动指南，是推进全国统一大市场建设的纲领性文件。全国凝心聚力建设统一大市场，全面畅通国内大循环，将为建设高标准市场体系、构建高水平社会主义市场经济体制提供坚强支撑，从而有力彰显中国特色社会主义制度的优越性。

新发展阶段加快建设全国统一大市场意义重大

全面落实中央关于建设全国统一大市场的总体要求与战略部署，及时发布《意见》具有相当的必要性和紧迫性。

建设全国统一大市场，有利于强化国内"基本盘"支撑。世界百年未有之大变局加速演变，我国在迈向第二个百年奋斗目标的新征程上，必将面临越来越复杂的局势。我国拥有超大规模和整体市场的明显优势，这是我国积极参与重塑全球竞争格局的重要优势与关键支

撑。为此，要坚持稳字当头、稳中求进，保持战略定力，全面稳固国内经济体系循环畅通，"关键一招"就是加快建设全国统一大市场，进一步培育和激发国内市场潜力，以自身最大确定性抵御外部不确定性挑战。

建设全国统一大市场，有利于全面推动国内市场由大到强转变。市场是一种战略资源。《意见》围绕习近平总书记提出的"使建设超大规模的国内市场成为一个可持续的历史过程"，从市场基础、制度规则、市场平台设施、要素和资源市场、商品和服务市场、市场公平监管等维度提出了高标准和高水平推进全国市场统一性建设的根本要求。这体现了辩证唯物主义的工作方法论，"大"乃"强"之基，"强"乃"质"之本。强大的国内市场不仅指规模范围更大，而且指制度规则更完备、结构层次更优化、影响力与吸引力更强的现代市场循环体系。这是积极主动配置国内外要素资源的核心能量，是驱动经济高质量发展的强劲引擎，是推动国民经济供给与需求在更高层次与水平上实现动态均衡的完整系统。

建设全国统一大市场，有利于全面打通制约国内大循环的堵点。当前和未来一段时期，全球竞争将聚焦人工智能和 5G 等科技领域开启的新市场。推进科技自立自强、稳定产业链供应链，持续增进市场发展活力和更好服务人民群众生活，需要以全国统一大市场作为坚强后盾。《意见》立足发展实际和未来需求，聚焦制约经济循环的堵点和卡点，围绕推动市场高效畅通和规模拓展、营造稳定公平透明可预期营商环境、降低市场交易成本、促进科技创新和产业升级等主要目标定位，聚焦各重点领域和关键环节存在的不正当干预、隐性壁垒门槛等突出问题，从全局和战略高度提出了一系列针对性强且行之有效的重要改革举措，在当前背景下有利于强化助企纾困和对产业链供应链的安全保障力度。

建设全国统一大市场，有利于吸引全球优质要素资源加速向我汇聚。加快建设全国统一市场是有效满足自身和世界需求、争取国际贸易谈判利益、改善企业外贸环境、吸引境外优质投资的重要抓手，是在全球治理中谋求与我国市场规模和贡献相称的影响力的关键。《意见》布置推动国内与国际市场更好联通，促进内外市场规则标准融通，有利于以国内统一大市场为"内核"强力吸引海外中高端要素资源向内汇聚，进而改善我国生产要素质量和配置水平，塑造我国参与国际竞争合作新优势，持续增强对全球产业链供应链创新链的影响力，进一步夯实国内国际双循环相互促进机制，从而为加快构建新发展格局提供基础支撑。

《意见》的突出特色和五大亮点

总体来看，《意见》提出的一整套制度设计和实践路径，具有很强系统性、完整性和可操作性，力求优先推动真正体现改革意图和能够发挥实际效果的改革措施，充分凝聚全社会共识，齐心戮力、砥砺前行。

一是立破并举、奖惩分明，完善激励约束机制。《意见》一手抓"立"，强化市场规制和监管执法要统一，明确立规建制的目标任务；另一手抓"破"，针对市场垄断和不正当竞争行为、地方保护和区域壁垒、妨碍依法平等准入和退出的做法、招标采购领域违反统一市场的规定做法，在全面梳理有关规定的基础上，《意见》依法提出动态发布不当干预全国统一大市场建设的问题清单，建立典型案例通报约谈和问题整改制度，尤其是持续强化破除隐性壁垒工作，确保相关举措可落实、能落实、落实能见效。

二是立规建制、迸发活力，推动有为政府和有效市场更好结合。一方面，要认识到，真正的市场强大是内生性的，关键在于强化市场配置资源的决定性作用，培育和激发广大市场主体活力，通过市场主体的高质量发展由内而外地推动市场体系实现高标准建设。《意见》重视畅通市场主体和社会公众诉求反映渠道，务求使市场主体更有获得感和积极性。另一方面，加快建设全国统一大市场离不开政府的立规建制与"保驾护航"，政府"有为"体现在加快补齐市场设施"硬短板"和规则"软短板"，明确阶段性目标要求，强化统一规则和政策的稳定性与可预期性，充分放活各类要素资源，为市场发展和结构优化提供"源头活水"。

三是顶底结合、条块互动，充分调动地方和部门积极性。各地方各部门要提高站位、着眼全局、服从大局，充分发挥全国一盘棋、集中力量办大事的优势，正确认识和把握建设全国统一大市场的国内大循环在新发展格局中的重要定位，坚决破除地区间"诸侯割据"、各自为政搞地方小循环的错误认识和做法，打通"区块""省域"和"城市""城乡"等不同区域空间之间的经济循环。与此同时，优先推进区域协作，也将为加快构建统一大市场创造有利条件，《意见》要求，结合区域重大战略、区域协调发展战略实施，鼓励京津冀、长三角、粤港澳大湾区以及成渝地区双城经济圈、长江中游城市群等区域，在维护全国统一大市场前提下，加快推进区域市场一体化，积极总结并复制推广成功经验。

四是共建共享、优化升级，推进市场设施高标准联通。客观来讲，与我国加快构建智能消费大市场的愿景相比，新型设施网络尚待拓围增效；以谋求与大国体量相称的国际市场影响力对照，国内仍缺乏具有国际影响力的交易平台。为此,《意见》强调建设现代流通网络,完善市场信息交互渠道和推动交易平台优化升级,包括加快数字化建设,推动线上线下融合发展,形成更多商贸流通新平台新业态新模式,培育一批有全球影响力的数字化平台企业和供应链企业;优化行业公告公示等重要信息发布渠道,推动各领域市场公共信息互通共享;加快推进公共资源交易全流程电子化,推动商品市场数字化改造和智能化升级等切实举措。

五是公平竞争、质量至上,推进要素资源、商品和服务市场高水平统一。当前广大市场主体反映强烈的问题包括平台垄断限制竞争、侵犯个人隐私、智能化缺乏明确标准等现实问题。《意见》强化反垄断和反不正当竞争正是及时回应社会关切、切实解决经济运行中的痛点的部署。同时,要求健全商品质量分级制度,广泛开展质量管理体系升级行动,加强全供应链全产业链以及产品全生命周期管理;深入开展人工智能社会实验,推动制定智能社会治理相关标准,统一智能家居、安防等领域标准,探索建立智能设备标识制度,聚焦新兴重点领域需求,突破一批关键测量技术,研制一批新兴标准物质,这些都充分体现了《意见》的创新性和前瞻性。

【作者系国家发展和改革委员会党组成员、副主任(兼职)】

聚焦构建高水平社会主义市场经济体制，坚持和落实"两个毫不动摇"

王永昌

中国式现代化是全面推进强国建设和民族复兴伟业的唯一正确道路。党的二十届三中全会决议指出，高水平社会主义市场经济体制是中国式现代化的重要保障。实践证明，只有更好地发挥市场机制作用，创造更加公平、更有活力的市场环境，实现资源配置效率最优化和效益最大化，才能为中国式现代化提供充满活力的体制保证和快速发展的物质条件。构建高水平的社会主义市场经济体制，必须毫不动摇巩固和发展公有制经济，毫不动摇鼓励、支持、引导非公有制经济发展，保证各种所有制经济依法平等使用生产要素、公平参与市场竞争、同等受到法律保护，促进各种所有制经济优势互补、共同发展。实行公有制为主体、多种所有制经济共同发展的基本经济制度，是中国共产党确立的一项大政方针，是中国特色社会主义制度的重要组成部分，也是完善社会主义市场经济体制的必然要求。我国非公有制经济，是改革开放以来在中国共产党的方针政策指引下发展起来的，是在中国共产党领导下开辟出来的一条道路。构建高水平的社会主义市场经济体制，全面推进中国式现代化强国建设，必须坚定不移地坚持"两个毫不动摇"的大政方针。

社会发展的主体、力量越多越好

为何要坚持发展民营经济和民营企业？

20 世纪七八十年代以来，我国民营经济、民营企业的诞生和发展，是解放思想、改革开放和社会主义市场经济的标志性成果之一。"民营经济""民营企业"是相对"国有经济""国有企业"而言的。民营经济大多是从乡镇企业改革和城镇工商户演变而来的，后来也有不少是城镇集体所有制企业和国有企业转制而来的。在党和国家正式作出支持和引导民营经济发展的重大决策前后，那时人们关注和争论的焦点是发展民营经济的必要性和重要性，核心问题是所有制（私有制）问题。

由于工作关系，我大约在 20 世纪八九十年代对思想解放、改革开放、社会制度与生产力水平、社会主义市场经济、社会主义本质及命运等问题有些研究，发表过一些文章。我的总观点是，随着生产力和生产关系社会化水平的不断提高，出现和发展公有制经济是符合经济发展历史逻辑的，但这并不意味着一个社会只能存在公有制经济，特别是在社会生产力水平还不是很发达的社会主义初级阶段。而且公有制的存在和实现形式也不应是单一僵化的，而必须适应社会主义市场经济和市场竞争规律，不断组合优化。对当时争论很大的所有制只是服务生产力的"工具论""手段论"，以及有些人否定我国实施公有制经济而主张全盘私有化的观点，我同样不赞成。因为这也是一种形而上学，看不见社会发展的复杂性和多元性，也无视公有制、私有制各自存在的优缺点。

当然，所有制作为生产关系，对生产力有适应、服务的"工具性"，但对社会制度和社会形态而言，又具有本质特征，而非纯"手段性"的。同样，非公有制经济、民营经济之所以要存在，在社会主义初级阶段和社会主义市场经济条件下，是客观的、必然的，不是可有可无的，除非倒退回到"一大二公""计划经济"的旧体制里去。但这样做，只能导致僵化僵死、缺乏活力。当时，我主要从社会发展的多样性、生产力水平程度、市场主体多元性和竞争有效性等视角，为民营经济的存在和发展提供理论辩护。

几十年来，人们对民营经济的存在和前景仍时有争论甚至非议，原因很多，其中最关键的一个问题，就是民营经济发展的客观必然性和合理性的理论依据尚不充分或还未真正取得共识。我认为，最重要的还是应该在三个"本体论"依据上深化认识。"本体论"依据，就是追问到事物本质的、最后的逻辑，也就是把事情说到底、问到底的那些根据和理由。

我认为，民营经济存在的必然性、合理性、可行性有三个"本体论"依据。一是社会（历史）发展的本体论：人民是历史进步的主体，社会进步是各类活动主体实践创造的，因而在相同条件下，这种实践活动的主体越多、积极性越高，就越能推动社会发展和进步。二是市场经济的本体论：市场经济是迄今为止或可预见的未来之内，人类最为合理有效的配置经济发展资源的方式，而市场的有效性又取决于独立市场主体的多样性。三是中国发展国情的本体论：社会主义基本制度、社会生产力发展水平、区域城乡发展差异、人口群体众多、社会主义初级阶段等基本国情，也决定并更需要多样性的发展主体。

理论和实践证明，中国在坚持和发展公有制经济主体的同时，必须长期坚持和发展非公有制经济，形成多种所有制经济共同发展的、充满活力的格局，这样才能使我国经济社会符合客观规律并蓬勃健康发展。在科学合理的规则下，推动社会发展的主体、力量越多越好。

这就是我国现有所有制结构和民营经济存在的深层的本体性逻辑。民营经济存在和发展的其他理由都是派生的。只有在根本逻辑上想清楚、搞明白，才能真正形成共识，坚定不移地坚持"两个毫不动摇"。

"自己人"就是一家人

2018 年 11 月，习近平总书记在主持召开民营企业座谈会时强调："民营经济是我国经济制度的内在要素，民营企业和民营企业家是我们自己人。"2023 年全国"两会"上，习近平总书记在参加联组会议时再次提到"自己人"。如何理解习近平总书记在不同场合多次强调这一观点呢？

改革开放以来，实行公有制为主体、多种所有制经济共同发展的基本经济制度，是中国共产党确立的一项大政方针，是中国特色社会主义制度的重要组成部分，也是完善社会主义市场经济体制的必然要求。

党和国家对非公有制经济和民营企业家的关心、支持是一贯的。我认为，"民营企业和民营企业家是我们自己人"是一个立意深邃高远的重大战略思想。在我看来，这道理那道理，这理由那理由，这政策那政策，归结到一点，都没有比"自己人"这个道理更大、更彻底的了。"自己人"就意味着不是客人、外人，更不是异己的坏人；"自己人"就是一家人，要同吃"一锅饭"，不说"两家话"，真正同心同德共命运。话都说到这个份上了，已经把"情、理"都说到底了。"自己人"，这是一个熔理论性、实践性、政策性和情感性于"一炉"的重大而朴实的新理念，也是鼓励、支持、引导民营经济发展的强大思想武器。

为什么说是"自己人"呢？民营企业家和我们一样，有共同的爱国情感。民营经济是我国经济制度内在的重要组成部分，是坚持和发展中国特色社会主义的重要经济基础，是推动改革开放和社会主义市场经济发展的重要力量，是推动高质量发展、实现人民共同富裕、推进社会主义现代化建设事业的重要主体，是我们党长期执政所依靠的重要经济基础和政治力量。正因为这样，必须坚定不移地把民营企业和民营企业家看作"自己人"，而且本来就是"自己人"，不但现在是，未来同样是。

那么，为什么总有人怀疑和非议民营经济呢？为什么"自己人"的思想总难以彻底贯彻到位呢？这是值得深入思考的问题。不真正切中问题要害，政策、行动总会摇摆不定，即便再发一些文件、再讲一些话、再出一些政策，也难以从根本上、系统上长期解决问题。

2022年12月召开的中央经济工作会议强调，要切实落实"两个毫不动摇"的方针；二十届三中全会通过的《中共中央关于进一步全面深化改革、推进中国式现代化的决定》再次强调："坚持和落实'两个毫不动摇'。毫不动摇巩固和发展公有制经济，毫不动摇鼓励、支持、引导非公有制经济发展，保证各种所有制经济依法平等使用生产要素、公平参与市场竞争、同等受到法律保护，促进各种所有制经济优势互补、共同发展。"针对社会上不正确的言论，必须亮明态度、毫不含糊，要从制度和法律上把对国企民企平等对待的要求落实下来，从政策和舆论上鼓励支持民营经济和民营企业发展壮大，依法保护民营企业产权和企业家权益，各级领导干部要为民营企业解难题、办实事，构建亲清政商关系。显然，这是非常有针对性和指导性的。同时也要清醒地意识到，支持民营经济和民营企业发展壮大，尽管有民营经济自身努力的因素，但它早已是一个超出经济本身的综合性考题，不下猛药、狠药是难以从根子上解决的。

有足够的理由相信，面向未来，我国民营经济和民营企业将会有更积极健康的发展环境。这是大家共同期待的。

【作者系浙江省文史研究馆馆长，浙江省人大常委会原副主任】

聚焦构建高水平社会主义市场经济体制，完善市场经济基础制度

张占斌

社会主义基本经济制度在经济制度体系中具有基础性、决定性地位，既体现社会主义制度优越性，又同我国社会主义初级阶段社会生产力发展水平相适应，是党和人民的伟大创造。新时代坚持和完善中国特色社会主义制度，推进国家治理体系和治理能力现代化，必须推动社会主义基本经济制度优势更好转化为国家经济治理效能，促进社会主义制度优势更加彰显。

我国社会主义基本经济制度是在新中国成立 70 多年特别是改革开放 40 多年来的实践探索和理论创新中确立并逐步完善的。改革开放后，我们党结合历史经验教训，对什么是社会主义、怎样建设社会主义进行了深入思考，从我国社会主义初级阶段的基本国情出发，着力推进经济体制改革，着力通过调整生产关系解放和发展社会生产力。从"私营经济是社会主义公有制经济的补充"到"公有制经济和非公有制经济都是社会主义市场经济的重要组成部分，都是我国经济社会发展的重要基础"……一系列思想解放和理论创新成果，引领经济体制改革不断深化，促进了生产关系调整和生产力发展。党的十九届四中全会把公有制为主体、多种所有制经济共同发展，按劳分配为主体、多种分配方式并存，社会主义市场经济体制等都作为社会主义基本经济制度，这是对社会主义基本经济制度作出的新概括，是对社

会主义基本经济制度内涵作出的重要发展和深化。总的来看，社会主义基本经济制度是同我国社会主义初级阶段社会生产力发展水平相适应的，在解放和发展社会生产力方面具有显著优势。一是"公有制为主体、多种所有制经济共同发展"的所有制和"两个毫不动摇"大政方针，有利于调动各类市场主体的活力和创造力，促进各种所有制经济充分发挥自身比较优势，并在市场竞争中取长补短、相互促进、共同发展。二是"坚持按劳分配为主体、多种分配方式并存"的分配制度，既强调多劳多得、增加劳动者特别是一线劳动者的劳动报酬，承认物质利益原则和合理收入分配差距，又允许和鼓励其他生产要素参与分配，强调生产要素由市场评价贡献、按贡献决定报酬，有利于让一切创造社会财富的源泉充分涌流。三是社会主义市场经济体制既能通过市场这只"看不见的手"有效引导资源要素流动、提升配置效率，又能通过政府这只"看得见的手"弥补市场失灵、维护公平正义，实现政府与市场协同发力，有效推动我国经济持续健康发展。进入新时代，虽然我国社会主要矛盾发生转化，但我国仍处于并将长期处于社会主义初级阶段的基本国情没有变，我国是世界最大发展中国家的国际地位没有变。这就决定了我们仍要坚持以经济建设为中心，不断解放和发展社会生产力。当前，必须充分发挥社会主义基本经济制度在解放和发展社会生产力方面的显著优势，把制度优势更好转化为治理效能，推动经济高质量发展。一是坚持"两个毫不动摇"，大胆探索公有制多种实现形式，推进国有经济布局优化和结构调整，深化国有企业改革，发展混合所有制经济，做强做优做大国有资本；健全支持民营经济、外资经济发展的法治环境，完善构建亲清政商关系的政策体系，加快完善支持中小企业发展的制度。二是坚持效率、公平和共享有机统一，把按劳分配和按生产要素分配结合起来，促进初次分配、再分配和第三次分配有效协同，合理调节城乡、区域、不同群体间分配关系，扩大中等收入群体，促进全体人民共享改革发展成果，实现有质量有效益的发展。三是建设高标准市场体系。推进要素市场制度建设，完善公平竞争制度和现代产权保护制度；加强资本市场基础制度建设，健全现代金融体系；健全推动发展先进制造业、振兴实体经济的体制机制；健全城乡融合发展体制机制，构建区域协调发展新机制；等等。通过一系列制度创新，推动经济发展质量变革、效率变革、动力变革，不断增强我国经济创新力和竞争力。

【作者系中共中央党校（国家行政学院）习近平新时代中国特色社会主义思想研究中心研究员、中国式现代化研究中心主任、马克思主义学院原院长，国家哲学社会科学一级教授】

聚焦提高人民生活品质，不断实现人民对美好生活的向往

褚松燕

党的二十大报告提出，增进民生福祉，提高人民生活品质。这体现了以习近平同志为核心的党中央在把握共产党执政规律、社会主义建设规律、人类社会发展规律的基础上，坚定历史自信，增强历史主动，以人民至上的情怀、接续奋斗的战略目标和环环相扣的工作部署，实现中华民族伟大复兴进入了不可逆转的历史进程。新时代新征程，我们要把提高人民生活品质摆在为民造福突出位置，不断实现人民对美好生活的向往，为扎实推进共同富裕打下坚实的物质基础。

从提高"生活水平"到提高"生活品质"，体现了党的民生事业重心质的飞跃

党的民生事业重心的转变与不同时期党对社会主要矛盾的战略判断紧密相连。1981 年，党的十一届六中全会指出，"我国所要解决的主要矛盾，是人民日益增长的物质文化需要同落后的社会生产之间的矛盾"。自此，不断提高人民"生活水平""生活质量"就成为满足人民日益增长的物质文化需要的直接要求和表现。到 2012 年，我国人民生活水平、居民收入水平、社会保障水平迈上一个大台阶，党的十八大报告将"人民生活水平全面提高"作为全面建成小康社会和全

面深化改革开放的目标之一，并强调必须以保障和改善民生为重点，提高人民物质文化生活水平。人民日益增长的物质文化需要已经开始转向更为综合的美好生活期待，习近平总书记在十八届中央政治局常委同中外记者见面时就明确宣示，"人民对美好生活的向往，就是我们的奋斗目标"。2015 年，党的十八届五中全会进一步把"人民生活水平和质量普遍提高"作为全面建成小康社会新的目标要求之一。2017 年，党的十九大指出，"中国特色社会主义进入新时代，我国社会主要矛盾已经转化为人民日益增长的美好生活需要和不平衡不充分的发展之间的矛盾"，"人民美好生活需要日益广泛，不仅对物质文化生活提出了更高要求，而且在民主、法治、公平、正义、安全、环境等方面的要求日益增长"。从此，不断提高人民"生活水平"，开始从党的民生事业全局重心转变为民生福祉的基础部分。2018 年 4 月 23 日，习近平总书记在主持十九届中央政治局第五次集体学习时提出，"要着眼于满足人民日益增长的美好生活需要，贯彻新发展理念，着力解决发展不平衡不充分的问题，提高发展质量，不断提高人民生活品质、生活品位，让发展成果更多更公平惠及全体人民"，"不断朝着全体人民共同富裕迈进"。提高"生活品质"作为与提高发展质量齐头并进的任务被提上了日程。2020 年党的十九届五中全会把"改善人民生活品质，提高社会建设水平"列入《中共中央关于制定国民经济和社会发展第十四个五年规划和二〇三五年远景目标的建议》。2021 年 2 月 26 日，习近平总书记在主持十九届中央政治局第二十八次集体学习时进一步明确，"要树立战略眼光，顺应人民对高品质生活的期待"。

党的二十大报告指出，新时代 10 年来，"我们深入贯彻以人民为中心的发展思想，在幼有所育、学有所教、劳有所得、病有所医、老有所养、住有所居、弱有所扶上持续用力，人民生活全方位改善"。党的民生事业锚定了新征程开局 5 年的战略目标，即"增进民生福祉，提高人民生活品质"。"生活品质"正式取代"生活水平"，成为党的民生事业的重心。相较而言，"生活水平"作为人民的物质文化需要满足情况的概念，是可见可触摸可量化的客观指标能够反映的，而"生活品质"作为美好生活需要的统领性概念的具象化，在能够用客观指标衡量的物质文化生活水平基础上，更加强调人民群众的主观感受和价值评价。人民生活的"品质"取代"水平"，体现了党的民生事业重心质的飞跃，体现了党始终不忘初心、牢记使命，坚持以人民为中心的发展思想，始终把实现人民对美好生活的向往作为现代化建设的出发点和落脚点。

提高人民生活品质，就要从物质富足、精神富有等层面不断实现人民对美好生活的向往，促进人的全面发展

改革开放以来，人民生活水平不断提高的过程是与第一个百年奋斗目标即到中国共产党成立 100 年时全面建成小康社会这一历史任务紧密联系在一起的。在这个过程中，特别是党的十八大以来，党团结带领全国各族人民持续用力、共同奋斗，针对民生领域的薄弱环节，采取一系列战略性举措，推进一系列变革性实践，实现一系列突破性进展，取得了一系列标志性成果，人民生活全方位改善。2015 年 2 月，习近平总书记在中央全面深化改革领导小组第十次会议上强调，要把改革方案的含金量充分展示出来，让人民群众有更多获得感；在党的十九大报告中，习近平总书记强调，使人民获得感、幸福感、安全感更加充实、更有保障、更可持续。"获得感、幸福感、安全感"构成了人民美好生活需要的主观感受维度，成为党提升民生事业建设质量的着力点。

从党的十九大到党的二十大，是"两个一百年"奋斗目标的历史交汇期，以习近平同志为核心的党中央一步步明确把提高人民生活品质作为党的民生事业的重心，就是对人民美好生活需要的有效回应。2020年10月29日，习近平总书记在党的十九届五中全会第二次全体会议上指出，"经过几代人接续奋斗，我们即将全面建成小康社会、完成脱贫攻坚任务、实现第一个百年奋斗目标，从明年起将开始向第二个百年奋斗目标进军"，"我国长期所处的短缺经济和供给不足的状况已经发生根本性改变"。全面建成小康社会，既意味着党的民生事业取得了历史性成就，也意味着党的民生事业有了进一步提升质量的基础。提高人民生活品质由此开始成为党的民生事业的战略重心，成为党在新征程上统领满足"人民对美好生活的向往"的民生工作抓手，成为党在新征程上促进人的全面发展和全体人民共同富裕的新路径。

提高人民生活品质，是党对新时代人民美好生活需要的多样化多层次多方面特点的回应，既包括厚植现代化的物质基础，使人民能够享受到诸如人均可支配收入、住房面积、受教育年限、基本公共服务等可以用数字、数量、布局呈现出来的客观生活水平；也包括大力发展社会主义先进文化，加强理想信念教育，传承中华文明，使人民在享受民生建设成果过程中不断增强获得感、幸福感和安全感等幸福安康的主观生活感受。客观生活水平和主观生活感受两者相辅相成，共同构成完整意义上的人民生活品质。在新时代新征程上，我们发展以提高人民生活品质为重心的民生事业，就要把高质量发展作为全面建设社会主义现代化国家的首要任务来推进，进一步夯实人民幸福生活的物质条件，以社会主义核心价值观为引领，发展社会主义先进文化，弘扬革命文化，传承中华优秀传统文化，进一步丰富人民幸福生活的精神家园，提高全社会文明程度，增强人民精神力量。

提高人民生活品质，就要坚持在发展中保障和改善民生，提升民生建设质量，在共同奋斗中创造美好生活，促进社会全面进步

全党全国各族人民已经迈上全面建设社会主义现代化国家新征程，向第二个百年奋斗目标进军。以习近平同志为核心的党中央把握历史主动，始终坚持以人民为中心的发展思想，站在全面建成社会主义现代化强国"两步走"总的战略安排高度谋划民生事业发展，对新征程开局起步的 5 年设定具体目标，既从感受层面强调人民生活更加幸福美好的主观指标进步空间，又从增长层面强调居民收入、基本公共服务均等化水平、多层次社会保障体系等客观指标进步空间，抓发展与惠民生并举，形成高质量发展与高品质生活的相互促进。

坚持在发展中保障和改善民生，就是要牢牢把握发展是党执政兴国的第一要务，让发展成果更多更公平地惠及全体人民。这就要求我们完整、准确、全面贯彻新发展理念，加快构建新发展格局，着力推动高质量发展，为人民的美好生活需要提供更为强大的物质基础，实现好、维护好、发展好最广大人民根本利益；紧紧抓住人民最关心最直接最现实的利益问题，尽力而为、量力而行，根据经济发展和财政收入状况，既突出重点，又循序渐进，以更优质的公共服务扎实办好各领域民生实事，为人民的美好生活需要提供更为稳定的心理基础，让人民群众对更好的教育、更稳定的工作、更满意的收入、更可靠的社会保障、更高水平的医疗卫生服务、更舒适的居住条件、更优美的环境、更丰富的精神文化生活等的期盼不断得到满足。

　　坚持在共同奋斗中创造美好生活，就是要在制度、机制、保障等层面形成团结奋斗的社会活力，着力促进全体人民共同富裕，促进社会进步。这就要求我们完善基础性制度，鼓励勤劳致富，促进机会公平，形成共同奋斗的制度激励；以深化民生领域改革来破除体制和政策弊端，使人人都有通过勤奋劳动实现自身发展的机会，形成共同奋斗的社会氛围；以健全社会保障体系来进一步织牢人民生活的安全网、增强社会运行的稳定器，形成共同奋斗的心理支持；以推进健康中国建设，夯实共同奋斗的共同体基础。我们要深入群众、深入基层，以扎扎实实的调查研究来健全制度、完善机制、强化落实，形成高效运转的民生链，以实实在在的惠民生、暖民心举措，把群众大大小小的事办好，让群众看到变化、得到实惠、尝到幸福。

　　为民造福是立党为公、执政为民的本质要求。正如习近平总书记所指出的，人民幸福安康是推动高质量发展的最终目的。增进民生福祉，只有比较级，没有最高级；提高人民生活品质，只有进行时，没有完成时。我们要在党的全面领导下，把提高人民生活品质摆在为民造福突出位置，在物质富足、精神富有上下功夫，以民生建设调整社会结构、调动社会活力、调节社会韧性，促进社会全面进步，为全面建设社会主义现代化国家、全面推进中华民族伟大复兴提供磅礴的前进动力。

　　【作者系中共中央党校（国家行政学院）统一战线教研部主任，本文首发于《学习时报》2023年5月5日】

聚焦更高水平平安中国，健全国家安全体系

高祖贵

国家安全是中国式现代化行稳致远的重要基础。党的二十届三中全会审议通过的《中共中央关于进一步全面深化改革、推进中国式现代化的决定》（以下简称《决定》）提出，聚焦建设更高水平平安中国，健全国家安全体系，强化一体化国家战略体系，增强维护国家安全能力，创新社会治理体制机制和手段，有效构建新安全格局。这是进一步贯彻落实党的二十大作出的"推进国家安全体系和能力现代化"的重要战略部署，具有重大理论和实践意义。

全面贯彻总体国家安全观

总体国家安全观是习近平总书记对国家安全理论的重大创新，系统回答了新时代为什么要更加注重维护国家安全、维护怎样的国家安全、怎样维护国家安全等一系列重大理论和实践问题，形成了系统全面、逻辑严密、内涵丰富、内在统一的科学理论体系。这一理论体系作为习近平新时代中国特色社会主义思想的国家安全篇，是新时代维护和塑造中国特色大国安全的强大思想武器和行动指南。新征程上贯彻落实《决定》相关要求，推进国家安全体系和能力现代化，更好维护国家安全，必须全面贯彻总体国家安全观。

把维护国家安全放到更加突出的位置。国家安全是民族复兴的

根基，社会稳定是国家强盛的前提。推进中国式现代化是一项全新的事业，前进道路上必然会遇到各种矛盾和风险挑战。特别是当前世界百年未有之大变局加速演进，局部冲突和动荡频发，全球性问题加剧，来自外部的打压遏制不断升级，我国发展进入战略机遇和风险挑战并存、不确定难预料因素增多的时期，各种"黑天鹅""灰犀牛"事件随时可能发生。推进强国建设、民族复兴伟业，必须把维护国家安全贯穿党和国家工作各方面全过程，立足国际秩序大变局来把握规律，立足防范风险的大前提来运筹帷幄，立足我国发展重要战略机遇期的大背景来系统谋划，保持战略定力、战略自信、战略耐心，坚持以全球思维谋篇布局，坚持原则性和策略性相统一，切实加强国家安全工作，有效应对这些风险挑战，在日趋激烈的国际竞争中赢得战略主动，把维护国家安全的战略主动权牢牢掌握在自己手中。

准确把握总体国家安全观的核心要义，即"十个坚持"，包括坚持党对国家安全工作的绝对领导，坚持中国特色国家安全道路，坚持以人民安全为宗旨，坚持统筹发展和安全，坚持把政治安全放在首要位置，坚持统筹推进各领域安全，坚持把防范化解国家安全风险摆在突出位置，坚持推进国际共同安全，坚持推进国家安全体系和能力现代化，坚持加强国家安全干部队伍建设。"十个坚持"深刻回答了新时代新征程如何解决好大国发展进程中面临的共性安全问题和中华民族伟大复兴关键阶段面临的特殊安全问题，是我们党对国家安全工作规律性认识的深化和升华。其中，坚持党对国家安全工作的绝对领导，是做好国家安全工作的根本原则，是维护国家安全和社会安定的根本保证。

坚持系统观念，统筹发展和安全

总体国家安全观关键在"总体"。总体国家安全观主张国家安全是全面系统的安全和共同整体的安全，国家安全的内涵外延将随着时代的演进而不断丰富发展；在工作方法上强调前瞻性思考、全局性谋划、战略性布局、整体性推进，注重从整体上认识和把握国家安全问题的多样性、关联性、复杂性、动态性。在总体国家安全观的框架中，国家安全不仅囊括政治安全、国土安全、军事安全、经济安全、文化安全、社会安全、科技安全、信息安全、生态安全、资源安全、核安全、海外利益安全等重点领域的安全，而且涵盖网络安全、极地安全、深海安全、太空安全等新兴战略领域的安全，还扩展到生物安全、人工智能安全、数据安全等最新维度以及粮食安全、能源安全、产业链供应链安全等专门领域。

坚持总体国家安全观，建设更高水平平安中国，必须提高运用系统思维来观察安全形势、分析安全问题、谋划安全对策的水平。坚持政治安全、人民安全、国家利益至上的有机统一，实现人民安居乐业、党的长期执政、国家长治久安。坚持科学统筹，统筹好外部安全和内部安全、国土安全和国民安全、传统安全和非传统安全、自身安全和共同安全，不仅维护内部安全和自身安全，捍卫国家主权、领土完整、发展利益，还要推动树立共同、综合、合作、可持续的全球安全观，同世界各国一道，构建普遍安全的人类命运共同体。基于安全问题的内外联动性、跨域传导性、突变放大性等新特点，坚持总体国家安全观，更好维护国家安全，不仅要坚持立足于防，把防范化解重大风险挑战放在更加突出的位置上；而且应统筹维护安全和塑造安全，勇于进取和积极作为。在实践中，坚持总体国家安全观，就要始终把国家安全置于中国特色社会主义事业全局中来把握，发挥国家安全工作协调机制作用，用好国家安全政策工具箱，充分调动各方面积极性，强化协同高效、狠抓制度贯通，打破部门和区域壁垒，推动各领域各方面国家安全工作衔接协调、一体推进，形成维护国家安全合力。这是系统观念在国家安全领域的充分体现，是大安全理念和大安全格局对更好维护国家安全的重要要求。

习近平总书记在关于《决定》的说明中指出，决定稿在内容摆布上注重统筹发展和安全。从十九届中央国家安全委员会第一次会议强调必须坚持统筹发展和安全两件大事，到党的二十大把统筹发展和安全写进修订的党章，统筹发展和安全已经成为新时代治国理政的重要原则。新征程上，进一步全面深化改革、推进中国式现代化，更要统筹发展和安全。发展是安全的保障、安全是发展的前提，要把安全同经济社会发展一起谋划、一起部署。既要在发展中更多考虑安全因素，通过发展提升国家安全实力，善于运用发展成果来夯实国家安全的基础；又要深入推进国家安全思路、体制、手段创新，全面提高国家安全工作能力和水平，善于营造有利于经济社会发展的安全环境。以高质量发展促进高水平安全，以高水平安全保障高质量发展，实现高质量发展和高水平安全相辅相成、良性互动，新发展格局与新安全格局相互促进、动态平衡。进一步全面深化改革、推进中国式现代化，既要在统筹推进"五位一体"总体布局、协调推进"四个全面"战略布局框架下，统筹部署经济体制改革和其他各领域改革，塑造发展新动能新优势；又要全面贯彻总体国家安全观，完善维护国家安全体制机制，用完善的制度防范化解风险、有效应对挑战，切实保障国家长治久安，在危机中育新机、于变局中开新局。

推进国家安全体系和能力现代化

《决定》把维护国家安全放到更加突出的位置，围绕推进国家安全体系和能力现代化，提出构建联动高效的国家安全防护体系，提出"必须全面贯彻总体国家安全观，完善维护国家安全体制机制，实现高质量发展和高水平安全良性互动，切实保障国家长治久安。"新征程上，要以总体国家安全观为根本遵循，坚持统筹发展和安全，推进国家安全体系和能力现代化，建设更高水平平安中国。

健全国家安全体系。党的十八大以来，我们党设置中央国家安全委员会，习近平总书记亲自担任主席。中央国家安全委员会发挥统筹国家安全事务的作用，抓好国家安全方针政策贯彻落实，着力在提高把握全局、谋划发展的战略能力上下功夫。完善国家安全法治体系、战略体系、政策体系、风险监测预警体系、国家应急管理体系，完善重点领域安全保障体系和重要专项协调指挥体系。强化一体化国家战略体系，加强国家安全战略谋划和顶层设计，优化国家安全战略指导方针、目标、中长期规划，统筹用好各种战略资源和战略手段；坚持因时而动、因势而变，完善国家安全政策体系和重点领域政策举措。健全重大风险跨部门实时监测、分级预警、快速核查、提示通报等机制，健全国家安全审查和监管制度、危机管控机制、督促检查和责任追究机制等。完善国家安全力量布局，构建全域联动、立体高效的国家安全防护体系。

完善公共安全治理机制。坚持安全第一、预防为主，建立大安全大应急框架，完善公共安全体系，推动公共安全治理模式向事前预防转型。健全重大突发公共事件处置保障体系，完善应急指挥机制，增强应对突发公共事件的人力财力物力等各方面支撑保障。推进安全生产风险专项整治，完善风险排查整治和责任倒查机制，加强制度化常态化安全监管，严格落实安全生产责任制，从源头上防范化解重大安全风险，坚决遏制重特大事故发生。加强重点行业、重点领域安全监管。完善食品药品安全责任体系，全面落实企业安全主体责任，压实地方政府属地管理责任和有关部门监管责任，强化全流程、全生命周期安全监管。健全生物安全监管预警防控体系，织牢国家生物安全防护网。加强网络安全体制建设，完善网络空间治理法律法规，健全网络安全等级保护、关键信息基础设施安全保护、数据安全保护等制度，筑牢网络安全"防火墙"。建立人工智能安全监管制度，加快人工智能立法进程，完善科技伦理监管规则，加强分级分类监管，加强对有关风险的动态分析、评估预警、技术攻坚。

健全社会治理体系。完善共建共治共享的社会治理制度，健全党组织领导的自治、法治、德治相结合的城乡基层治理体系，坚持和发展新时代"枫桥经验"，完善正确处理新形势下人民内部矛盾机制。探索建立全国统一的人口管理制度。健全社会工作体制机制，加强党建引领基层治理，加强社会工作者队伍建设，推动志愿服务体系建设。推进信访工作法治化，畅通和规范群众诉求表达、利益协调、权益保障通道，充分发挥《信访工作条例》的规范、保障和引领作用。加快推进市域社会治理现代化，强化市民热线等公共服务平台功能。健全发挥家庭家教家风建设在基层治理中作用的机制、社会组织管理制度、乡镇（街道）职责和权力资源相匹配制度、扫黑除恶常态化机制等，深化行业协会商会改革，完善社会治安整体防控体系，夯实国家安全和社会稳定基层基础。

完善涉外国家安全机制。强化海外利益和投资风险预警、防控、保护体制机制，建立涉外项目法律风险评估制度。健全反制裁、反干涉、反"长臂管辖"机制和贸易风险防控机制。加强涉外法治建设，建立一体推进涉外立法、执法、司法、守法以及法律服务、法治人才培养的工作机制，完善涉外法律法规体系和法治实施体系，健全国际商事仲裁和调解制度，培育国际一流仲裁机构、律师事务所，充实法律"工具箱"，深化安全领域执法司法国际合作，维护我国公民、法人在海外的合法权益。健全维护海洋权益机制，完善跨军地、跨部门工作模式，有效防范化解涉海重大安全风险。建立健全周边安全工作协调机制，积极推进同周边国家非传统安全合作，发挥上海合作组织、金砖国家和全球公共安全合作论坛（连云港）等机制平台的作用。完善参与全球安全治理的机制，积极参与联合国框架下的双多边机制和国际规则制定，推动构建均衡、有效、可持续的安全架构。

【作者系中共内蒙古自治区委员会党校（内蒙古自治区行政学院）第一副校（院）长，曾任中共中央党校（国家行政学院）国际战略研究院院长】

聚焦建设美丽中国，加快经济社会发展全面绿色转型

高世楫

习近平总书记在首个全国生态日到来之际再次强调，生态文明建设是关系中华民族永续发展的根本大计，是关系党的使命宗旨的重大政治问题，是关系民生福祉的重大社会问题。在 2023 年 7 月召开的全国生态环境保护大会上，习近平总书记发表重要讲话，全面总结了我国生态文明建设取得的巨大成就，深入分析了当前生态文明建设面临的复杂形势，深刻阐述了新征程上推进生态文明建设需要处理好的重大关系，系统部署了全面推进美丽中国建设的战略任务和重大举措，为加快推进人与自然和谐共生的现代化提供了方向指引和根本遵循。我国现代化建设开启了新征程，经济社会发展进入了加快绿色化、低碳化的高质量发展阶段，生态文明建设处于压力叠加和负重前行的关键时期。这要求我们必须深入学习和领会习近平生态文明思想，按照人与自然和谐共生的要求推进现代化，把建设美丽中国摆在强国建设、民族复兴的突出位置，在以中国式现代化全面推进中华民族伟大复兴的过程中，不断丰富人类文明新形态，为共建地球生命共同体和构建人类命运共同体作出中华民族的独特贡献。

一、党的全面领导，是新时期生态文明建设鲜明特征

党的十八大以来，我国进入"五位一体"全方位推进社会主义现

代化建设的新时代。生态文明建设是关乎中华民族永续发展的根本大计，得到前所未有的重视。在习近平生态文明思想的指引下，我们党加强了对生态文明建设的全面领导，我国生态文明建设从理论到实践都发生了历史性、全局性变化，美丽中国建设迈出重大步伐。习近平总书记用"四个重大转变"全面总结了新时代我国生态文明建设取得的举世瞩目的成就，其中生态文明建设实现由实践探索到科学理论指导的重大转变，是指导我国生态文明建设实现其他重大转变的根本性转变。

在实践中形成和不断发展的习近平生态文明思想，深刻回答了为什么建设生态文明、建设什么样的生态文明、怎样建设生态文明等重大理论和实践问题，是我们党生态文明理论创新、制度创新、实践创新的凝练和集成。习近平生态文明思想强调坚持党对生态文明建设的全面领导、生态兴则文明兴、人与自然和谐共生、绿水青山就是金山银山、良好生态环境是最普惠的民生福祉、绿色发展是发展观的深刻革命、统筹山水林田湖草沙系统治理、用最严格制度最严密法治保护生态环境、把建设美丽中国转化为全体人民自觉行动、共谋全球生态文明建设之路，是一套系统完备的科学理论，具有重大的理论价值和实践价值。

习近平生态文明思想是习近平新时代中国特色社会主义思想的重要组成部分，充分体现了习近平新时代中国特色社会主义思想的世界观和方法论。我们要用习近平生态文明思想指导我国生态文明实践。践行习近平生态文明思想，建设美丽中国，我们必须坚持好、运用好贯穿其中的立场观点方法。

坚持人民至上。习近平总书记强调，人民群众对美好生活的向往，就是我们党的奋斗目标。"良好的生态环境是最公平的公共产品，是最普惠的民生福祉"，生态文明建设，就是要不断满足人民群众对优美生态环境的需要。与此同时，生态文明建设是全体人民的共同事业，需要把建设美丽中国转化为全体人民自觉行动，在党的领导下齐心协力推进美丽中国建设。

坚持自信自立。中国共产党领导中华民族伟大复兴的现代化事业，要坚持走人与自然和谐共生的中国式现代化道路。我们坚持生态优先、绿色发展，走绿色、低碳的高质量发展之路，而不走西方国家先污染后治理的老路。我们走低碳之路、推动碳达峰碳中和，必须根据自身发展的内在要求和节奏，确定我们实现"双碳目标"的路径和方式、节奏和力度。我们有能力、有底气，在全球生态文明建设中稳步从参与者走向贡献者和引领者。

坚持守正创新。习近平生态文明思想是马克思主义基本原理同中国生态文明建设具体实践相结合、同中华优秀传统生态文化相结合的重大成果。具体而言，习近平生态文明思想继承和发展了马克思主义人与自然关系理论，传承了中华优秀传统文化中天人合一、万物并育的生态自然观，在充分把握人类对人与自然关系科学认知、吸取人类现代化历程经验教训、总结中国社会主义现代化建设实践经验基础上，深化了对人与自然共生关系的认识，提出了正确认识和处理人与自然关系、建设社会主义生态文明的自然观、发展观和制度观。

坚持问题导向。环境保护和治理首先以解决群众身边的突出生态环境问题为重点，打好污染防治攻坚战，改善城乡人居环境，推动建设健康宜居美丽家园。党中央与时俱进提出"双碳目标"，把碳达峰碳中和纳入生态文明建设整体布局，推动生态文明建设进入以碳减排为重点战略方向、减污降碳协同增效、促进经济社会全面绿色转型的新阶段。

坚持系统观念。习近平生态文明思想体现了鲜明的系统思维。我们要按照生态系统的内在规律，统筹考虑自然生态各要素，坚持山水林田湖草沙系统治理，增强生态系统循环能力，维护生态平衡。坚持从源头到末端系统治理，控制污染，保护环境，修复生态，提升生态系统质量和稳定性。

坚持胸怀天下。习近平总书记强调，生态文明建设事关人类福祉，要"打造人与自然生命共同体，共建清洁美丽世界"。全球发展倡议从构建人类命运共同体的高度出发，强调要坚持人与自然和谐共生，完善全球环境治理，积极应对气候变化，构建人与自然生命共同体，为促进人与自然和谐共生、构建人与自然生命共同体贡献了中国智慧和中国方案。

以习近平同志为核心的党中央，将生态文明作为"国之大者"，明确生态文明建设在党和国家事业发展全局中的重要地位，通过加强党的全面领导，生态文明建设在思想上、组织上、体制上和行动上得以深入贯彻落实。我们党将"绿水青山就是金山银山"写入党章，将建设"美丽中国"和生态文明写入宪法，并通过中央决议和相关法律法规，确立了生态文明建设目标、实施路径。在"五位一体"现代化建设总体布局中，生态文明建设是其中一位；在新时代坚持和发展中国特色社会主义的基本方略中，坚持人与自然和谐共生是其中一条；在新发展理念中，绿色是其中一项；在三大攻坚战中，污染防治是其中一战；在到本世纪中叶建成社会主义现代化强国目标中，美丽中国是其中一个。在组织和行动上，我们党建立并不断完善了生态文明建设责任制，明确各级党委抓生态文明建设的职责、特别是地方各级党委和政府美丽中国建设的政治责任。尤为重要的是，2015年习近平总书记亲自谋划、亲自部署、亲自推动建立中央生态环境保护督察制度，通过问责政府，启动了党内问责、行政问责和司法追责的问责机制，使包括法律法规和行政管理在内的生态环境治理体系得以有效运作，为生态文明建设提供了有效制度保障。

二、习近平生态文明思想在生态文明建设实践中发挥了真理伟力

在习近平生态文明思想指引和党的全面领导下，我国务实推进环境污染治理、生态保护修复、经济社会绿色低碳转型并取得巨大成就。

在生态环境保护方面，党中央、国务院坚决向污染宣战，先后颁布实施大气、水、土壤污染防治行动计划，提出坚决打好污染防治攻坚战的决策部署，生态环境质量明显好转。近十年，全国地级以上城市主要空气污染物浓度明显下降。中国花了不到 10 年的时间，实现了美国几十年时间实现的污染下降幅度，成为全球空气质量改善速度最快的国家。全国地表水水质明显提升，近岸海域海水水质也在明显好转。土壤环境风险得到基本管控，全国农用地安全利用率保持在 90% 以上，重点建设用地安全利用得到进一步保障。农村人居环境稳步改善，农村饮用水安全稳步提升，农村自来水普及率达到 87%。重要生态系统得到保护，生态系统修复取得良好成绩，生态系统多样性、稳定性和持续性不断提升。

在低碳发展方面，碳达峰碳中和迈出坚实步伐。2021 年中国单位 GDP 二氧化碳排放比 2005 年累计下降 50.8%，碳排放强度下降的速度居世界前列。当前，我国仍然处于现代化快速发展阶段，要素禀赋决定了能源系统中高碳能源的总量和强度都比较高。在先立后破的

原则下，我国坚定不移推进能源绿色低碳转型，已建成全球规模最大的清洁高效燃煤发电系统，投入运行的燃煤发电机组能效指标、污染物排放指标均为国际领先水平。与此同时，我国风、光、水等可再生能源发展迅速，国家能源局发布的《2022 年度全国可再生能源电力发展监测评价报告》指出，截至 2022 年底，全国可再生能源发电累计装机容量为 12.13 亿千瓦，同比增长约 14.1%，占全部电力装机的 47.3%。电力规划设计院发布的《中国能源发展报告 2023》指出，2022 年中国非化石能源消费占能源消费总量的比重，提高到 17.5%。

在绿色低碳高质量发展方面，我国资源节约集约利用水平进一步提升，绿色全要素生产率不断提高。近年来，我国产业结构不断升级，绿色低碳产业快速发展，资源利用效率稳步提升。过去十年，中国以年均 3% 的能源消费增速支撑了年均 6% 以上的经济增长。研究表明，2013 年—2019 年，我国计入环境污染影响之后的绿色 GDP 增长较传统 GDP 增长高 0.3 个百分点，绿色全要素生产率年均增速达 2.1%。与 2006—2012 年相比，2013—2019 年我国绿色全要素生产率年均增速增加 1.25 个百分点，反映出中国正走上高质量发展道路。

绿色发展的新业态新动能正在形成。我国积极支持新能源发展，光伏、风电装机新增装机量、总装机量多年位列全球第一，光伏电池转化率屡创全球新高，世界单机容量最大的 16 兆瓦海上风电机组已经投运。2022 年，我国生产的光伏组件、风力发电机、齿轮箱等关键零部件占全球市场份额均超过 70%，新能源汽车产量超过 700 万辆，产销量连续八年居世界第一。

中国在推动自身经济社会发展绿色转型的同时，还积极参与全球生态治理，推进共建绿色"一带一路"，广泛开展双多边国际合作，为全球可持续发展贡献智慧和力量。中国应对气候变化的系统政策和务实行动取得积极成效，特别是为全球提供了大规模优质的可再生能源产品，提振了全球绿色低碳转型信心。中国从发展中国家立场，推动国际气候变化公约谈判、全球生物多样性保护等取得实效，推动完善应对气候变化的国际治理体系。中国将是第一个在碳排放约束下实现现代化的发展中国家，也必将为广大发展中国家开辟一条绿色低碳、人与自然和谐共生的现代化新路！这将是中华民族对共建地球生命共同体和构建人类命运共同体的独特贡献。

三、扎实推进绿色发展，加快建设美丽中国

习近平总书记指出，"没有发展，就不能聚集起绿色转型的经济力量；忽视民生，就会失去绿色转型的社会依托。""坚持把绿色低碳发展作为解决生态环境问题的治本之策，加快形成绿色生产方式和生活方式，厚植高质量发展的绿色底色。"在推进中国式现代化建设的新征程上，必须深刻理解和把握"五个重大关系"，推动发展方式绿色转型，加快美丽中国建设。按照党中央部署，要打好法治、市场、科技、政策"组合拳"，健全美丽中国建设保障体系。深化改革和制度建设，就是要着力构建绿色低碳发展的经济体系，强化政府有效监管，推动低碳领域根本性技术进步，在实现现代化目标过程中实现"双碳"目标。

（一）进一步深化改革，加快建立健全绿色低碳循环发展的经济体系

生态环境问题归根到底是发展方式和生活方式问题。建立健全绿色低碳循环发展经济体系、促进经济社会发展全面绿色转型，是解决

我国生态环境问题的基础之策。

我们要深化经济体制改革，加快形成国内统一大市场，建设现代化经济体系，构建充分发挥市场在资源配置中的决定性作用、更好发挥政府作用的经济体制。具体来讲，要一体建设、一体推进，加快建设创新引领、协同发展的产业体系，统一开放、竞争有序的市场体系，体现效率、促进公平的收入分配体系，彰显优势、协调联动的城乡区域发展体系，资源节约、环境友好的绿色发展体系，多元平衡、安全高效的全面开放体系。绿色低碳循环发展经济体系内嵌于现代化经济体系中，是现代化经济体系的有机组成部分。在推进现代化经济体系建设的过程中，要加快落实国务院印发的《关于加快建立健全绿色低碳循环发展经济体系的指导意见》，坚持市场导向，在绿色转型中充分发挥市场配置资源的基础作用，为绿色发展注入持续的强大动力。以节能环保、清洁生产、清洁能源等为重点，率先突破，做好绿色低碳产业与农业、制造业、服务业和信息技术的融合发展，全面带动一二三产业和基础设施绿色升级。国内外实践和经济理论都充分表明，在政府有效监管下的市场机制，是高效率配置资源、促进绿色发展、提高人民福祉的最基本手段[12]。

我们认为，深化绿色低碳领域改革，要不断扩大各领域市场准入，建立健全支持绿色低碳发展的价格体系。其中，建立健全价格体系主要有两方面内容：一是推动政府定价和市场定价有效衔接，二是将资源价值、环境污染损害外部成本内部化。这两方面是资源环境要素市场化配置体系的基础和核心。尤为重要的是，在我国新能源产业引领全球的重要机会窗口，建立面向绿色转型的能源价格形成机制，有利于国内优化配置各类能源品种，提高我国各类能源企业的竞争力，在支持国内能源绿色低碳转型的同时，有效应对国际竞争和贸易保护主义。

（二）建立健全生态环境监管体系，提高依法监管科学监管能力

推动绿色发展，建立美丽中国，需要建立健全生态环境治理体系，其中最重要的是按照现代市场经济中监管体系现代化的原则，建立公开、透明、专业、高效、可问责的现代化生态环境监管体系，提高依法监管、科学监管能力。

中国生态文明建设进入降碳、减污、扩绿、增长的新阶段，生态环境监管的对象、内容、范围都发生了巨大变化，最重要的变化就是，在传统污染物排放监管基础之上增加了碳（温室气体）排放监管。与传统污染物相比，碳产生和排放的技术经济特征更加复杂，碳排放的控制和监管也相应地更加复杂。在推进人与自然和谐共生的现代化进程中，建立健全绿色低碳循环发展经济体系的同时，必须同步建立和完善包括碳排放监管在内的生态环境监管体系。作为一种基础性制度安排，生态环境监管体系是现代国家制度的重要方面。生态环境监管能力是现代社会国家能力的重要构成。

我国已经初步建立生态环境监管体系，包括以能耗监管为核心的碳排放监管体系。减污降碳协同增效的生态环境监管体系，对法律法规制度、组织机构、专业技能提出了新要求。目前我国生态环境监管体系建设中，跨部门监管协同、能力不足等问题日益凸显。为此，下一步应从监管立法、监管机构组织体系、监管工具、问责机制等方面着力，探索建立以部门分工为基础，权责对等、综合协同的生态环境监管体系。生态环境监管涉及经济社会活动的各领域、各环节，牵涉面广。因此，要坚持依法监管理念，通过法律法规明确监管边界、规定监管程序、确定问责机制，确保监管的依法、专业、高效要与时俱

进地优化调整相关部门职能，改进监管工具，优化问责机制。要按照监管需求，加强监管能力建设，加快建立现代化生态环境监测体系，提高生态环境监管效能。

（三）以科技创新推进生态文明建设

文明的发展离不开科技创新和科技进步。推进绿色发展，建设生态文明，必须"依靠科技创新破解绿色发展难题，形成人与自然和谐发展新格局"。

我们要完善国家创新体系，使科学发现、技术发明和产品创新各环节更加协同。我们要强化生态文明建设的科技支撑，推进绿色低碳科技自立自强，把应对气候变化、新污染物治理等作为国家基础研究和科技创新重点领域，狠抓关键核心技术攻关，实现技术突破。加快构建市场导向的绿色技术创新体系，尤其应该强调企业在创新中的主体地位，使企业有持续的动力利用知识创造更多价值，从而诱导和推动技术创新、管理创新、商业模式创新。构筑有力有效的政策支持体系，建立支撑绿色发展的产业集群和产业生态。

对发展中国家而言，政府主导制定实施产业政策及其与相关政策的有效协同，对传统产业升级改造尤为重要。绿色低碳发展成为全球大趋势的今天，许多发达国家和发展中国家都制定了绿色产业政策，支持可再生能源发展，促进能源向清洁低碳转型，推动经济社会绿色低碳转型。中国成功实施绿色产业政策的实践，已经并将继续改善占世界人口近 18% 的中国人民福祉，并产生巨大的技术外溢，为全球绿色发展和生态文明建设作出更大的贡献。

【作者系国务院发展研究中心资源与环境政策研究所所长】

三、发展篇

大力促进人才事业与经济社会发展深度融合，强化现代化人才支撑

吴瀚飞

国家发展靠人才，民族振兴靠人才。在全面建设社会主义现代化国家新征程上，我们比历史上任何时期都更接近、更有信心和能力实现中华民族伟大复兴的目标，也比历史上任何时期都更加渴求人才。党的二十大报告鲜明提出："强化现代化建设人才支撑"，并对深入实施新时代人才强国战略作出全面部署。这是以习近平同志为核心的党中央从统筹中华民族伟大复兴战略全局和世界百年未有之大变局的战略高度，对加快建设人才强国作出的战略谋划，对于全面建设社会主义现代化国家、实现中华民族伟大复兴的中国梦，具有重大的现实意义和深远的历史意义。

一、充分认识人才在全面建设社会主义现代化国家中的基础性战略性支撑作用

功以才成，业由才广。古往今来，人才都是富国之本、兴邦大计。党和人民事业要不断发展，就要聚天下英才而用之。我们党始终重视培养人才、团结人才、引领人才、成就人才，团结和支持各方面人才为党和人民事业建功立业。党的十八大以来，以习近平同志为核心的党中央深刻把握世界大势和发展规律，准确判断我国发展阶段和

历史方位，突出强调人才是第一资源，作出全方位培养、引进、使用人才的重大部署，有力地推动了人才队伍快速壮大、人才效能持续增强、人才比较优势稳步增强，为党和国家事业取得历史性成就、发生历史性变革提供了强有力的人才支撑。党的二十大报告立足全局、面向未来，深刻指出："培养造就大批德才兼备的高素质人才，是国家和民族长远发展大计。"我们必须充分认识强化现代化建设人才支撑的极端重要性。

（一）人才是创新的根本。创新是第一动力，是推动国家和民族向前发展的重要力量，在我国现代化建设全局中处于核心地位。习近平总书记深刻指出：中国"强起来要靠创新，创新要靠人才"，"创新的根本在人才"。人才资源作为创新活动中最为活跃、最为积极的因素，对于建设创新型国家具有重要支撑作用。党的十八大以来，我国基础研究和原始创新不断加强，一些关键核心技术实现突破，战略性新兴产业发展壮大，载人航天、探月探火、深海深地探测、超级计算机、卫星导航、量子信息、核电技术、新能源技术、大飞机制造、生物医药等取得重大成果，进入创新型国家行列。这一系列成果都取决于人才队伍的不断壮大和创新作用的有效发挥。世界知识产权组织发布的全球创新指数显示，我国排名从 2012 年的第 34 位快速上升到 2022 年的第 11 位。据统计，我国 2021 年研发人员的总量是 2012 年的 1.7 倍，居世界首位。实践充分证明，广大人才在国家创新发展中发挥了重要作用。当前，新一轮科技革命和产业变革深入发展，我国社会主义现代化进程深入推进，人才的决定性作用进一步凸显。因此，必须更加重视人才，更多地培养造就高水平创新人才，并激发他们的创新创造活力，以更好地为我国实现高水平科技自立自强、进入创新型国家前列提供坚强的人才支撑。

（二）人才是推动经济社会发展的战略性资源。建设社会主义现代化国家是我国经济社会发展一以贯之的主题。全面建成社会主义现代化强国，必须坚持推动经济社会高质量发展。习近平总书记深刻指出："人才越来越成为推动经济社会发展的战略性资源"，"人才资源作为经济社会发展第一资源的特征和作用更加明显"。我国现代化建设的生动实践，也充分证明了人才是经济社会发展的重要引领力量，是国家民族事业发展的支撑性力量。在实现中国梦"关键一程"上，人才服务决战脱贫攻坚、决胜全面建成小康社会、推动区域协调发展、抗击新冠疫情等国家重大战略和重大工作卓有成效，对经济社会发展的贡献逐年提升，对推动高质量发展发挥了重要作用。立足新发展阶段、贯彻新发展理念、构建新发展格局、推动高质量发展，必须从战略高度深刻认识人才在经济社会发展中的重要作用，大力促进人才事业与经济社会发展深度融合，有效发挥人才资源对经济社会高质量发展的支撑作用。

（三）人才竞争是综合国力竞争的核心。习近平总书记深刻指出："人才是衡量一个国家综合国力的重要指标"，"人才竞争已经成为综合国力竞争的核心"。综合国力竞争归根到底是人才竞争。哪个国家拥有人才上的优势，哪个国家最后就会拥有实力上的优势。社会主义现代化强国是综合国力和国际影响力领先的国家，也必然是具有人才竞争优势的国家。当今世界，在综合国力竞争中，围绕科技制高点和高端人才的竞争空前激烈。世界各国竞相将增强人才竞争优势上升为国家战略，构建国家核心竞争力。目前，我国已经发展成为全球规模最宏大、门类最齐全的人才资源大国。源源不断的人才资源是我国在激烈的国际竞争中的重要潜在力量和后发优势。由人才大国迈向人才强国，必须切实提高对人才竞争在综合国力竞争中决定性作用的认识，充分开发利用国内国际人才资源，努力培养引进使用更多优秀人才，加快建立人才资源竞争优势，以进一步在国际竞争中赢得优势、赢得主动、赢得未来。

二、全面把握新时代人才强国的丰富内涵

党的二十大提出："到本世纪中叶，把我国建设成为综合国力和国际影响力领先的社会主义现代化强国。"同时提出，要加快建设制造强国、质量强国、航天强国、交通强国、网络强国、农业强国、海洋强国、贸易强国、教育强国、科技强国、文化强国、体育强国等，这些都离不开人才强国的支撑。党的十八大以来，习近平总书记以马克思主义政治家、思想家、战略家的深远战略思维、宏阔全球视野、强烈历史担当，把人才强国摆在治国理政的重要位置，亲自关怀、亲自谋划、亲自部署、亲自推动，提出了一系列新理念新战略新举措，全面系统深刻地回答了为什么建设人才强国、什么是人才强国、怎样建设人才强国的重大理论和实践问题，深化了对人才事业发展的规律性认识，为加快建设人才强国提供了强大思想武器。党的二十大报告进一步从战略全局的高度对加快建设人才强国提出了新的要求，作出了新的部署。我们要全面系统地认真学习、深刻领会。

（一）坚持党对人才工作的全面领导。这是做好人才工作的根本保证，为加快人才强国建设提供了政治保证和组织保障。坚持党对人才工作的全面领导，是我国人才体系的鲜明政治优势，也是建设人才强国的"纲"和"本"。必须坚持党管人才原则，党要领导实施人才强国战略、推进高水平科技自立自强，加强对人才工作的政治引领，全方位支持人才、帮助人才，千方百计造就人才、成就人才。

（二）坚持人才引领发展的战略地位。这是做好人才工作的重大战略，把人才的重要地位提高到了战略高度。坚持人才引领发展，就是要坚持人才引领驱动，突出人才在国家创新发展中的重要作用。必须把人才资源开发放在最优先位置，加大人才工作投入，在创新实践中发现人才、在创新活动中培养人才、在创新事业中凝聚人才，加快建设国家战略人才力量，着力夯实创新发展人才基础。

（三）坚持面向世界科技前沿、面向经济主战场、面向国家重大需求、面向人民生命健康。这是做好人才工作的目标方向，阐明了我国人才工作的坐标。"四个面向"从国家和人民的利益出发，聚焦新时代重点用才领域，明确了广大人才科研报国的方向。必须紧跟世界科技发展大势，对标世界一流水平，根据国家发展急迫需要和长远需求，加强前瞻性思考、全局性谋划、战略性布局、整体性推进，实现人才队伍规模、结构、质量、效益、安全相统一。

（四）坚持全方位培养用好人才。这是做好人才工作的重点任务，指明了新时代人才工作的战略重点。培养是基础、用好是目的，二者相辅相成、有机统一，确保了广开进贤之路、广纳天下英才。必须坚定人才培养自信，造就一流科技领军人才和创新团队，培养具有国际竞争力的青年科技人才后备军，用好用活各类人才，大胆使用青年人才，放开视野选人才、不拘一格用人才。

（五）坚持深化人才发展体制机制改革。这是做好人才工作的重要保障，为释放我国人才创新创造活力提供了基础条件。改革出动力、改革增活力，最终也要靠改革构筑我国人才制度优势。必须破除人才发展体制机制障碍，把我国制度优势转化为人才优势、科技竞争优势，加快形成有利于人才成长的培养机制、有利于人尽其才的使用机制、有利于人才各展其能的激励机制、有利于人才脱颖而出的竞争机制。

（六）坚持聚天下英才而用之。这是做好人才工作的基本要求，体现了我们党在坚定不移推进民族复兴大业中宏阔的人才视野和战略眼光。中国发展需要世界人才的参与，中国发展也为世界人才提供机遇。必须着眼高精尖缺，坚持需求导向，用好全球创新资源，精准引进急需紧缺人才，加快建设世界重要人才中心和创新高地。

（七）坚持营造识才爱才敬才用才的环境。这是做好人才工作的社会条件，明确了营造良好环境的着力点。环境好，则人才聚、事业兴。要把营造识才爱才敬才用才的环境作为重要前提，助推人才成长成才、发挥作用。必须积极营造尊重人才、求贤若渴的社会环境，公正平等、竞争择优的制度环境，鼓励创新、宽容失败的工作环境，待遇适当、保障有力的生活环境，为人才心无旁骛钻研业务创造良好条件。

（八）坚持弘扬科学家精神。这是做好人才工作的精神引领和思想保证，为广大人才建功新时代注入了强大精神动力。只有弘扬科学家精神，才能激励各类人才投身建设社会主义现代化国家的伟大事业中。必须大力弘扬胸怀祖国、服务人民的爱国精神，勇攀高峰、敢为人先的创新精神，追求真理、严谨治学的求实精神，淡泊名利、潜心研究的奉献精神，集智攻关、团结协作的协同精神，甘为人梯、奖掖后学的育人精神，教育引导各类人才矢志爱国奋斗、锐意开拓创新。

三、深入实施新时代人才强国战略

深入实施新时代人才强国战略，是我国社会主义现代化建设的必然选择。党的二十大报告紧紧围绕全面建设社会主义现代化国家，深刻把握我国经济社会高质量发展需要和国际人才竞争新态势，第一次在党代会报告中将人才强国战略与科教兴国战略、创新驱动发展战略进行集中论述，并作出专题部署。这是在更高起点、更高层次、更高目标上对人才强国作出的顶层设计，为加快建设人才强国锚定了新坐标、树立了新标杆、描绘了新愿景。我们必须站在新的历史起点上，以更高的标准、更大的力度、更实的举措，把新时代人才强国战略的各项任务落到实处。

（一）坚持党管人才原则，引导广大人才爱党报国、敬业奉献、服务人民。聚天下英才而用之，关键是要坚持党管人才原则。只有在党的领导下，培养造就大批德才兼备的高素质人才，才能确保人才强国建设沿着正确的方向前进。要加强党对人才工作的全面领导，管宏观、管政策、管协调、管服务，为人才"保驾护航"，搭建干事创业的平台。要坚持尊重劳动、尊重知识、尊重人才、尊重创造，实施更加积极、更加开放、更加有效的人才政策，做到人尽其才、才尽其用、用有所成。要教育引导广大人才弘扬科学家精神，服务国家、造福人民、开拓创新，把论文写在祖国大地上，把科技成果应用在实现社会主义现代化的伟大事业中。

（二）完善人才战略布局，建设规模宏大、结构合理、素质优良的人才队伍。建设一支宏大的高素质人才队伍，是全面建设社会主义现代化国家的基础。要紧扣科教兴国、创新驱动发展等国家重大战略需求，把人才集聚和重大战略实施同步谋划、同步推进，做到重大战略部署到哪里、人才集聚就跟进到哪里，党和国家事业急需紧缺什么人才、就优先集聚什么人才。要坚持各方面人才一起抓，统筹推进各类人才队伍建设，为全面建成社会主义现代化强国提供有力人才支撑。

（三）加快建设世界重要人才中心和创新高地，着力形成人才国际竞争的比较优势。人类历史上，科技和人才总是向发展势头好、文明程度高、创新最活跃的地方集聚。现在，我国正处于政治最稳定、经济最繁荣、创新最活跃的时期，必须抓住机遇、乘势而上。要坚持重点布局、梯次推进，坚持试点先行、改革牵引，促进人才区域合理布局和协调发展，加快形成战略支点和雁阵格局。要着力建设高水平人才高地和吸引集聚人才的平台，为我国人才事业发展提供强大牵引力和驱动力，加快形成我国在诸多领域人才竞争比较优势。

（四）加快建设国家战略人才力量，着力造就拔尖创新人才。战略人才站在国际科技前沿、引领科技自主创新、承担国家战略科技任务，是支撑我国高水平科技自立自强的重要力量。要坚持实践标准，树立长远眼光，把解决"燃眉之急"和满足长远所需统筹起来，不断壮大国家战略人才力量。要坚持为党育人、为国育才，全面提高人才自主培养质量，努力培养造就更多大师、战略科学家、一流科技领军人才和创新团队、青年科技人才、卓越工程师、大国工匠、高技能人才。要坚持全球视野，加强人才国际交流，千方百计引进顶尖人才，使更多全球智慧资源为我所用，用好用活各类人才。

（五）深化人才发展体制机制改革，激发人才创新创造活力。释放人才创新创造活力，必须通过改革建立起既有中国特色又有国际竞争比较优势的人才发展体制机制。要坚持问题导向，以激发活力为核心，坚决破除人才培养、引进、使用、评价、激励、流动、保障等方面的体制机制障碍，破除唯论文、唯职称、唯学历、唯奖项现象。要根据需要和实际，向用人主体授权，为人才松绑，把人才从科研管理的各种形式主义、官僚主义的束缚中解放出来。要充分发挥人才发展体制机制保障作用，真心爱才、悉心育才、倾心引才、精心用才，求贤若渴，不拘一格，把各方面优秀人才集聚到党和人民事业中来。

【作者系中共中央组织部原副部级巡视专员、十九届中央第七轮巡视第九巡视组组长】

坚持以推动高质量发展为主题，
构建高水平社会主义市场经济体制

顾海良

以政府与市场关系为核心问题，着力推进治理结构和制度创新，在社会主义经济关系"总体"上，增强社会主义市场经济的制度规定性，形成以制度"定型"为主要特征的逻辑过程。党的十八大以来，习近平总书记把"坚持社会主义市场经济改革方向"，确定为中国特色社会主义政治经济学的"重大原则"，从"辩证法、两点论"的方法上，对社会主义基本经济制度和市场经济体制关系问题作了多方的阐释，彰显了社会主义市场经济的制度规定性，丰富了社会主义市场经济作为中国特色社会主义政治经济学理论主题的内涵。

社会主义市场经济体制具有的社会主义基本经济制度的规定性，并不是由经济体制一般性决定的，而是由与之"结合起来"的基本经济制度的特殊性所决定的，是由社会主义经济关系"总体"的性质所决定的。马克思在《〈政治经济学批判〉导言》中指出："在一切社会形式中都有一种一定的生产决定其他一切生产的地位和影响，因而它的关系也决定其他一切关系的地位和影响。这是一种普照的光，它掩盖了一切其他色彩，改变着它们的特点。这是一种特殊的以太，它决定着它里面显露出来的一切存在的比重。"在资本主义经济关系"总体"中，"资本"作为资本主义生产资料私有制的核心范畴，就是这一"总体"中的"普照的光""特殊的以太"，就是资产阶级社会中支配一切的"经济权力"。在社会主义经济关系"总体"中，居于社会主义所有制结构主体地位的生产资料公有制，就是"总体"中的"普照的光"、就是"特殊的以太"，就是社会主义经济关系中支配一切的"经济权力"，也就是社会主义市场经济体制融入和生成社会主义基本经济制度规定的根据和条件。

社会主义市场经济是经济体制一般和经济制度特殊的统一。党的十八大以来，全面深化经济体制改革的实践，使社会主义市场经济体制更为深入地与社会主义基本经济制度相兼容，社会主义基本经济制度规定性也更为实际地与市场经济体制相结合、相融合，生成为市场经济的属性。这一理论趋向，深刻地体现于习近平新时代中国特色社会主义思想中。这就是说，习近平经济思想，为社会主义市场经济体制是社会主义基本经济制度组成部分的概括提供了理论指导。

在对社会主义市场经济的制度性规定的探讨中，习近平新时代中国特色社会主义思想提出了三个重要观点：

首先，习近平总书记提出："我国实行的是社会主义市场经济体制，我们仍然要坚持发挥我国社会主义制度的优越性、发挥党和政府的积极作用。市场在资源配置中起决定性作用，并不是起全部作用。"中国社会主义市场经济体制的发展，是在社会主义制度框架内进行的，深受社会主义制度优越性的规制和影响，同时也深刻地彰显社会主义制度的优越性。

坚持党对经济工作的领导和坚持以人民为中心的发展，是社会主义制度优越性和本质特征的集中反映。坚持党对经济工作的领导在根本上就是坚持加强党对经济工作的集中统一领导，保证我国经济沿着正确方向发展，是中国特色社会主义政治经济学的最基本的问题。坚持以人民为中心的发展思想，是中国特色社会主义政治经济学的最根本立场。习近平总书记以"无产阶级的运动是绝大多数人的、为绝大多数人谋利益的独立的运动"，在未来社会"生产将以所有的人富裕为目的"的马克思主义基本理论为指导，进一步形成"要坚持以人民为中心的发展思想，把增进人民福祉、促进人的全面发展、朝着共同富裕方向稳步前进作为经济发展的出发点和落脚点"的思想。这是部署所有经济工作、制定全部经济政策、推动整体经济运行要牢牢坚持的根本立场，也是对社会主义市场经济的最重要的制度性规定，也是融入社会主义市场经济体制、并使之具有社会主义基本经济制度属性的根本规定。

其次，习近平总书记指出："实行公有制为主体、多种所有制经济共同发展的基本经济制度，是中国共产党确立的一项大政方针，是中国特色社会主义制度的重要组成部分，也是完善社会主义市场经济体制的必然要求。"社会主义市场经济体制的发展和完善，是坚持社会主义基本经济制度的必然要求，也是社会主义基本经济制度在经济体制上的实现形式。

社会主义市场经济是在与社会主义基本经济制度"结合起来"的过程中昭示其制度规定性的。我们是在中国共产党领导和社会主义制度的大前提下发展市场经济，什么时候都不能忘记"社会主义"这个定语。习近平总书记强调："之所以说是社会主义市场经济，就是要坚持我们的制度优越性，有效防范资本主义市场经济的弊端。我们要坚持辩证法、两点论，继续在社会主义基本制度与市场经济的结合上下功夫。"在这里，要讲"辩证法、两点论"，要把"看不见的手"和"看得见的手"都用好。政府和市场的作用是相辅相成的，不是对立的，也不是简单地让市场作用多一些、政府作用少一些的问题，要统筹把握，要优势互补、有机结合、协同发力。坚持社会主义市场经济改革方向，要发挥市场经济的长处，又要发挥社会主义制度的优越性，这是中国特色社会主义经济取得成功的关键因素，也是社会主义市场经济体制具有的制度规定的根据所在。

再次，习近平总书记提出："以公有制为主体、多种所有制经济共同发展的基本经济制度，是中国特色社会主义制度的重要支柱，也是社会主义市场经济体制的根基。"以公有制为主体的基本经济制度，犹如社会主义经济关系的"普照的光""特殊的以太"，改变了市场经济体制的一般性质，奠定了社会主义市场经济体制的"根基"，赋予社会主义市场经济以新的制度性规定。

在社会主义经济制度与市场经济体制结合问题上，既要发挥市场经济的长处，又要发挥社会主义基本制度的优越性；既要使"看不见的手"对资源配置起到决定性作用，又要更好地发挥政府的"看得见的手"作用。解决好市场和政府的这一核心问题，要深化社会主义市场经济体制改革，要以公有制为主体、多种所有制经济共同发展的基本经济制度为"根基"，坚决扫除经济发展的体制机制障碍，推进国家治理体系和治理能力的现代化。回顾40多年中国经济体制改革的历史，从经济机制调整到经济体制"定位"、再到经济制度"定型"的演进，刻画了社会主义市场经济改革的基本路向及其具有经济制度规定性的过程；而习近平总书记提出的这三个方面的重要观点，是对经济体制改革实践的理论概括，是马克思主义政治经济学总体方法论的创造性运用，也是我们理解和把握社会主义市场经济体制作为社会主义基本经济制度内涵的理论要义。

【作者系教育部习近平新时代中国特色社会主义思想研究中心学术委员会主任委员，北京大学博雅讲席教授、北京大学《马藏》编纂与研究中心主任】

因地制宜发展新质生产力，
以高质量发展实现民族复兴

林毅夫

新质生产力是以创新为主导、以产业为载体，具有高科技、高效能、高质量的特征，符合新发展理念的先进生产力质态。发展新质生产力需要有符合新的生产力特性要求的生产关系和制度安排。党的二十届三中全会通过的《中共中央关于进一步全面深化改革、推进中国式现代化的决定》（以下简称《决定》）首次将发展"新质生产力"的举措写进了中央文件，为深化我国体制机制改革、抓住第四次工业革命的机遇提供了根本遵循。完整准确全面落实全会有关发展新质生产力的要求，将为以高质量发展推进社会主义现代化强国建设、实现中华民族伟大复兴提供坚强的物质基础。

一、发展新质生产力与民族复兴

发展新质生产力的重要性可以从近代以来我国以及世界经济格局的跌宕起伏中看出。工业革命以后，少数西方国家科学技术日新月异，和传统农业生产有质的差异的新技术、新产业不断涌现，新的生产力发展促进了这些国家物质的丰富和经济的快速发展。一些经济史学家研究发现，西欧国家在工业革命之前每年人均 GDP 增速只有 0.05%，人均 GDP 要 1400 年才能翻一番。工业革命之后，这些国家人均 GDP 增速突然跃升了 20 倍，从每年 0.05% 增加到 1%，人均 GDP 翻倍的时间，从 1400 年减少到 70 年。当时，我国和世界上其他地区的国家没有抓住这个机遇，生产力的落后导致我国和非洲、中南美洲、亚洲地区的许多国家成了西方工业化国家的殖民地、半殖民地，出现了李鸿章所说的"三千年未有之大变局"。

开端于 18 世纪 60 年代的第一次工业革命是以蒸汽机的发明和运用为代表，接着在 19 世纪 70 年代开始了以电气化为代表的第二次工业革命，其后在 20 世纪四五十年代开始了以计算机和信息技术为代表的第三次工业革命。实现第一次工业革命的国家引领了第二次和第三次工业革命，其人均 GDP 增长速度再翻了一番，达到 2%。

每一次工业革命都带来新的产业和旧产业的新技术改造。人类社会现在正进入以大数据、人工智能、基因工程、生命科技为代表的第四次工业革命。和前几次工业革命一样，会有新兴产业、未来产业的涌现和传统产业的技术换道革新，推动"新质生产力"的大发展。

在第一次工业革命、第二次工业革命中，我国未能及时抓住机遇，生产力发展缓慢使得我国从一个文明鼎盛的大国沦为人为刀俎我为鱼肉的落后国家。在什么地方跌倒，就在什么地方爬起来。在中国共产党的领导下，经过新中国成立以来 75 年的不懈努力，尤其是在始于 1978 年的改革开放以来的 46 年间，我国取得了 GDP 年均增长 8.9%、经济规模增加 46 倍的奇迹。我国现在是世界制造业第一大国，不仅弥补了第一次、第二次工业革命所缺之课，而且，第三次工业革命的许多产业追赶上了发达国家，甚至有些产业已经领先于全球。计算机的生产、应用以及信息技术的普及发展，4G、5G 网络的铺设全世界覆盖面最广、相关专利最多，6G 技术的研发也处在全球前列就是例证。这些成就使得我国现在比历史上任何时期都更接近、也更有信心实现中华民族伟大复兴。

当前，世界又逢以人工智能、清洁能源、机器人技术、量子信息技术、虚拟现实、生物技术为特征的第四次工业革命方兴未艾之时。如果在这轮工业革命我国未能迎头赶上，可能又会拉开与世界先进国家的差距。党的十九大报告提出，到本世纪中叶把我国建成富强民主文明和谐美丽的社会主义现代化强国。此一宏伟目标的实现有赖于根据发展新质生产力的需要，深化体制机制改革，抓住机遇，引领新兴产业和未来产业的发展。

二、因地制宜发展新质生产力

如何按照《决定》的要求，贯彻落实习近平总书记重要讲话精神，推动新质生产力发展？

历次工业革命都以全新产业的出现为标志。第四次工业革命的到来已经涌现了新能源汽车、人工智能、机器人、无人机、基因工程等一批新兴产业，同时，也已经有了量子通信、核聚变等一些在几年后可以产业化的未来产业，随着第四次工业革命向纵深挺进，将来还会有现在不能预见的新产业出现。新质生产力的核心本质是技术变革带来的生产力水平质的提高，传统产业经由数智技术、绿色技术的改造提升，也能体现高科技、高质量、高效能的特征，而成为新质生产力的载体，同样为新质生产力的发展作出贡献；并且，经由制造业生态的完善为新兴产业、未来产业的发展提供支撑。

各地要落实习近平总书记关于发展新质生产力的重要论述，不能忽视、放弃传统产业，要防止一哄而上、泡沫化。总的来讲，要根据各地现有的产业基础，实事求是、因地制宜、发挥比较优势，宜发展新产业则发展新产业，宜改造提升传统产业则改造提升传统产业。

新结构经济学根据一个地方的产业和世界前沿的差距、是否符合当地资源禀赋的比较优势、是否是技术革命涌现的新产业等3个标准把各地现有的产业分成五大类型：追赶型产业、领先型产业、转进型产业、新兴型产业和战略型产业。

第一类，追赶型产业。发达的地区、发达的国家有此产业，我国产业在相同产业的中低端具有比较优势，产业所用的技术、生产的产品的质量还在追赶发达地区或国家的相同产业。我国许多地方的芯片制造和光刻机就是这类产业的代表。

第二类，领先型产业。二战前就有电视机、空调机了，这是第二次工业革命电气化时代的产物，现在我国各地的家电产业不仅具有比较优势，而且在产品和技术上大多已经处于世界领先地位。

第三类，转进型产业。过去中国具有比较优势并且领先世界，但随着经济发展，资本积累、要素禀赋结构变化而失掉了比较优势。上世纪八九十年代各地发展起来的劳动密集型加工业，鞋、箱包、成衣、纺织等就是例子。另外，还有一些地方的产业，技术路线换道，原来的产品失掉了市场，例如，彩色胶卷受到数码技术的冲击而丧失绝大部分市场时，利用其显影技术优势转型到图像信息材料领域，就是典型的例子。

第四类，新兴型产业。这类产业有些是第四次工业革命带来的新产业，尤其是研发周期短、以人力资本投入为主的产业，我国人力资本丰富的发达地区在这类产业上具有比较优势；有些则是新的技术给拥有特定自然资源禀赋的地区带来的产业发展新机遇，例如，太阳能、风能技术给人烟稀少的西部沙漠、荒漠地区带来的发展机遇；有些则是已经成熟的产业，但在一些发展程度较低的地区，过去因为资本短缺，不具有比较优势而未能发展，现在因为发达地区该类产业失掉比较优势，当地则经过多年资本积累、要素禀赋结构和比较优势变化而得以进入，对于当地来说这些产业也属于新兴型产业。

第五类，战略型产业。这类产业有些是第三次工业革命的产业，有些则是第四次工业革命的新兴型产业或未来产业。战略型产业的特点是研发周期特别长，需要 10 年甚至 20 年，由于研发周期长需要大量的金融和物质资本的投入，发达国家从工业革命以来，资本长期积累，资本在要素禀赋中相对丰富，在需要大量资本投入的产业和技术上具有比较优势，我国尚不具有比较优势，但是，这类产业关系到我国的国家安全、经济安全，为了避免被"卡脖子"，需要自己来发展。

对于追赶型产业，各地的企业除了利用后来者优势来追赶发达地区或国家的企业以及采用数智技术、绿色技术来提质增效发展新质生产力之外，有些则可以借助革命性新技术来进行换道超车。例如，以内燃机为动力的汽车产业，我国 10 年前还处于追赶阶段，现在转为基于新能源、人工智能技术的无人驾驶，我国的汽车产业从追赶型产业变成了领先型产业。

对于领先型产业，各地的企业必须不断利用新技术赋能，依靠新质生产力的不断提升来保持产业的领先地位，也要关注技术革命，防止像日本、韩国、德国的汽车产业被追赶者换道超车。

对于转进型产业，有能力的企业可以进入附加值高的"微笑曲线"两端，经营品牌、开发新产品、掌握市场渠道，或利用互联网、短视频、人工智能来构建新的业态。生产环节的企业则要考虑利用人工智能、自动化技术来降低生产成本以拉平"微笑曲线"，或转移到工资成本较低的我国中西部地区以及共建"一带一路"国家来创造第二轮发展。因技术路线转变而使原有产业的产品失掉市场的企业，则可以像彩色胶卷行业的传统企业那样在面临数码技术的冲击而市场萎缩时，利用其显影技术的优势转型到印刷影像材料、高性能膜材料、图像信息材料领域，成为集中研发、制造、服务一体化的成功企业。

对于第四次工业革命所带来的短研发周期新兴型产业，我国的发达地区拥有资本、人才、产业配套的优势，可以在有效市场和有为政府的共同作用下，为企业家创造大有作为的环境来抓住新技术革命的机遇，发展新兴产业、布局未来产业；对于还处于相对落后的中西部地区，同样要在有效市场和有为政府的共同作用下抓住新技术和产业转移的机遇，发展符合当地自然资源和要素禀赋结构所决定的比较优势的新产业，并使用数字化、人工智能、绿色技术等来提质增效，使高端化产业成为新质生产力的载体。

对于战略型产业，关系到国家安全或经济安全，虽然尚不符合比较优势，但我国也必须自己发展。这类产业有些属于新兴产业，研发周期长，我国需要和发达国家竞争；有些属于未来产业，我们必须现在就布局；另有一些则属于第三次工业革命的产业，发达国家已经发展了几十年，在世界领先，我们还在追赶。这些产业需要有国家的支持才能发展起来，有些则需要运用新型举国体制来发展，有科研优势和相关产业基础的地方可以配合国家的政策来发展这类产业。

总之，新质生产力理论是对马克思主义生产力理论的重大创新发展。习近平总书记明确强调，"高质量发展需要新的生产力理论来指导，而新质生产力已经在实践中形成并展示出对高质量发展的强劲推动力、支撑力"。各地在发展作为新质生产力载体的产业时，最重要的是要坚持实事求是原则，按照各地现有产业的基础、资本、人力资本和自然资源条件，以比较优势来布局，通过有效市场和有为政府的共同作用，把这些产业做大做强做优，这样各地都能夯实物质基础，为实现高质量发展和中华民族伟大复兴作出贡献。

【作者系北京大学新结构经济学研究院教授、院长，北京大学国家发展研究院及南南合作与发展学院名誉院长。现任全国政协常委、经济委员会副主任，世界科学院（原第三世界科学院）院士、英国科学院外籍院士，曾任国务院参事、全国工商业联合会专职副主席】

建设金融强国的根本目的在于推进中国式现代化

朱　民

2023 年 10 月底中央金融工作会议召开，首次提出要"以加快建设金融强国为目标""坚定不移走中国特色金融发展之路，加快建设中国特色现代金融体系"。2024 年 1 月 16 日，习近平总书记在省部级主要领导干部推动金融高质量发展专题研讨班开班式上发表重要讲话，深刻阐释了金融强国的丰富内涵，将推动金融高质量发展提升到国家战略的高度。

建设金融强国要求立足当下，着眼未来，加快构建中国特色现代金融体系。中央金融工作会议描绘了构建中国特色现代金融体系的宏伟蓝图，指明了中国由金融大国迈向金融强国的实践路径。针对中国金融高质量发展的长期制度设计，中央金融工作会议首次提出了"做好科技金融、绿色金融、普惠金融、养老金融、数字金融五篇大文章"的行动指南。"五篇大文章"相关内容被写入 2024 年政府工作报告，对金融体系服务实体经济提出了更高的要求，成为当前和今后一个时期金融工作的重要指引。

建设金融强国的根本目的在于推进中国式现代化，为经济社会发展提供高质量服务，这与国家绿色可持续发展和双碳目标的战略方向高度契合。党的二十大报告指出，中国式现代化是人与自然和谐共生的现代化。在全球应对气候变化的共同目标下，中国生态文明建设与碳中和战略必然在未来 40 年深刻改变整个社会的能源结构、产业结构、投资结构和生活方式，也为中国零碳金融的高质量发展指明了方向和提出核心要求。以零碳金融创新为契机，积极探索人类历史中前所未有的零碳金融发展模式，推进中国零碳金融体系建设，成为构建金融强国、走中国特色金融发展道路的最佳诠释。

一、零碳金融遵循现代金融发展的客观规律，同时具有适合中国国情的鲜明特色

现代金融的发展总是与经济范式的变更紧密联系、相互推进。碳中和转型作为工业革命以来人类传统经济发展范式的巨变，正从根本上推动全球探索顺应生态规律的经济新范式。经济范式的根本变化意味着人类认识世界的整体性框架和价值标准的改变，是发展底层逻辑的变化。经济范式的变更产生新的金融需求、金融模式和金融制度，金融资本在新旧范式更替的演化进程中发挥助推、主导和服务产业转型的关键作用，金融业也在这个过程中得以演进、升级和完善。在全球现代金融发展的历程中，先后建立起现代商业银行体系、现代投资银行体系、创业投资体系和现代金融监管体系。当经济范式走向碳中和，支持实体经济碳中和转型的金融系统也必将经历一场深刻而根本的范式变更，最终走向与碳中和一致的零碳金融。

从历史沿革来看，以经济收益为主导的传统发展模式受到物质资源消耗上限带来的增长约束，金融在支持经济增长的同时，在实践中也面临支持环境可持续的变革需求，一系列与同期经济和生态目标相匹配的金融概念相继产生。如旨在提高环境质量、转移环境风险的环境金融，支持可持续发展目标的可持续金融，应对气候变化资金需求

和风险管理的气候金融，投资绿色项目追求环境效益的绿色金融等。总体而言，这些金融理念的演进在本质上都是顺应工业时代西方经济社会发展阶段对金融支持的特定需求，以支持经济总量增长、实现投资利益最大化为核心目标，努力将环境外部性纳入成本—收益模型，但还没有实质性地转向以人类发展与生态环境的共生为核心，因而受到其底层价值基础的局限。无论是在金融服务侧重点和发展框架上，还是在实践、理论和制度上，都难以提出突破性解决全球性环境和气候危机的长期方案。

遵循现代金融支持经济发展的客观规律，零碳金融提出要从学理、制度和实践层面重新思考金融支持经济转型和生态、福祉协调的作用、功能和路径，努力探索构建一个全新的适合中国国情的可持续金融系统。构建零碳金融有助于推进人与自然和谐共生的中国式现代化，走出一条与西方金融模式具有本质区别的中国特色金融发展之路。

国际上，绿色金融源自西方国家早期绿色运动后萌生的环境金融，经过半个多世纪的动态发展，伴随发达国家先后走完了"先发展再治理"的工业化进程。中国绿色金融的提出一方面借鉴了发达国家早期对环境金融的部分界定，另一方面结合了自身工业化发展阶段的特征，具有符合国情的鲜明特色。中国自 2015 年开始全面构建绿色金融战略体系，在绿色金融顶层设计和体系建设、绿色金融产品和服务创新、气候环境风险管理政策设计、地区绿色金融和气候投融资实践、绿色金融国际合作等方面都积累了丰富的经验，本外币绿色贷款余额、境内绿色债券存量规模已分别位居全球第一、二位。

同时，全球也意识到现有绿色金融离支持碳中和转型还存在巨大的差距，远不能覆盖转型所需的资金规模、期限和风险管理需求。相比西方绿色金融经过了近50年发展才完成碳排放的自然达峰，中国金融助力碳达峰碳中和面临的时间紧迫性决定了必须要从根本上变革思维框架和金融模式。这就意味着零碳金融要跳出西方金融模式的局限，探索具有不同于工业发达国家环保、绿色、气候、可持续金融模式的新内涵和新特征，实现跨越式发展，以创新实践来助力高碳排放且金融资源匮乏的发展中国家共同走向"发展与治理同步"的生态文明。

二、零碳金融是构建金融强国、实现中国金融"换道超车"的历史机遇

在中国，零碳金融与碳中和目标一致，聚焦支持实体经济的零碳转型，支持以经济增长和社会福祉为目标的可持续经济增长，是贯彻"创新、协调、绿色、开放、共享"新发展理念的综合体现，也与建设金融强国的丰富内涵高度协同。具体而言，在创新方面，零碳金融强调支持科技创新、产业模式创新，推动低碳零碳技术及其商业模式创新，匹配产业结构零碳转型，解决绿色发展的动力问题；在协调方面，零碳金融以系统性、全域性碳中和变革中的不均衡为出发点，内在要求协调产业、区域、生产、生活的资源配置和结构调整，促进经济社会发展和生态环境保护协同共进，解决绿色发展的不平衡问题；在绿色方面，零碳金融以绿色金融取得的成效为基础，以助力实现碳中和为导向，通过金融手段把生态优势转化为发展优势，使绿水青山产生巨大效益，推动实体经济绿色零碳转型和可持续发展；在开放方面，零碳金融以净零排放的全球性公共目标为准则，以更好的金融开

放为路径，支持促进绿色低碳发展的资本、人才、技术和信息双向流动，解决绿色发展的内外联动问题；在共享方面，零碳金融重在协调公正平衡的转型，助力提高全球特别是发展中国家应对气候变化和可持续发展的能力，全球共享绿色发展成果，解决绿色发展的社会公平正义问题。

在碳中和大潮的推动下，全球面临工业革命以来最重要的金融范式变更，需要前所未有的资金投入和新的金融产品、全新的风险管理系统和金融监管体系，并将由此形成新的全球零碳金融标准、规则、市场和金融治理框架，全球金融业正全面而迅速地进入零碳金融时代。西方主要经济体纷纷围绕零碳金融领域的标准和规则制定、资金流动、金融市场地位等重要内容，开展全方位的政策研究和实践探讨，打造和推广具有本土优势和发展潜力的新金融模式，以期在未来全球零碳金融治理格局中占据先发优势和主导地位。

在迈向净零的全球竞赛浪潮中，各国瞄准零碳金融规则制定这一制高点展开激烈竞争，部分重要领域已开始出现领先标准。但整体上，全球零碳金融规则正处于探索和构建阶段，国际合作面临政治、经济、数据、技术等多重挑战，对市场和企业行为尚未形成可普遍接受的通用框架，这给中国零碳金融的发展和国际定位提供了难得的机遇。在全球推进碳中和目标与绿色金融发展转型中，中国金融业和国际金融业处于构建零碳金融的同一起跑线上。中国金融应充分利用现有的绿色金融实践经验、市场规模和生态基础，努力发挥具有中国特色的制度优势，先行构建领先的零碳金融理念和零碳金融体系，牢牢把握"换道超车"走向世界前列的历史机遇，积极探索建设金融强国的实践路径。这也是中国金融为全球零碳金融体系建设和可持续发展所贡献的世界责任。

三、构建零碳金融宏观管理框架，支持中国特色现代金融体系建设

2024年1月16日，习近平总书记在省部级主要领导干部推动金融高质量发展专题研讨班开班式上发表重要讲话强调，加快构建中国特色现代金融体系需要建立健全"六大体系"，即科学稳健的金融调控体系、结构合理的金融市场体系、分工协作的金融机构体系、完备有效的金融监管体系、多样化专业性的金融产品和服务体系、自主可控安全高效的金融基础设施体系。"六大体系"涉及金融调控、金融市场、金融机构、金融监管、金融产品和服务、金融基础设施等方方面面，互相联系、互为支撑，描绘出中国特色现代金融体系的宏伟蓝图。

零碳金融是支持中国特色现代金融体系建设的重要体现。构建零碳金融需要尽早建立相应的宏观管理政策框架，给金融参与者和市场提供清晰且长期的政策信号、明确的政策指引，以构建激励导向和稳定的市场预期。在零碳金融宏观管理框架的顶层设计引领下，零碳金融要满足碳中和经济范式转变特有的时间跨度长、投资规模大、转型风险突出、覆盖国民经济全领域等要求，推动整个金融体系的零碳转型，服务实体经济的零碳转型。在这个过程中，中国金融业也有机会走向持续的实践创新、理论创新、制度创新，逐步建设起中国特色现代金融体系，助力经济可持续增长，助力金融强国建设，助力中国式现代化进程。

在建立中国式零碳金融体系的战略目标推动下，零碳金融宏观管理政策体系、零碳金融市场体系、零碳金融组织服务体系三者将有机融合，共同构成将政府、市场、参与主体紧密结合起来的现代零碳金

融生态。其中，零碳金融宏观管理政策体系是引导和支持绿色金融向零碳金融转型的顶层保障和制度支持，具体由财政政策、货币金融政策、零碳金融风险管理、零碳金融国际治理等多目标协同的政策支持工具构成。零碳金融市场以构建并完善透明、高效的零碳融资体系、零碳投资体系和零碳交易体系为核心，在政策框架下引导实体经济等融资需求方与机构、个人等公私投资需求方有效参与零碳投融资活动，同时满足支持碳中和的增量投融资活动和支持高碳转型的存量资产管理需求。零碳金融组织服务体系则以各金融机构和中介组织提供的零碳金融产品、服务、行业自律活动和平台合作为主，以多样化的金融产品和服务创新，全面支持多元化零碳金融市场主体的多层次投融资需求，服务健康丰富的零碳金融市场生态。

碳中和带来巨大的转型机遇和风险，也将促进国家治理结构调整，推动形成自上而下全面的战略方案和框架，以创造市场为契机建立起新型政府与市场的结合关系。零碳金融以金融业的"范式变更"支持碳中和，将深刻体现这种新型的政府与市场、金融与科技、产业与金融的关系，满足国家碳中和战略、经济高质量发展的需求，确保中国金融系统积极稳健转型，以金融高质量发展支持建设金融强国、走中国特色金融发展道路。

【作者系中国国际经济交流中心副理事长、国际货币基金组织原副总裁，曾任中国人民银行党委委员、副行长】

发展新质生产力是中国推动经济高质量发展的主动求变

王一鸣

当前，全球科技革命日新月异，世界大国争夺科技制高点的竞争日趋白热化。对于正处在新旧动能转换关键期的中国而言，通过发展新质生产力来推动经济高质量发展，既是应对时代变革的战略选择，也是中国自身发展的内在要求。

发展新质生产力是中国推动经济高质量发展的主动求变

中国为什么在当前时间节点提出发展新质生产力？可以从以下几个视角来理解：

第一，科技革命的发展。当前，人工智能正在掀起新一轮科技革命浪潮，从 ChatGPT 到 Sora，人工智能正在推进众多产业领域的深刻变革，也在重新塑造创新的生态，形成新的生产力增长浪潮。中国能不能抓住这一次浪潮，是一个基本诉求。

第二，全球争夺科技制高点的竞争。新一轮科技革命空前激烈，改变了国家间的比较优势和竞争力，原来广大发展中国家普遍具有劳动力成本优势，但是经过人工智能革命，发达国家凭借智能制造可以弥补劳动力成本的劣势，而且其掌握价值链的高端环节，所以这种相对位置也在发生变化。再加上中美战略竞争，美国对华科技采取了更严厉的封锁举措，特别是在人工智能领域借助人工智能芯片对中国进行打压，实际上是为了确保美国的技术领先和优势地位。这也是我们为什么要发展新质生产力一个重要背景。

第三，中国经济正处在新旧动能转换的关键期。2023 年中国 GDP 增长率达 5.2%，但是近两年 GDP 平均增长率只有 4.1%，因为 2022 年增长率是 3%，这与"十四五"时期 5%—5.5% 的潜在增长水平还存在缺口。今年一季度中国 GDP 增长率为 5.3%，好于市场预期。但是经济回升向好的基础还不稳固，特别是中国正处在发展阶段的转型期，劳动力对经济增长的贡献已经减弱甚至可能转为"负贡献"，储蓄率高企也与人口老龄化速度加快有关。长期来看资本的贡献率会下降，所以未来中国经济增长一定要靠科技进步和全要素生产率的提高。

第四，培育新动能显得更为紧迫。过去房地产对中国经济拉动作用很明显，2021 年商品房销售额达到 18.2 万亿（人民币，下同）的历史峰值，而 2023 年下降至 11.6 万亿，两者之间有 6.6 万亿缺口，这是总需求的缺口。虽然现在新能源汽车、锂电池、光伏增长非常迅猛，但是短期内要填补 6.6 万亿的缺口很难，所以必须加快发展新质生产力。过去依靠要素驱动和债务扩张的传统增长模式，因现在受到宏观杠杆率宽松和债务风险上升的制约已经难以为继。此外，新质生产力的一个最重要指标是提高全要素生产率，现在这个任务也非常艰巨。中国全要素生产率差不多相当于美国的 40%，日本和韩国差不多是美国的 60%。如果中国要达到日韩的水平，每年全要素生产率要增长 2.7%，意味着全要素生产率的贡献要达到 50% 以上，这个要求非常高。所以中国通过发展新质生产力来推动经济高速发展，这种主动求变的做法是赢得新的国际竞争的战略性选择。

发展新质生产力的关键在于科技创新

近年来，中国科技创新发展非常迅猛，研究与试验发展（research and development，R&D）投入连续 7 年都保持两位数增长，远高于 GDP 增速；2023 年 R&D 投入强度达到 2.64%，超过了经济合作与发展组织（Organization for Economic Co-operation and Development，OECD）国家的平均水平。中国科技由此取得了一系列战略性成果，比如高端芯片虽然遭到了外部"卡脖子"，但还是取得了进展，重型燃气轮机、商业大客机、大型游轮等领域也接连实现重大技术突破。世界知识产权组织（World Intellectual Property Organization，WIPO）对中国的排名，2022 年是第 11 位，2023 年第 12 位。在世界排名前 30 位的经济体中，中国是唯一的新兴市场经济体。

但是我们也有短板弱项，主要表现是原创能力不强、原创成果偏少，这主要受制于基础研究相对薄弱。过去可以购买其他国家的科技成果，但是现在外部环境变了，不可能重复过去的模式。过去中国 R&D 的比重一直比较低，2020 年占 GDP 的比重仅为 6.32%，而 OECD 国家平均水平大概为 15%—25% 左右，基础研究是中国一个相对薄弱的环节，导致一些关键核心技术受制于人。

习近平总书记深刻指出，要以科技创新推动产业创新，特别是以颠覆性技术和前沿技术催生新产业、新模式、新动能，发展新质生产力。对此，中国要从过去的跟随性创新模式转向在部分领域引领性创新模式。改革开放以来，中国主要引进国外先进技术，再通过适应性改造和再创新，来缩小自身产业技术与国际先进水平的差距，这个过程也被称为"引进消化吸收再创新"。过去依靠这种模式取得了很大的成功，成功之处在终端产品领域，比如百万千瓦级超超临界发电机组、高铁成套设备和技术、5G 通信设备等均具备国际竞争力。但是，承载关键核心技术的零部件、元器件、基础材料、工业软件等这些中间品，仍面临着被"卡脖子"的风险。所以中国必须转向在这些领域引领性创新，实现更多从 0 到 1 的突破，不解决这个问题，就改变不了被"卡脖子"的被动局面。

新能源汽车的异军突起，说明中国在部分领域完全可以实现领先。德国是老牌汽车制造大国，现在大众集团反向并购中国的新能源企业——地平线。大众与地平线的合作，背后的原因在于中国新能源汽车在电驱动、电池、电控"三电"技术上领先，正是因为有了这些领先，中国才有谈判地位。以前是市场换技术，以后要技术换技术，甚至拿技术换市场，这是我们解决问题的关键。想实现这种突破，要从过去的集成创新转向原始创新，而转向原始创新需要加强前瞻性的基础研究，通过基础研究来实现带动更多引领性的原创成果和战略性技术的突破。中国加强技术研究具备现实条件，中国的大学教育系统近年来发展突飞猛进，每年毕业的 STEM（科学（Science）、技术（Technology）、工程（Engineering）、数学（Mathematics）四门学科英文首字母的缩写）专业的学生达 500 万，世界上没有哪个国家拥有这个能力。

发展新质生产力需要科技创新与产业创新的深度融合

只有创新但不能转化为产业化成果，也解决不了问题。我们既要有 0 到 1 的原创，1 到 10 的应用研究，也要有 10 到 100 的科技成果转化，100 到 N 的大规模产业化。从概念设计、技术研发，到中试，再到产品，需要全链条的创新。中国最有这个条件，因为我们市场规模大、产业体系完备，为科技创新延伸到产业创新创造了条件，同时新兴产业、未来产业的发展也为科技创新和产业创新的融合业务提供了丰富的应用场景。现在，集成电路、智能网联汽车、新能源、新材料、高端电力、航空航天、生物医药等战略新兴产业，在中国制造业所占的份额逐年上升。

当然，发展新兴产业绝不是要放弃传统产业，传统产业是中国实体经济的基本盘。如何提升传统产业，要靠数字化转型、智能化改造，中国智能制造单元、智能产线、智能车间发展非常迅猛。金融是催化剂、粘合剂，要推动科技创新、产业创新必须有金融的支持。中国内地金融体系是以间接融资为主体的金融体系，一个特点是科技创新的风险匹配和融资需求不完全对应，商业银行追求稳定的现金流收益，而创新是有风险的，商业银行习惯于做大项目、与大企业合作，因为风险小、成本低，而科技创新需要持续地投入资金；商业银行贷款是需要抵押的，但科技企业重研发轻资产，获取商业贷款存在困难。这种金融体系需要进行适应性调整，发展风险投资、私募股权投资甚至天使投资基金。如何推动资本市场发展？如何培育对科技企业和项目的融资能力？在这个过程中，中国香港能够扮演重要角色。一方面，中国香港基础研究国际领先，培养了大量基础研究和科技人才；另一方面，中国香港是国际金融中心，拥有高度开放的金融环境、发达的资本市场体系，可以帮助内地科创企业到香港融资，发挥科技型企业融资的枢纽作用。

【作者系中国国际经济交流中心副理事长，曾任国务院发展研究中心副主任、党组成员，中国人民银行货币政策委员会委员】

推动未来产业高质量发展的六大支柱

刘世锦

党的二十大报告提到要培育一大批新的增长引擎，未来产业是培育新一代增长引擎的重要抓手。从战略性新兴产业到未来产业到底怎么发展？关于未来产业发展需要怎样的体制政策方面的条件，我想讲一下推动未来产业高质量发展的六个支柱。我为什么讲这个问题呢？现在发展未来产业会提出许多产业，但是可能若干年以后发现有些产业能发展起来，有些发展不起来，最后总结经验的时候各有各的原因，实际上是需要一些推动产业高质量发展的条件，包括技术的可及性，技术的成熟程度，更多的是市场需求问题，另外还关系到要素的组合供给能力等一系列因素。所以要把能够发展起来的未来产业尽力发展起来，但是也不要期望所有产业都发展得很好，因为参与国际分工需要发挥各自优势。但是如果能发展起来的产业却没发展起来，在全球竞争中没有高竞争力的行业，那一定存在问题。另外，我们有时候规划发展某个行业，条件也具备，但是它并没发展起来，是"有心栽花花不开、无心插柳柳成荫"，这方面的经验也需要总结。所以我想讲一下推动未来产业高质量发展的六个方面支柱。

一、促进要素流动，发挥中国超大规模市场优势

党的二十大报告特别强调这一点，原因是中国人口最多。但是不

是人口多就一定能形成超大规模的市场。形成超大规模市场优势需要
发展市场经济。我认为需要研究并总结中国 5G 以及新能源汽车发展
的经验。我注意到一个现象：5G 成功的背后有华为，新能源汽车成
功的背后有比亚迪等一系列企业。这些企业基本上都是民营企业，这
些民营企业里有若干个非常具有远见的企业家，比如华为的任正非、
比亚迪的王传福等。如果没有这些人，没有这些企业，中国的 5G 和
新能源汽车要发展起来就很难。

　　为什么说类似的企业在这些地方能够发展起来呢？我想一个重要
原因是行业的市场是开放的，促进了这些行业市场经济力量的成长。
其实 5G 和新能源汽车刚开始发展并不顺利，5G 面对的是国外大的
电信巨头进入中国的背景。当时国内也有几个大的电信企业，但是没
有发展起来，最后成功的华为在那个时候可能还处于初创阶段。中国
有开放的市场，外资可以进入，国内的企业就可以近距离地在竞争中
吸收国外最先进的产品和技术等。虽然最初的时候可能对中国企业缺
乏信心，但是若干年以后发现中国企业可以超过国外企业。我曾经看
到王传福讲的一段话，他出国时经历过两次屈辱的经历，签证上面有
关于是否回国的信息，这对我们是个侮辱。中国的市场开放后可以先
学习国外，然后超越他们。通信行业一直是一个开放度较高的行业，
支持国有、外资企业发展，特别是支持民营企业发展，最后竞争力最
强的企业就可以取得成功。

　　新能源汽车也是如此，中国的传统能源汽车有一段时间发展的不
好。曾经外资可以在中国办厂了，但是中国的民营企业要拿一个牌照
却非常困难。外资企业能做的事情，民营企业却不能做，所以有相当
长一段时间中国的传统能源汽车发展的并不是那么令人如意，而且经
常被作为批评的典型。但为什么中国的新能源汽车发展的很好呢？我

觉得新能源汽车发展过程中很重要的一点是市场是开放的。国内外都在开放市场，例如特斯拉落户上海，上海给了优惠政策。但是也有人认为特斯拉进入中国对国内产业冲击很大。应该说，中国政府在这个问题上很有远见，特斯拉在中国发展的不错，更重要的是它带动了产业链的发展。现在国内有一大批的新能源汽车发展起来了，有些企业发展很快，这在十年前是不行的。如果没有产业配套体系，没有零部件配套体系，肯定是不行的。这些和中国的开放市场有很大关系，确实需要认真总结 5G 和新能源汽车发展的成功经验。我认为国家的资金支持等政策是重要的，更重要的一点是要开放市场，不要怕，放开市场以后让中国有本领的企业家大显身手，中国的企业家就能更好地取得成功。

中国发展社会主义市场经济干什么呢？就是建立市场，一个是商品市场，更重要的是要素市场。我认为未来产业发展下一步重点是要素市场。改革开放这么多年，我们的商品市场基本上建立起来了，现在的要素市场，有人说只是半个要素市场，还没完全放开，比如农村土地制度的问题，城乡居民户籍问题。中国现在有不同类型的企业，民营企业获得贷款的条件和国企是一样的吗？另外，市场准入制度方面也还存在问题，还在一定程度上存在地方保护等等。我觉得下一步要把这些问题解决好，特别是未来产业需要让创新的要素流动，这可能是未来产业能够发展的最重要的一个条件。

二、增强聚集效应

刚才我提到 5G 和新能源汽车这两个行业有两个重要企业，一个是比亚迪，一个是华为，这两个企业都在深圳。深圳改革开放开始的时候是小渔村，现在深圳的位置不是从国内范围来定位，而是从世界范围来定位的城市。仅从聚集效应来讲，深圳是中国有活力的，高质量的要素聚集地。我们现在为什么进行城市化，为什么进行现代工业？一个特点就是聚集。聚集里边有"三个度"需要强调：一个是密度，单位平方公里聚集了多少人、聚集了多少技术和生产要素；二是频度，要素需要流动，例如车辆流动的频率，电话和邮件使用频率；三是浓度，技术含量、附加价值到底怎样，进行 5G 和新能源汽车研究的大部分是高水平人才，人才等方面的聚集程度怎样。现在中国要发展未来产业还要提高聚集度。有一种观点认为中国的一些城市太拥堵了，确实存在这个问题，但是从发展未来产业的产业聚集角度讲，中国现在总体上聚集的还不够，这也就是产业化和城市化所要解决的核心问题，就是通过进一步增强聚集效应来提升中国的创新和发展能力。

三、坚持原创驱动

这么多年中国对外开放，引进、消化、吸收，但现在已经到了进行再创新的阶段。中国在越来越多领域中已进入无人区（无人区的概念是任正非先生提出的），需要靠自己探索。有很多所谓新科技，国外大公司也没涉及的领域，已经进入无人区，这就需要创新。

我们经常听到有人说中国的原创能力不行，中国人的优势是搞应用。这个模式在过去发展水平低的时候是可行的，现在这种模式的不可持续性越来越突出。原因有两个：一是有些产业存在卡脖子问题；二是中国在原创方面，特别是基础研发方面存在不足。单纯依靠应用研究是难以跻身世界一流的，因为基础研究是"背景板"，基础背景不行，长期来看应用也难以发展到高水平。而且最重要的是如果基础研发不行，中国成为创新型国家缺少说服力。二十大报告提到中国已经进入创新型国家行列，从高标准来讲的话，中国还需要提高基础研发水平，这样才能逐步进入创新型国家的前列。

所以中国要加强原创驱动，我想需要重点关注两点：第一，大学和科研机构要培养利于进行源头创新，基础领域科学发现和突破的环境，形成自由探索的体制、机制、文化，包括学术规范，建立起学术共同体规则。大学的大楼越来越多，但是大师在哪呢？这个问题我们要重视。更重要的是要营造培养大师的环境，营造形成高水平研究成果的环境。

党的二十大报告特别强调发挥科技型骨干企业在原创突破中的作用，这个也需要重视。对待原创问题时需要注意技术革命的特点，过去把科研分成基础研究、应用研究、产业化应用几个阶段，但是最近一些年来出现一个新的特点，划分的界限越来越模糊。在市场竞争中，产业化过程中，市场化的前沿阶段，所遇到的难题往往也是科学发现前沿的难题。所以现在中央特别强调科技型骨干企业在原创中要发挥作用，我想关键是根据新的特点把市场化应用和基础研究、应用研究融为一体。研究未来产业需要注意这个特点，科研和产业技术两张皮的问题需要好好研究，现在是什么情况？到底是什么样的问题？原创到底怎么推动？这些都需要根据新的特点做出更多研究。

四、提升人力资本

最近几年中国出现一个很重要的变化，人口总量已经出现负增长，这将产生非常大的影响。过去中国有人口数量优势，下一步能不能转变成质量优势。最近经常提到要扩大消费，我们在研究过程中发现一个特点，中国最近几年的消费已经由生存性消费更多转向发展型消费。教育、医疗、卫生、社保、科研、住房、金融、商务服务等方面是比重上升最快的内容，这些消费内容都是在培育人力资本。这些和基本公共服务是直接相关的，很多基本公共服务不到位对消费的发展，特别是人力资本的提升会产生不利影响。

发展未来产业和需求增长有什么关系呢？其实从发展型消费来讲，消费本身也是投资，而且是非常重要的人力资本投资。其实解决共同富裕的问题，根本上还是要解决不同人群在人力资本发展方面不均等的问题，重点是要加强人力资本的投资。这里重点是近三亿农民工基本公共服务不到位的问题，既是扩大消费的重点，也是培育人力资本的问题。另外，二十大报告特别强调中国要成为全球性人才高地，这一点非常重要，不仅要提升中国的人才水平，还要留住人才，吸引更多的境外人才来到中国。

五、坚持韧性开放

中央特别强调我们站在历史正确的一边，那么正确的一边是什么呢？面对现在所谓风高浪急的逆全球化冲击，到底怎么办？是脱钩还是挂钩？我认为一定要有清醒的认识，要坚持全球化，坚持挂钩，这对全世界有好处，对中国长期发展有好处。所以中国不能主动脱钩，要反对外部势力的脱钩或者断链等做法。中国要有对策应对外部的打压，例如实施积极的备份战略或者备胎战略，当遇到卡脖子问题时才能有所应对。一些备胎战略或者备份产业如果发展的好，将来也有可能成为具有竞争力的行业，中国的芯片行业就具有这种可能性。所以辩证的看，关键问题是把自己国内的事情做好。与此同时，对外开放不能放松，要增加对外开放的韧性，提高"走出去"产业的竞争力、安全性、韧性和灵活性，推动制度规则性的开放。

六、数字化、绿色化转型

数字化、绿色化最近几年已成为大家的共识，未来产业也和这两化相关。数字化、绿色化是全球性的新动能，中国和发达国家基本是同步的，中国在部分领域还有优势。所以中国抓住机会有可能形成新的产业竞争优势，包括 5G 和新能源汽车其实也是数字化、绿色化领域中新的产业。中国需要改造传统产业，把压力转化成新的增长动力，例如应对气候变化，实现"双碳"目标等中国确实压力很大，但是如果转型做得好，反而会成为新的优势，新能源汽车提供了很好的案例。我们在部分领域技术创新已经领先，其次中国有全球最大规模的市场优势，这都可以形成新的增长动能。怎么培育市场、怎么更好地发挥政府作用都面临新的挑战，都是推动数字化、绿色化转型过程中需要研究和解决的问题，也是发展未来产业需要重点关注的问题。

【作者系中国环境与发展国际合作委员会中方首席顾问、十三届全国政协经济委员会副主任、国务院发展研究中心原副主任】

发展新质生产力，支持科技金融的高质量发展

李 扬

关于中国金融发展和改革的问题，我在人民大学已经作过好几次发言了。但这次和以往不同，不同者，在于我们的金融改革和发展有了新的基本遵循。这个遵循是以 2023 年底的中央金融工作会议，到 2024 年初习近平总书记在省部级主要领导干部推动金融高质量发展专题研究班上的重要讲话，以及后来的一系列的文件，奠定的基本框架。

我们可以用"8566"来概括正在形成之中的中国特色的金融体系：所谓"8"，就是"八个坚持"；所谓"5"，就是"五篇大文章"；第一个 6，就是"六个强大"；再一个 6，就是"六套体系"。不难想见，领会并落实这个"8566"，并形成具有中国特色的金融知识体系，是一项极富挑战性的任务。限于时间，今天我只讨论五篇大文章的一篇：科技金融。

在所有我们需要发展的金融领域，科技金融无疑居于非常重要的地位。首先，因为它和新质生产力联在一起——没有科技的发展，新质生产力便无以称"新质"；其次，从全球竞争的角度看，中国要想屹立于世界民族之林，就必须在科技发展上，包括科技创新、科技应用，以及科技产业化方面有自己的突出贡献，而这样的贡献要想成为现实，非有金融的鼎力加持不可。正是在这个意义上，我以为，发展科技金融，在五篇大文章中居于某种领衔的地位。

发展科技金融的议题虽早已被提出，但是，我们现在的一些体制机制并不能非常有效地支持科技金融的发展，以至于需要再以五篇大文章加以强调。

在我看来，科技金融指的是促进科技开发、成果转化和高新技术企业形成、高新技术产业发展的一系列金融工具、金融服务、金融政策和金融制度的系统性安排，是由企业、市场、社会中介机构和政府等各种主体共同参与的社会活动，是国家科技创新体系和金融体系的重要组成部分。

科技金融主要通过三条渠道或者三种形式来发挥作用：

其一，科技贷款。自 20 世纪 90 年代末始，科技贷款出现在银行资产负债表中。多年来，我们看到很多银行和非银行金融机构都有科技贷款的安排，但客观地说，至今成效不彰。主要原因在于，金融机构（尤其是商业银行）是风险厌恶型机构，监管部门对它们的要求也是安全第一，而科技金融本质上却是一种风险投资，所以，商业银行在科技贷款方面天然地束手束脚。但是我们非常高兴地注意到，2024 年 4 月 7 日，中国人民银行设立了"科技创新和技术改造再贷款"，公布了首批 5000 亿的大盘子。中国人民银行用的是"再贷款"机制，这符合它的功能和地位——作为央行，它不能向企业直接发放贷款，否则它就失去了与商业银行的功能差别。此类再贷款设计了一套机制——若干被央行认定的商业银行和政策性银行如果发放了符合要求的贷款，可以向央行要求低至 1.75% 利率的再贷款。这实际上是给了商业银行贷款以利息补贴，同时也给商业银行的此类贷款提供了背书。5000 亿的规模应当说不小，这样，我国科技贷款的体系由于央行的介入，已经相对完善了。从效果来看，这相当于对科技金融设置了一套政策性金融体系。

其二，财政支出。虽然我们在讨论金融问题，但是免不了财政因素的加入，特别是讨论科技金融这种本质上属于政策性金融的活动。我体会到，只有将金融和财政两类因素结合起来分析，我们才能够全面而非片面地理解现在的大多数经济、金融活动和宏观调控政策，尤其是科技金融。对于我们这种举国体制来说，这样一套财政支持渠道更不可少。财政可以介入科技金融的切口也很多，比如财政拨款、降税免税、财政贴息，以及在很多地方都设有的政策性风险投资基金、引导基金，其他政策性金融机构或政策性金融安排等。这里我还是要强调，政策性金融，虽然其资金可能来自财政，施为主体也有可能是财政部门，但是，它的运行，通用的是金融机制。所谓金融机制，就是要管理风险，要讲求成本效益，要基本保证本金得以保全和回流。

其三，风险投资。科技金融的本质是风险投资，这是由科技发展的本质决定的。大家知道，科技发展就是不断创新，既然是创新，就有风险，既然存在风险，就需要建立管理风险的机制。论及处理风险，我不倾向于用"防范和化解"，而主张用"管理风险"来加以概括，这是我们金融的专业术语。要管理好风险，就要有适当的机制、适当的渠道、适当的工具。大家知道，VC/PE 是从事风险投资的主要机构安排。我们跟踪研究发现，中国的 VC/PE 是在 20 世纪末开始引进的，而且，在一段时期曾有过较大的发展，但最近几年却下滑得比较厉害。分析原因，我们发现，中国的 VC/PE 以外资为主，虽然也有规模不大的内资，但或多或少也与外资有关。这个现象提示我们，由于经济发展潜力巨大，科技产业化的空间广阔，VC/PE 在中国的发展前景非常令人期待。但是，由于中国的资本倾向于赚"快钱"，再加上，近年来部分外资由于各种各样的原因撤出中国，导致中国的 VC 增速下降，同时，国内资本的占比被动上升，国资（政府＋国企）占比更有急剧上升之势。然而，由于对投资风险格外关注，VC 中投小、投早的比重始终较低。至于 PE，有关跟踪研究显示，2022—2023 年，中国的投资规模约占同期美国的 70—80％，然而，其中用于收购兼并的比重几近于零。这种状况非常不利于我们在科技方面和美国的竞争，因为，绝大多数高新产业都是经由 PE/VC 机制催生的。鉴于当下的国际形势，这个问题更应当引起我们高度关注。

科技金融是发展新质生产力的主要推动力之一。有两个要点值得注意：其一，科技金融的目标是促成科技的产业化，转化为新质生产力，落脚点是发展经济，而绝不仅限于"创新"一些金融产品和服务，或单纯地促进科技发展；其二，要时刻牢记科技金融是一种风险投资，它是"创造性破坏"，因此，我们既要支持创新，享受这个令人豪情满怀的"创造"，也要考虑管理好这个过程中的风险。具体而言，一项新的技术被推广，必然会带来大量旧的技术被淘汰；一个新的企业和产业的兴起，必然有大量的老的企业和产业没落，并不可免地带来员工失业问题。这个过程映射到我们金融系统，就会产生大量的不良资产。近年来转型金融十分流行，它主要讨论的就是生产力高质化、绿色化过程中不可避免带来的不良资产和失业人口的处置问题。

这样看来，此次中央金融工作会议之所以重要，固然在于它系统地阐述了中国金融发展未来的方向，更重要地则在于它一针见血地剖析了当下中国金融体系的弊端，有几个词和表述是在过去的改革方案中从未见到过的。其中，如下的表述最为精辟："科技金融要迎难而上，聚焦重点，引导金融机构健全激励约束机制，统筹运用好股权、债权、保险等手段，为科技型企业提供全链条、全生命周期金融服务，支持做强制造业"。这里面强调的是"全"，这意味着，迄今为止，我们的金融机构或金融市场已经做了很多，但还只是"部分"，我们只是看到科技的应用已经初见端倪，已经有了市场前景才去支持，做的大多是锦上添花的事，而发展新质生产力，我们恰恰需要的是投小、投早。我国金融体系规模已经很大，但资金配置不均衡，融资结构不合理，可以说不缺资金缺本金，关键是提高融资效率，重点解决资金"苦乐不均"和"钱多本少"、"耐心资本"不足等问题。要发展多元化股权融资，发挥好创业投资、私募股权投资对科技创新的支持作用。在我的印象中，如"耐心资本"这种只在很小的专业领域中使用的词汇进入中央文件似乎不多。如今指出了这些，应当说是点出了问题的要害。

讲到这里，我们的结论便呼之而出了：发展科技金融必须遵循风险投资的原则，因为它的整个过程充满了风险。因此，资本市场理所当然是支持科技金融的主要机制，其中，风险投资体系，即VC/PE尤其重要。前文我已指出，中国VC/PE的主体是外资，国内资本特别是国有资本介入较少，近年来国资开始涉猎，但主要参与设立引导资金，对于真正有风险的领域，还是不敢涉足。这意味着，要发展真正的VC/PE，我们主要还须依赖民营资本。如果这个判断正确，则我们促进民营经济发展就又多了一层必要性和紧迫性，显然，在这一领域，我们急切需要推出若干给人信心、真正管用的长期性制度安排。

然而，我们应当非常清醒地看到，在今后一段很长时间里，我们的资本市场、我们的VC/PE，还不可能发展到能够大规模支撑科技金融发展的程度，我们还必须依靠银行来完成这一任务。但是，如所周知，虽然发展直接融资的目标自20世纪末就被明确提出，30余年来，银行间接融资的格局依然如故，更有甚者，最近两三年来，由于各种原因，整个中国的金融体系有向银行间接融资为主的结构回归的趋势。

这种状况产生了很多问题，甚至对于金融的宏观调控也都产生了负面影响。大家知道，我国货币供应的主体是银行存款，大量资金从金融市场和非银行金融机构撤出，变成银行存款，导致了我国的货币供应增长极快。有人指出：目前，中国M2的规模已经是美联储、欧央行、英格兰银行等三家世界上最大的央行M2的总和。但是，一方面，由于M2中定期存款比重不断上升，我国货币供给的流动性（用M1/M2来度量）不断下降；另一方面，由于预期影响，我国企业的有效贷款需求严重不足，使得实体经济部门仍然感觉到信用供应不足。应当说，这是一个我们在短时间内改变不了的非常大的结构性问题。鉴于此，在一个较长时期内，我们仍然只能在目前这种银行为主的金融结构下来讨论怎么发展科技金融，支持新质生产力发展。我觉得有三条思路可以考虑：

其一，打包贷款。打包贷款在我国兴起，是上世纪末、本世纪初的事。当时的代表性事例，就是国家开发银行用开发性金融的名义推出芜湖模式和天津模式。这个模式的底层逻辑其实还是风险投资的原则：就是把若干个赚钱的和不赚钱的项目绑在一起（打包）算总账，只要总账是盈利的，包含在"包"内的所有项目均可获得信贷支持。比如天津模式，其实就是个总体开发的概念，其核心则是海河的清理。大家知道，清理海河自身肯定是不赚钱的，单独将其列为一个项目，无论如何也不能获批。但是，海河周围的房地产以及其他连带的商业活动都将因海河的开发而获得丰厚的收益，于是，将海河开发以及这些相关的开发项目打成一个包，算作一个项目，那就是一个难得的好项目，高达 800 多亿的贷款就这么发放出去了。再有一个早于天津的芜湖模式，其原理基本相同，此处不再赘述。

其二，最近这段时间里大家讨论较多的是"合肥模式"。据我们研究，合肥模式的要义，除了类同"打包贷款"算总账之外，还有一个很重要的新特点，就是引入容错（容许出错）机制。我们知道，我国原来的金融体制机制安排，是不容许出错的，特别是银行体系不容许出错，甚至设有终身追究的安排。这就使得商业银行在科技金融领域难以施为，因为，既然关涉创新，就不可能不出错，而且还可能出大错，对于这种"错"若无一种实事求是的态度和相应的体制机制安排，支持创新很难施为。大家一定注意到，最近中央反复强调"一致性评价"的重要性，不仅所有的经济政策要有一致性，而且，非经济的政策也要同宏观调控的方向具有一致性。我体会，这种一致性要求，就是要对经济金融领域中的决策给一些宽容，为我们的科技金融发展提供政策保障。

其三，有一个老题目恐怕还是要拿出来讨论，就是银行综合经营问题。如果银行为主的格局短时间改变不了，如果支持创新是我们一个必须完成的关乎我国前途与命运的极为重要的战略任务，我们就必须在体制机制上让银行能够承担起这个任务来。在这个意义上，银行综合经营就是一个体制机制的解决方案。这个问题也是从 20 世纪末便开始讨论。在欧洲大陆，综合经营是其基本的金融制度。在美国，固然因《格拉斯—斯蒂格尔法案》（1933）和《银行控股公司法》（1956）的禁锢，银行业和资本市场长期分离，但《金融服务现代化法案》于1999 年被通过，混业经营也因此开始大行其道。对于所有这些，国内都曾有过非常热烈的讨论，然而，终因各种形势所迫，这些讨论无果而终。我觉得，面对如今的新形势，面对发展科技金融的紧迫需求，我们应当认真重提这个话题了。

【作者系中国社会科学院学部委员、国家金融与发展实验室理事长，中国社会科学院原副院长、全国人民代表大会财政经济委员会原委员】

没有高质量发展，中国式现代化目标就难以实现

刘　伟

党的二十大报告将高质量发展作为全面建设社会主义现代化国家的首要任务，高质量发展是我们要坚持贯彻的主题。2023 年中央经济工作会议特别强调"坚持高质量发展是硬道理"，会议进一步深化了新时代做好经济工作的规律性认识，其中明确提出"必须把推进中国式现代化作为最大的政治"。这一重要论断，一方面体现了我们党的一贯思想——发展是硬道理，这是改革开放以来一贯强调的；另一方面，是党在社会主义初级阶段的核心要求，即以经济建设为中心，这是基本要求。党的二十大把高质量发展提高到空前高度，作为首要任务，作为要坚持的主题，并从理论上作了系统阐释，从实践上作了系统的部署，为中国式现代化目标达成作出了战略举措方面的充分准备，意义重大。

高质量发展主要体现在以下几个方面：在宏观上，高质量发展一定是供给和需求协调均衡的发展，是供给和需求良性互动、动态均衡的发展；在微观上、动能上，高质量发展一定是高效率发展，这主要体现为要素的效率和全要素生产率的提升；在结构上，高质量发展一定是协调的发展，包括城乡结构的协调、产业结构的协调和区域结构的协调；从发展的承受力来说，高质量发展一定是具有非常强的系统抵御风险的能力，对发展中大国来说，高质量发展一定要有足够的抗击打韧性；高质量发展一定是制度型高水平开放的发展，在规则、

规制、管理、标准方面一定是朝着国际的现代化历史发展方向不断提升。

之所以要把高质量发展作为首要任务，是因为没有高质量发展就没有发展，没有发展就没有一切。中国是一个发展中国家，虽然取得了很多历史性成就，但还是世界上最大的发展中国家，所有的问题还是源于我们国家不够发展，解决所有问题的根本出路还在于要发展。一般的发展不具有可持续性，现在目标函数变了，约束函数也变了，只有高质量发展才可能实现可持续发展。

而之所以说没有高质量发展就没有发展，是因为没有高质量发展，中国式现代化目标就难以实现。从中国式现代化目标来讲，2035年人均国内生产总值达到中等发达国家目标，基本实现现代化。到21世纪中叶，把我国建成富强民主文明和谐美丽的社会主义现代化强国。从2010年进入中等收入阶段之后，用15年时间实现高收入的成长阶段，2035年赶上中等发达国家。中等发达国家有一个基本指标，即人均GDP达到2.5万美元，达到这个水平，我们在15年里GDP要翻一番。到2050年赶上主要发达国家人均收入水平，2020年发达国家的人均收入水平是4.7万美元。我国从人均收入1.05万美元到4.7万美元，GDP总量相当于2050年要比2020年翻两番，年均增长达到4.6%。前两年我们的增速是4.6%，2023年国家设定的增长目标是5%左右，所以，2024年和2025年的经济建设任务非常重。2035年赶上中等发达国家GDP，15年翻一番需要年均增长4.8%。按照各方面的测算，如果发展质量不发生根本性提升，我们在未来平均增长率可能达到的最高值在3%—3.8%之间，达不到要求的4.8%；到21世纪中叶，这30年自然增长率平均就是3.5%，到不了30年翻两番的增长率4.6%。不改变发展方式，不能准确全面贯彻新发展理念，实现高质量发展，中国式现代化所要达成的最基本的经济目标就难以实现。

怎么实现高质量发展？现在我们党做了一系列战略安排，使中国式现代化具有了更为坚实的物质基础保障，有了更为完善的制度条件，有了更为主动的精神力量，有了更为系统的战略举措，虽然中国式现代化目标还没有实现，但是已经进入了不可逆转的历史进程。怎么把这种可能性变成现实性？我们要贯彻几方面的工作。

第一，高质量发展要求高水平的创新。党的二十大从科技、教育和人才等方面对其作了深入阐述，它们是中国式现代化的重要战略性、基础性的支撑，其核心就是提高我们的创新力和竞争力，从而提高我们的经济发展可持续能力。

第二，高质量发展需要高水平的改革。想推进高质量发展首要就需要构建高水平的社会主义市场经济体制，包括继续坚持和完善社会主义基本经济制度，尤其是要强调"两个毫不动摇"的贯彻，要完善社会主义市场经济的企业制度。国有企业要做大做优做强，民营企业要发展壮大，要支持扶持中小微企业，这是要培育社会主义市场经济的竞争主体；完善公平竞争的价格机制，构建全国统一大市场，这是要完善社会主义市场经济的竞争体系。

第三，高质量发展需要高水平的开放。高水平的开放主要是指制度性开放，中国第一个百年奋斗目标实现之后进入新发展阶段，开放也进入了新的发展阶段：从政策型开放走向制度型开放，从一般的鼓励"引进来"，到开始鼓励"引进来"和"走出去"并举。特别是"一带一路"建设，要推动从沿边沿江沿海的开放，向内地双向纵深推进的开放，等等，一系列新的变化对中国的开放提出了一系列新要求。

第四，高质量发展需要高水平的安全。今年的经济工作会议特别强调"必须坚持高质量发展和高水平安全良性互动"，这是党中央对我们面临发展的风险认识更加深入后给出的特别强调。高水平的安全对于高质量发展越来越具有不可或缺性。讲挑战和机遇的关系时，有一个深刻的观点，过去讲的"机遇大于挑战"，现在讲"机遇更具战略性、可塑性"。什么是战略性？战略性就是方向性，总的方向是有的。可塑性就是具体实践时很多目标不是确定的。挑战更具全局性，风险更具系统性。挑战和机遇的关系在党的二十大报告中是说"挑战前所未有""机遇与挑战并存"，不确定、难预料因素增多，所以高质量发展一定要有高水平安全。

实现中国式现代化，实现高质量发展，重要的就是高水平的创新。我们现在知道要有新材料，人类文明历史当时是石器，接着是青铜、瓷器，然后是钢铁，现在是崭新新材料的时代；新科技，人们要求新的动能，刚开始是热力、蒸汽，然后是电力、算力，这是新的动力；能源，过去是自然力，然后是煤炭、化石资源、油气，现在是新能源。这些汇聚在一起，最要紧的是从生产业态来说，以前是自然经济、农业、工业，现在是数字，数字有可能成为和人类农业文明、工业文明相并列的新的文明时代。在这些变化条件下，要实现高质量发展只有不断提高创新能力，这就是高水平的创新；要实现这种变革要有生产关系的保障，这就要有高质量的改革；高质量的创新，高质量的改革在现代开放条件下就要有高水平的开放；兼顾改革和开放，在面对如此复杂的国际国内环境下，就要有高水平的安全；所以，高水平的创新、高水平的改革、高水平的开放、高水平的安全，是实现高质量发展的基本要求，也是我们需要努力达成的目标。

【作者系中国人民大学原校长、国家一级教授】

建设现代化产业体系，高质量发展新质生产力

洪银兴

2023 年 9 月 7 日，习近平总书记在主持召开新时代推动东北全面振兴座谈会上讲到，要整合科技创新资源，"积极培育新能源、新材料、先进制造、电子信息等战略性新兴产业，积极培育未来产业，加快形成新质生产力，增强发展新动能"，以科技创新引领现代化产业体系建设。2023 年 12 月，在中央经济工作会议上，习近平总书记再次指出："要以科技创新推动产业创新，特别是以颠覆性技术和前沿技术催生新产业、新模式、新动能，发展新质生产力。"新质生产力的概念是习近平总书记首创的，是马克思主义经济学关于生产关系一定要适合生产力性质理论的守正创新，对中国式现代化的航向和现代化产业体系的建设具有重要的指导意义。

一、新质生产力反映生产力新性质、新质态

新质生产力是指生产力的新水准、新质态，是生产力水准的质变。因此，对新质生产力的理解不能泛化，要从质和量的角度来评价，不是所有的科技创新都能被称为新质生产力，只是产生量变的科技创新还不是新质生产力，只有能够产生质变的科技才能被称为新质生产力。

生产力的性质和质态有新旧区别，发展新质生产力就是新旧动能

的转化。每个经济时代的新质生产力都有不同的时代特征，历史上几次科技和产业革命产生的新生产力，都推动了生产力质的飞跃，都可以称为新质生产力。如第一次产业革命产生的热力，第二次产业革命产生的电力，第三次产业革命产生的网力，现在正在推进的数字经济产生的算力。习近平总书记指出："新一轮科技革命和产业变革正在孕育兴起，一些重要科学问题和关键核心技术已经呈现出革命性突破的先兆，带动了关键技术交叉融合、群体跃进，变革突破的能量正在不断积累。"由此，现阶段中国现代化产业体系的构建，关键就在于大力发展新质生产力。根据习近平总书记关于新质生产力的重要讲话，以及生产力发展的客观趋势，在宏观上可以把新质生产力概括为新科技、新能源和数字经济。

首先是新科技。科技是第一生产力，科技的生产力作用不仅仅在于提高产业的科技含量，更重要的是由量变到质变所反映的新科技的质态，即所具有的革命性的科技创新。习近平总书记指出："在激烈的国际竞争中，我们要开辟发展新领域新赛道、塑造发展新动能新优势，从根本上说，还是要依靠科技创新。"作为新质生产力的新科技应该是处于国际前沿的新科技，也就是颠覆性科技，例如人工智能、尖端工程技术、先进连接技术、云以及边缘计算、量子技术和与可持续发展相关的技术等。2023年中央经济工作会议对发展新科技提出的要求是：发展数字经济，加快推动人工智能发展，加强应用基础研究和前沿研究。

其次是新能源。进入21世纪，石油和其他化石能源面临枯竭，靠化石燃料驱动的技术已经陈旧落后，以化石燃料为基础的整个产业结构运转乏力，以化石燃料为能源的工业活动造成的碳排放破坏了地球和气候生态系统，并危及人类健康。因此，从能源角度看，以化石为能源的产业革命已属于旧质生产力，新产业革命的方向应该是创新、发展和运用清洁能源。我国明确提出"碳达峰、碳中和"的时间表，而要实现碳达峰碳中和就必须依靠能源革命建设新型能源体系，其基础就是绿色技术创造的新质生产力，也就是里夫金（Rifkin）所说的，互联网技术和可再生能源结合的新科技和工业革命。当然，现阶段以煤炭为基础的能源结构中所采用的节能减排的新技术，我们也可以把它看作是新质生产力。

最后是数字经济。因为新科技、新能源都离不开数字经济，数字经济就成为新质生产力的综合性质态，正在成为国际经济和科技竞争的新赛道。习近平总书记在中共中央政治局第三十四次集体学习时强调，"发展数字经济是把握新一轮科技革命和产业变革新机遇的战略选择"。当前数字经济正在成为新质生产力的代表，算力越强大，算法越先进，数字技术越尖端，数字平台规模越大，应用越广泛，数字经济的新质生产力作用就越大。产业数字化实际上是新质生产力赋能各个产业，着力点是数字经济与实体经济深度融合，包括与产业、与企业和与技术创新的深度融合。无论是数字产业化，还是产业数字化，都既有现代的，又有新一代的，所以发展数字经济有迭代升级的要求：第一，现在的数字经济新质生产力的作用还有很大空间，应用范围和场景有待进一步扩大；第二，要推动数字化升级，培育新的生产力，增强算力、优化算法，创新新一代信息技术，培育和发展新一代信息产业，如6G。

二、建设现代化产业体系

培育新质生产力的落脚点和方向是发展新产业。习近平总书记关于新质生产力概念及其内涵的讲话，实际上赋予了现代化产业体系新内涵。现代化产业体系指的是未来产业与战略性新兴产业、主导产业、支柱产业依次递进的体系。这也是中国式现代化所要建设的现代化产业体系核心内容，其先导是战略性新兴产业和未来产业。因此，建设现代化产业体系应从以下三个方面进行发力。

首先是以科技创新为依托的产业创新，着力发展战略性新兴产业。哪些属于战略性新兴产业？习近平总书记曾明确指出：一是移动互联网、智能终端、大数据、云计算、高端芯片等新一代信息技术发展将带动众多产业变革和创新；二是围绕新能源、气候变化、空间、海洋开发的技术创新更加密集；三是绿色经济、低碳技术等新兴产业蓬勃兴起；四是生命科学、生物技术带动形成庞大的健康、现代农业、生物能源、生物制造、环保等产业。2023 年中央经济工作会议也明确提出："打造生物制造、商业航天、低空经济等若干战略性新兴产业。"

其次是根据发展新质生产力要求超前部署和培育未来产业。新科技和新产业深度融合的直接影响是产业的生命周期明显缩短，今天是战略性新兴产业，明天可能就不是了。未来产业处于产业生命周期的早期，即萌芽期，是新兴产业的一种早期形态。随着技术的成熟、扩散，在未来的某个时期会成为对经济具有较强带动作用的战略性新兴产业。国际专业性机构预测的未来产业：一是以人工智能、量子信息、未来网络与通信、物联网区块链为代表的新一代信息技术产业；二是以基因编辑、脑科学、合成生物学、再生医学等为代表的生物技术产业；三是绿色低碳产业；四是战略空间产业。2023 年中央经济工作会议要求："开辟量子、生命科学等未来产业新赛道。"

最后是产业基础高级化。所谓传统产业是指满足传统需求的产业，决不是指停留在传统技术基础上的产业。传统产业只有在其产业基础上进行数字化智能化升级，才能成为新质生产力产业载体的重要组成部分。2023 年中央经济工作会议明确要求广泛应用数智技术、绿色技术，加快传统产业转型升级。

三、适应新质生产力的生产关系

根据生产关系一定要适合生产力性质的马克思主义原理，人才是创新的第一要素，也是发展新质生产力的第一要素。适应新质生产力的生产关系突出在建立人才高地，集聚高端创新人才。各类高端人才的集聚是一个地区发展新质生产力的主观要素，高科技人口密度决定一个地区的新质生产力的密度。因此，需要建立激励发展新质生产力的体制机制，促进各类创新要素进入发展新质生产力新赛道。

首先，特别重视科技企业家的作用。科技企业家是科技和产业创新的发动者。根据新质生产力要求，对企业家来说，只是具备创新精神还是不够的。科技企业家不只是主要的投资者，更是孵化新技术的引导者。在科技和产业创新中，科技企业家还需要具有创新的思维：一方面，科技企业家要具有企业家的创新素质，敢冒风险，能够洞察市场需求，体现以市场为导向；另一方面，科技企业家要具有科学家的素质，能够洞察科学新发现的科学价值，体现创新成果的先进性，也就是敏锐地发现并引领新质生产力的趋势，发展新质生产力关键就在于培育和造就大批科技企业家，促进从事科技企业的科学家和企业家既有敢于创新的企业家精神又有现代科技的视野。

其次，关键要有创新高地，只有创新高地才能建设人才高地。各类科技园是高科技人才的集聚地。美国正在筹建新的科技园，旨在发展人工智能、云计算等新科技。中国的创新高地尤其是科技园、产业园也应该升级，要瞄准下一代科技和产业进行升级改造，把反映旧质生产力的项目移出，腾出空间引入新质生产力项目。这是发展新质生产力、培养集聚高端人才的现实要求。

再次，教育与技术赛跑。一是科技创新人员要根据新质生产力发展的需要不断更新知识储备，这就要求学校的教育学科和内容也要进行相应的更新，尤其是要加强反映新质生产力的课程教育；二是为克服数字鸿沟，提高劳动者适应新质生产力的就业能力，对劳动者要提供新科技新技能的教育和培训。

最后，构建创新未来产业的生态。未来产业存在高度的不确定性和风险，需要相应的生态以激励未来产业创新。这种生态主要涉及：第一，未来产业的核心技术来源于基础研究成果，因此需要高度重视研究型大学的基础研究及其成果转化，建立产学研深度融合创新的平台和机制，促进新科技向新产业的转化；第二，未来产业一般是创新型小微企业首先创新的，因此需要重视创新型小微企业的产业创新；第三，创新新产业需要足够的风险投资，因此需要发展和完善科创板之类的资本市场和其他各类风险投资市场；第四，创新未来产业由于具有不确定性，就会犯错，错了再试才会成功，因此需要建立产业创新的容错纠错机制。

【作者系南京大学原党委书记、南京大学文科资深教授】

以人口高质量发展支撑中国式现代化

郑功成

习近平总书记在主持召开二十届中央财经委员会第一次会议时强调，"人口发展是关系中华民族伟大复兴的大事，必须着力提高人口整体素质，以人口高质量发展支撑中国式现代化"。当前正值世界百年未有之大变局，国际趋势日益明朗化，但不确定性仍然很高。中国进入了以中国式现代化全面推进中华民族伟大复兴的新时代，在这一历史进程中，人口战略是国家最大的战略，人口问题是影响国家发展的基础性、全局性、长期性和战略性要素，人口发展对中国式现代化建设与中华民族的永续发展意义重大。

一、时代之变呼唤人口高质量发展

中国式现代化建设正在全面提速，需要高质量的人口作支撑。2035 年基本实现现代化，21 世纪中叶全面建成社会主义现代化强国，这是新时代中国共产党的中心任务，也是国家意志。在人口规模巨大的条件下，国家设定的目标任务是要在 2035 年建成教育强国、科技强国、人才强国、文化强国、体育强国、健康中国，这意味着中国式现代化建设必须且正在全面提速。这些目标任务的完成，无一不以人口高质量发展为支撑条件。

走向共同富裕的步伐明显加快，同步要求人口高质量发展。共同富裕是社会主义的本质要求，也最能够体现中国式现代化的本质特征。改革开放以来，我国解放了生产力，实现了国民经济持续高速增长和国民财富的持续积累，但也形成了低收入群体规模庞大的金字塔型社会结构，这种现状影响着整个经济社会的持续发展，也必然影响到人口整体素质的提升。因此，加快走向共同富裕绝不只是一个民生话题，而是推动中国式现代化建设的核心议题。党的十八大后掀起的大规模脱贫攻坚战及其创造的人类反贫困奇迹，成为加快走向共同富裕、夯实底座的一个显著标志性成果。党的二十大报告、国家"十四五"规划和2035年远景目标纲要，进一步明确提出走向共同富裕的时间表与路线图，对基本公共服务均等化、深化社会保障体制改革、全面推进乡村振兴以及浙江先行示范等作出了一系列部署，这些都意味着走向共同富裕的步伐在明显加快。特别是基本公共服务均等化是走向共同富裕的牢靠基石，要在2035年实现基本公共服务均等化是中国共产党最高决策层做出的决断，充分显示了中国共产党带领全体人民走向共同富裕的决心、信心与魄力。这一进程既会对人口高质量发展提出新要求，也将为人口高质量发展创造更加有利的条件。

人口结构的深刻变化，决定了人口质量红利必然取代人口数量红利。改革开放40多年来，中国经济发展与财富创造在很大程度上是依靠规模庞大的劳动力资源创造的人口红利，伴随国家现代化进程的加快，我国人口结构也发生了异常深刻的变化，人口总量减少、结构老化是必然趋势，具体表现为我国人口已经进入负增长时代，劳动力总量早已越过峰值步入供给有限的时代，少子高龄化现象及趋势不可逆转，劳工成本持续上升更是国家现代化进程中的必然现象。因此，中国式现代化必然要以人口质量提升带动劳动生产率提升。未来的强国之本、竞争之力关键在人口质量，我们需要亿万计的高素质劳动者，才能持续创造国家发展红利，进而如期实现国家现代化目标。

观念变革与民生诉求全面升级，呼唤人口高质量发展。一方面，人们的价值取向日益多元化。不婚不育者明显增加，少生优生优育已经成为社会主流，人民群众对下一代的期望不再是传统的传宗接代、养儿防老，而是期望下一代成为高素质的人才、能够过上有品质的生活。另一方面，民生诉求在全面升级。物质丰裕、精神富足构成了人民向往美好生活的一体两面，进而成就人口高质量发展。

从中国式现代化全面提速，到走向共同富裕步伐明显加快，再到人口结构深刻变化、社会观念变革与民生诉求全面升级，时代之变呼唤着人口高质量发展，我们必须顺应时代发展要求，扎实推动人口高质量发展。

二、如何扎实推动人口高质量发展

基于时代之变的内在要求，人口高质量发展应当成为我国未来人口发展战略的核心导向。我们需要着力提高人口整体素质，努力保持适度生育水平和人口规模，最终塑造能够与中国式现代化相适应的素质优良、总量充裕、结构优化、分布合理的现代化人力资源格局。要达到这一目标，需要在以下几方面下功夫：

在儿童"三育保障"制度安排上下功夫，通过降低"三育"成本、提升"三育"质量，筑牢人口高质量发展的根基。

促进人口高质量发展，必须从儿童抓起，这是根本，也是关键。特别是在生育率持续下降的背景下，生育保障、养育保障与教育保障必须通过制度安排创新与升华，才能实现儿童高质量发展并助力人口均衡发展。在"三育保障"制度安排上下功夫，走创新发展新路，不仅要降低家庭"三育"成本，而且要通过优化制度安排、提高政策精准度实现"三育"质量稳步提升。

一是生育保障，要从生育保险制走向生育保障制。目前的生育保险覆盖的是正规或体制内的就业者，局限于少数育龄女性，占比大的灵活就业者与农村居民未能覆盖在内，这一制度的功效已经折损。应当建立面向所有育龄女性的生育保障制度，不仅包括生育医疗保障与生育津贴，还应当将生殖服务等纳入保障范畴，为此需要重构制度安排，让相关部门在促进优生方面承担更大的责任。

二是养育保障，要从分类、失衡供给状态走向公平普惠、优质养育。必须确保托幼事业公益性，真正减轻父母的育儿时间成本与经济成本，并提供符合儿童成长规律、实现健康成长目标的养育服务。

三是教育保障，要在保障公平的条件下延长义务教育年限，将9年制义务教育逐渐延长到12年，即将高中与职业教育纳入义务教育范畴，同时真正强化素质教育，优化职业教育，在缩小规模的条件下提升高等教育水准。

上述制度变革不仅是实现人口高质量发展的内在要求，而且具有相当的可行性。当前人口发展已经进入负增长时代，"三育"保障的对象在大幅度减少，国家投入并非需要大幅度增长，而是需要优化结构、精准施策。

在三大民生保障上下功夫，通过改善民生促进人口高质量发展。

一是保障收入增长。没有收入或者只有低收入，难以实现人口高质量发展。我国需要从低收入群体规模庞大的金字塔型社会走向中等收入群体占主体的橄榄型社会，再走向共同富裕的扁平型理想社会，关键在于维护经济增长的同时能够保障收入增长，即增加居民收入、增加劳动者报酬，劳动者报酬占国内生产总值之比应当从现在的

40%多逐步提高到 60%以上。

二是实现高质量就业。从追求数量可观的充分就业到追求质量保障的充分就业，关键是要促进平等就业，让劳动者能够安居乐业。为此，必须积极消除就业歧视、户籍歧视，以常住人口为对象提供均等化的基本公共服务，使在城乡之间、地区之间流动的几亿劳动者在2035 年之前都能均等地享受所在地的各项就业保障。

三是优化健全社会保障体系。优化健全社会保障体系不仅能够切实解除全民的生活后顾之忧，而且可以为全民共享和走向共同富裕提供有效且有力的制度保障。现行社会保障制度还存在着诸多缺陷与不足，需要全面加快深化改革的步伐，必须在优化制度安排的条件下尽快促使中国特色的社会保障制度体系走向成熟、定型，确保养老金可靠、基本医疗保险无忧、基本公共服务均等化，这是推动人口高质量发展的基本条件。

消费与人口质量呈现正相关关系。通过上述三方面的努力，促使最终消费率得到提升，进而使民生品质不断提升、人口素质不断提高。中国目前的最终消费率过低，最终消费占国内生产总值的比重为56%，在最终消费中，家庭消费、居民消费占国内生产总值之比不足40%。消费不足的根本原因还是大部分居民收入不高、社会保障不足，以及城乡居民的多数收入均用于购买或建设住房、防范重大疾病了。这种状况显然不利于人口高质量发展，因此，在收入保障、就业保障、社会保障三大民生保障制度上下功夫，是走向共同富裕的必由之路，也是促进人口高质量发展的必由之路。

在提高政策精准度上下功夫，以人口结构变化及趋势为基本依据，促进人口高质量发展。

强调提高政策精准度，是因为现实中许多政策过于粗放，导致实践中供求脱节现象时有发生，既无法有效满足需要，又造成了巨大浪费。如养老服务发展中，床位总量有限与大量空置并存，失能老人亟需社会照顾而养老机构却收住了大量低龄健康老人，居家养老的政策支持力度还需加大，还有很多地方的医养结合异化成了医院内部办养老院、养老机构内部办医院，这表明养老服务政策有失精准；在儿童养育服务中，未以生育率变化、儿童流动及趋势为依据，仍然立足于户籍人口做布局，造成养育服务供需脱节，教育资源城镇紧张、乡村空置现象并存。即使是降低"三育"成本也需要有针对性，需要设计满足个性化需求的社会服务。因此，对民生保障而言，必须以人口结构变化及趋势为布局设施、优化资源配置的依据，强调以深入调查、全面把握服务人口或对象为基础，以满足真正有需要者的需要为目标，做到精准施策，促进人口高质量发展。

此外，还要在平等与法治上下功夫，让各种人才脱颖而出。平等是促进人口高质量发展的重要环境条件，法治则可以提供清晰、稳定的预期。社会中存在各种学历歧视现象，高学历消费不仅造成巨大的人力资源浪费，而且影响了各种人才的健康成长，扭曲了人口高素质成长的规律，这种现象必须通过法治手段加以纠正，尽可能创造"不拘一格降人才"的政策环境与社会氛围。

总之，时代之变要求人口高质量发展，中国式现代化需要高质量人口作支撑，只有促进人的全面发展和人口整体素质持续提升，才能持续推动经济社会高质量发展，进而续写经济社会发展的新奇迹，走向共同富裕的社会主义现代化国家理想境界。

【作者系第十四届全国人大常委会委员，中国人民大学教授，中国社会保障学会会长】

促进区域协调发展，实现高质量发展

范恒山

区域协调发展关系到我国经济高质量发展和社会的繁荣稳定，应高度重视、持续推动。区域协调发展内联庞大而复杂的经济社会运行系统，外涉具体而实在的工作路径与操作方式。要不断开拓新局面，推向新高度，必须把握其本质要求和逻辑联系，从战略和策略上正确认识和科学处理一系列重要的关系。

一、在战略层面需把握的若干重大关系

基于战略层面或总体角度，促进区域协调发展要致力于处理好九个方面的关系。

（一）政府与市场的关系

我国实行社会主义市场经济体制，本质含义包括两个方面：市场在配置中起决定性作用；政府实施有效的宏观管理和经济调节。从资源配置效率的角度看，市场和政府都具有不完善性，即存在"市场失灵"和"政府失当"缺陷。实践表明，完全的政府行政指令主导容易割断区域、产业及要素之间的内在联系，抑制区域经济发展的活力。这就是"政府失当"问题。而纯粹的盲目追求利益最大化的市场调节容易导致"外部不经济"的情况，如造成环境污染加剧、空间开发混

乱、产业无序布局等现象。这就是"市场失灵"问题。对促进区域协调发展而言，仅靠市场机制作用，很难缩小地区两极差距；仅靠政府作用，又很难实现区域发展效率的持续提升。必须正确处理好政府与市场的关系，把有为政府和有效市场有机结合起来。政府与市场可以在区域发展的不同领域发挥作用，以实现整个社会的经济效益最大化。政府可以在"市场失灵"的方面发挥作用，以社会管理者的身份组织和实现公共物品及时且公平的供给，并对其进行监管，还可提供社会保障援助等对收入进行再分配，从宏观上把握和指导区域经济发展。市场则能在"政府失灵"的地方发挥作用，通过"看不见的手"对区域经济活动进行调节，使资源流向经济效益更高的地方，提高区域发展效率。

立足于区域协调发展，处理好政府和市场的关系，关键是要对两者进行科学定位与合理搭配。一是要充分发挥市场机制在资源配置中的决定性作用，打破地区封锁，建立全国统一大市场，实现生产要素在地区间的自由流动和产业转移。二是要充分发挥政府的管理、协调、服务职能，发挥政府作为促进区域协调发展的主体作用，不断缩小区域间的发展差距，保护好生态环境，促进区域间基本公共服务均等化、基础设施通达程度基本均衡、人民基本生活保障水平大体相当。

（二）中央与地方的关系

实现区域协调发展需要同时发挥中央和地方两方面的积极性。中央与地方相对一致的步调对实现区域协调发展目标至关重要。因此，需要在各级政府之间确定科学得当的制度安排，以保证既能赋予地方政府引导地区经济增长的动力，又能保证中央政府有能力平衡全局发展。

改革开放以来，我国中央政府与地方政府之间的关系，基本上是遵循着分权轨迹展开的。地方政府改变了上传下达的中转机构地位，逐渐成为本地区经济利益的代表、独立的投资主体和地域范围内从事社会经济管理的公共权力机构。由于发展经济的自主性提高，各地方发展经济的热情空前高涨，我国区域发展的总体实力明显增强。但与此同时，一些有悖于区域经济协调发展的现象亦随之出现，如区域间无序竞争、重复建设、产业同构，区际经济、社会发展差距不断扩大，公共产品供给不均衡以及日益严峻的生态环境问题等。从国际经验看，在促进区域协调发展中，通过科学的制度安排、适时的制度调整，引导中央政府与地方政府的利益趋于一致，是解决区域问题的重要手段。从我国的实际情况看，促进区域协调发展需要国家的统筹和支持，中央政府应健全法治、确定发展战略、编制发展规划、制定区域政策，进一步发挥主导性作用。同时，要通过国家层面的财政转移支付和公共投资，平衡地区间的社会发展差距和重大基础设施布局，改善地方经济发展的大环境，使不同地区的居民能够共享基本社会服务，增强各地经济发展的后劲。

然而，国家通过转移支付，仅仅有可能缩小地区间在公共服务供给和个人收入水平方面的差距，而难以直接惠及"地区差距"这一概念所包含的所有内容。换句话说，尽管财政转移支付、公共投资手段具有缩小地区差别的作用，但这种作用仍只是局部的、间接的，因而也是有限的，不可能凭借这一办法促进各地区完全实现经济与社会的快速、协调发展。当前区域问题的解决，更多地取决于地方政府落实国家区域发展战略、执行国家相关规划、响应国家有关政策的执行意志和能力。因此，各地区政府应在国家区域发展战略框架指导下，从本地实际出发，落实好区域发展相关政策，借助外部市场资源和国家政策的支持，着力发挥比较优势，深化体制改革，调整经济结构，推进自主创新，增强参与区域竞争的能力和高质量发展动力。

（三）行政区与经济区的关系

行政区是行政区划的空间表现形式，是一个国家为了实施有效管理和控制，根据一定的原则和标准对领土进行划分，并设置地方国家权力机关和行政机关进行分区和分级管理的地域范围。行政区是相对固定的，合理的行政区域范围能够防止有限财力、物力和政府精力使用的分散化，从而有利于区域经济的发展。但是，由于明晰的行政隶属关系和对自身经济社会发展指标的追求，又很容易导致行政区的自我封闭和垄断。经济区是由经济内在联系，以及自然与人文地理等因素影响而产生的具有一定市场容量和空间分工的地域范围，是客观存在的区域化经济活动的结果。既不是单纯的自然地理区域，也不是单纯的行政区域，其形成和扩大决定于经济增长极或经济增长点的形成和扩大。经济区是可以交错的，一个经济区往往包含若干个不同层次的行政区。经济区范围的拓展不会损害各个行政区的独立性和自我发展能动性，同时也有利于各行政区的要素在更大范围内流动。它不仅使各个行政区域的优势得到充分发挥，而且能够有效地解决产业同构、低水平重复建设等问题，也能解决从各自利益出发导致的地区封锁、市场分割和恶性竞争等问题。因此，行政区的发展是经济区发展的基础，经济区发展是实现行政区更快、更好发展的条件。在促进区域协调发展进程中，行政区和经济区承担着各自不同而又相互补充的职能。行政区是促进区域发展的基础单元，是实施区域发展战略的操作主体，行政区的经济发展重点和方式将在不同层次上影响着区域协调发展的方向。经济区是在市场机制作用下形成的，是推进实施区域发展战略的主导力量，经济区的发展规模和质量将直接影响区域发展的总体水平和资源配置效率。

要正确处理好行政区和经济区的关系，必须明确两者之间有机协调的目标，在保持行政区良性发展的前提下，着力消除制约经济区发展的体制机制束缚。一是建立行政区与经济区动态协调机制。通过相对稳定的协调机构，在发展战略、重大基础设施建设、重要产业政策等方面，进行区域间高层次的衔接，围绕经济区发展的目标形成协同配合的良好机制。二是在经济区内大力推进区域联合与合作，促进区域一体化，充分发挥经济区内资源、产业、市场优势，加快发展自己，实现各地区的共同发展。三是各行政区要勇于开放市场，打破各种形式的垄断和封锁，尊重市场经济规律，着力推动区域市场一体化，加快实现资源要素在更大范围内的优化配置。

改革开放以来，我国的经济体制由传统的计划经济向社会主义市场经济体制过渡，市场化改革的进程不断推进，从行政区经济开始向经济区经济拓展。在行政区经济发展的初期和中期，地方政府作为独立的利益主体，激活了当地政治、经济、文化资源，带来了地方经济的快速发展。但随着经济体制改革的不断推进，市场经济的深入发展，行政区经济的弊端日渐显现，导致了地区保护主义和市场分割，造成了地方重复建设和产业同构。党的十八届三中全会以来，在推动市场配置资源的决定性作用不断加强的同时，促使政府更好发挥作用，区域间开放合作持续走向深入。特别是中心城市引领都市圈同城化、都市圈带动城市群一体化，城市群辐射经济区的区域发展格局加快形成，各地结合实际探索具有特色的发展道路和运行模式，显著提升了区域的竞争力。面向现代化建设新征程，加快构建国内国际双循环相互促进的新发展格局，对妥善处理好行政区和经济区的关系提出了新的更高要求，必须按照构建新发展格局的要求，进一步突破行政区划界限，健全市场机制，促进生产要素跨区域合理流动和高效配置，建立全国统一大市场，以行政区与经济区的高水平动态协调推进区域经济的协调发展。

（四）发达地区与欠发达地区的关系

改革开放以来，我国东西部地区之间的发展差距仍然较大。近年来，南北发展不平衡问题比较突出，区域问题日趋复杂化，增加了我国区域协调发展前景的不确定性。这不仅成为国内各界思考的焦点，也引起了一些重要国际组织的关注。世界银行在其发表的有关报告中认为，改善欠发达地区经济增长的条件应作为我国改革政策措施需注意的问题之一。

改革开放之初，邓小平同志提出"两个大局"的战略思想。思想上需要清醒的是，让一部分人先富起来，让一部分地区先发达起来，仅是一个实现整体协调发展过程中的手段和第一个步骤；带动落后地区发展，实现第二个大局的战略安排，才是"两个大局"战略构想的最终目的。促进区域协调发展应立足于更好处理发达地区与欠发达地区的关系。发达地区能够实现率先发展，得益于"第一个大局"战略设计的顺利推进，得益于国家的政策倾斜，得益于欠发达地区能源、资源和生产要素的支持。发达地区的率先发展，是实现区域协调发展的重要物质基础。当前，在一些地区实现率先发展的背景下，带动落后地区发展条件已经具备。按照"两个大局"战略设计的整体构想，发达地区应进一步加大支持欠发达地区发展的力度。这是一种义务和责任，也是一种回馈与反哺。事实上，发达地区的进一步发展也要以欠发达地区自身状况的改进为前置条件。如果欠发达地区长期停留在贫穷落后的状态，发达地区再上新高阶段的国内市场基础就会弱化，整个社会的长治久安也会受到影响。从这个意义讲，带动、促进欠发达地区加快发展，是盘活全局的关键举措，是实现国家繁荣稳定的现实选择。欠发达地区要实现快速发展，必须有自己的产业体系作支撑。从国家政策引导的层面考虑，应为欠发达地区自身工业体系的培育创设路径。当前，我国一些发达地区已进入转型阶段，国家应适时出台优惠财税政策。推动东部发达地区产业有序向欠发达的中西部转移，既是促进欠发达地区工业做大做强的重要环节，也是均衡国家重大生产力布局的重要环节。

要处理好发达地区和欠发达地区的关系。一方面，要强调发达地区对欠发达地区的促进和带动作用，应以共同发展、互惠共赢为主线，不应以削弱发达地区进一步发展的基础为代价。发达地区是从人力、物力、财力和技术上支撑国民经济全局极为重要的力量。国家在促进欠发达地区加快发展的进程中，要积极加快发达地区的优势产业升级进程，保护好发达地区的发展活力。另一方面，欠发达地区也要明确，指望发达地区的"行政指令性帮扶"不符合市场经济规律，完全依赖国家的资金支持也不现实，更重要的是坚持不懈地走制度创新之路，通过深入挖掘自身的比较优势，加强与发达地区互利共赢的"交融式"合作，积极培育内生发展动能。

（五）城市与乡村的关系

城市和乡村作为区域经济发展的两大空间载体，以各自的功能和作用共同推动着社会的进步与繁荣。它们之间既有相互促进、共同发展、共同提高的一面，也有相互排斥、相互摩擦和相互矛盾的一面。

因此，只有正确处理城乡关系，才能统筹城乡区域发展，实现经济效益和社会效益的有机统一。

总体上说，新中国成立以后，城市一直居于城乡关系的主导地位。在计划经济体制下，国民收入分配格局是围绕着如何有利于工业资本积累而进行的，通过"剪刀差"使广大农村为新中国工业化和城镇化作出了巨大贡献。改革开放后，以市场化为导向的改革不断深入，城市的发展优势更加明显，城乡差距进一步拉大。尽管近年来城乡收入差距有所缩小，但城镇化仍然是推动经济社会发展的基本动力之一，城市发展带来的聚集效益和规模效益仍有较大潜力空间，农村要素更多向城市流动仍是主流。在这种背景下，单靠市场的作用和农村自身的力量，很难实现农村的发展和进步。城乡差距已成为制约我国实现全体人民共同富裕的现代化的关键结构性矛盾之一。

近年来，中共中央、国务院提出城乡融合发展的决策，为各级政府部门处理新时期的城乡关系提供了总纲。在实践中，应注意把握如下几个问题。一是树立城乡并举意识。不能因为城乡差距存在就人为压制城市发展，而将城乡发展对立起来；也不能片面强调城镇化在推动经济社会发展中的重要作用，而忽视农村发展滞后、农业基础不牢这一发展短板，对城乡差距视而不见。二是政府各职能部门要确立构建良性城乡关系的工作原则。必须从社会发展的整体角度考虑城市和农村的利益分配与再分配，在国民待遇上根本改变城市和农村的不平等状况。三是在城乡发生互动作用的领域引入公平交易、利益共享，尤其是责任共担的机制。四是积极探索构建城乡融合发展机制。重点是改革城乡分割的户籍制度、社会保障制度和教育体制等，建立统筹城乡的文化教育事业、基础设施建设、产业布局、劳动就业、社会保障新机制。

（六）经济发展与社会发展的关系

实现经济发展与社会进步的良性互动是区域协调发展的主要目标。长期以来，各地区在发展中比较重视和强调经济实力的提高，而对于人口、资源、环境的协调发展以及基本公共服务领域的发展没有给予足够重视，导致经济发展和社会进步之间的失衡。比如，社会结构调整滞后于经济结构调整，社会事业发展滞后于经济增长等。从区域协调发展的总体要求看，经济发展是手段，社会进步是目的。因此，在全面推进区域发展的进程中，要把加快发展社会事业作为实现区域协调发展的重要举措，强化政府责任和投入，鼓励社会积极参与，继续以加强农村、基层社会事业为重点，加快覆盖城乡居民的基本公共服务体系和制度建设，推进基本公共服务均等化。一是要把经济发展与坚持以人民为中心的发展理念结合起来。在坚持加快经济发展的同时，切实解决群众切身利益问题和民生问题，加快建设覆盖城乡居民的基本公共服务体系，增加公共财政投入，切实加强义务教育、公共医疗卫生、公共文化、社会救助等基本公共服务体系建设。二是把经济发展与坚持公平公正结合起来。在坚持加快经济发展的同时，重点加强农村和基层社会事业建设。切实维护困难群众和弱势群体的基本权益，扩大公共财政和各种社会资源向农村和欠发达地区倾斜，努力缩小城乡和地区之间社会事业发展的差距，促进基本公共服务均等化。三是把经济发展与坚持社会事业统筹规划结合起来。坚持规划先行，重视推进社会事业专项规划的实施，保障基本公共服务和最薄弱环节优先发展，发挥规划在优化资源配置、统筹社会事业发展中的科学、规范、导向作用。四是把推动经济发展与深化社会体制改革结合起来。在加快经济发展的同时，坚持政府主导与发挥市场机制相结合的原则，努力推进社会事业领域的体制机制创新。强化政府在市场经济条件下的社会管理和公共服务职能，坚持基本公共服务由政府主导，强化公益性质，逐步理顺各级政府之间的事权关系，进一步明确相应的责权。同时，积极发挥市场机制的作用，大力发展社会服务产业，创新公共服务体制，积极探索公共服务提供方式，促进公共服务可持续长效机制的建立。

（七）发展与保护的关系

实现人与自然和谐共生，是中国式现代化的本质要求。区域经济发展和生态环境保护不是矛盾对立的，而是辩证统一、相辅相成的关系。一方面，发展经济不能对资源和生态环境竭泽而渔，不注重生态环境保护的发展是不可持续的发展，也必然会使资源约束趋紧、环境污染严重、生态系统退化等生态环境方面的欠账越积越多。另一方面，生态环境保护也不是舍弃经济发展而缘木求鱼，生态环境保护的成败归根到底取决于经济结构和经济发展方式的转变是否成功。实践充分证明，要在发展中保护、在保护中发展，实现经济社会发展与人口、资源、环境相协调，才能使绿水青山产生巨大生态效益、经济效益、社会效益。

新时代促进区域协调发展，要统筹环境保护和经济发展，兼顾双碳目标和保障民生。通过城镇"点"上的高质量发展带动区域"面"上的高水平保护，在发展中保护、在保护中发展，实现经济社会发展与人口、资源、环境相协调。"点"上经济的高质量发展就是要集聚集约发展，引导人口经济与资源环境的合理配置。经济发展客观规律表明，产业和人口向优势区域集中，形成以城市群为主要形态的增长动力源，有利于提升经济总体效率，以点带面促进高质量发展。同时，通过集约高效地开发利用城镇空间，有利于为农业和生态功能区腾挪保障空间，促进生产空间集约高效、生活空间宜居适度、生态空间山清水秀，形成生产、生活、生态空间的合理结构。"面"上生态环境的高水平保护就是要践行"绿水青山就是金山银山"理念，探索生态保护补偿机制和生态产品价值实现机制。这一理念生动诠释了经济发展与环境保护之间的辩证统一关系。践行这个发展理念，就是要摒弃以牺牲生态环境为代价、换取一时一地经济增长的做法，保护好森林、草原、湿地、湖泊、海洋等生态空间。生态优势地区，特别是承担生态功能的欠发达地区，要树立绿色财富观，积极挖掘生态产品潜力，多途径促进生态产品价值转化。

（八）发展与改革的关系

改革开放四十多年来的实践经验表明，处理好发展与改革的关系，是推动我国政治、经济、社会、文化和生态文明建设的根本性问题，也是促进区域协调发展的重大主题。改革开放之初，我国东部沿海地区率先迈出推进改革和对外开放的步伐，为经济持续快速发展注入了强劲动力，为进一步深化改革和提升开放水平积累了宝贵经验。而我国中西部和东北地区发展相对缓慢，与区位资源禀赋有一定联系，但更与体制改革相对滞后、体制包袱相对沉重密切相关。同时，当前我国的财税、行政管理等领域的体制机制，还存在较多影响区域协调发展的因素。因此，要解决影响区域协调发展的重大问题，关键是要通过深化改革，不断消除体制性机制性障碍。要改革影响区域协调发展的体制机制，又必须通过加快发展增强经济实力，为改革创造基础条件。

当前，我国进入全面建设社会主义现代化国家新征程，促进区域协调发展，实现经济高质量发展，必须做到两手抓。即一方面要靠有效的区域政策促进经济社会的更快发展。要转变经济发展方式，实现完整、准确、全面贯彻新发展理念的高质量发展，提高经济发展的质量和效益，为深化改革赢得更多的回旋余地和宽松环境。另一方面要靠全面深化改革建立一个稳定发展的制度基础。要不失时机地推进重点领域和关键环节的改革，形成更加有效的区域协调发展新机制。要增强改革措施的科学性和协调性，为经济社会和区域协调发展持续注入新动力，保持全国又好又快发展的良好局面。要加快深化收入分配制度改革，加快财税金融改革，加快要素市场体系建设，加快推进行政管理体制改革。同时，要针对不同区域确立各自的改革重点，促进区域协调发展目标的实现。东部地区要继续发挥改革开放和自主创新的示范作用，在推进发展和深化改革两个方面创造出新的发展模式。中部地区要加快推进城市管理、行政管理等改革，通过体制机制创新提高发展的动力。西部地区要全面加快改革开放步伐，着力增强自我发展能力。东北地区要加快推进国有企业改革和经济对外开放，加快实现产业结构的优化升级。加快推进资源税费等改革，细化制定与国土空间体系相配套的政策体系。各地可以从自身实际出发，开展多层次、多类型的改革试点，积极探索促进区域协调发展的新机制。

（九）发展与开放的关系

统筹国内发展和对外开放是构建新发展格局的必由路径，也是深入实施区域发展战略的必然要求。我国的经济发展既要有效利用国际资本、技术和市场，又要关注国际经济形势和全球资源配置格局的变化，这就需要高度重视国内发展和对外开放的协调问题。

立足新发展阶段，贯彻新发展理念，构建新发展格局，必须继续毫不动摇地实施对外开放的基本国策。坚持用全球战略眼光观察和谋划国内发展与对外开放，努力实现我国经济社会高质量发展。要适应全球化发展新态势和我国改革发展新形势，积极参与国际经济技术合作和竞争，全面提高对外开放水平。要在充分发挥我国比较优势的同时，扩大高新技术产品出口，扩大具有自主知识产权、自主品牌的产品和服务出口，扩大附加值高的产品出口，提高加工贸易的产业层次并增强国内配套能力。要把引进外资同促进国内产业结构调整结合起来，通过利用外部资源促进国内技术水平和产业竞争力的提升。要把积极推进国际区域合作与国内区域合作结合起来，积极参与国际区域经济合作机制，加强对话与协商，深化双边、多边经贸合作关系。与此同时，要不断优化区域开放格局，提高各区域整体对外竞争力和发展活力。引导西南地区充分利用中国—东盟合作平台，将广东省、广西壮族自治区、云南省打造成我国面向东南亚南亚合作的核心区。支持西北地区加强与中亚、西亚国家合作，建设好新疆丝绸之路核心区，将西北地区的发展与向西开放紧密结合起来。支持东北地区加强面向东北亚区域合作。支持东部沿海地区继续率先开放发展和创新转型，加快21世纪海上丝绸之路建设，建设好福建21世纪海上丝绸之路核心区，走出一条更多依靠创新和转型实现区域经济发展的模式。

二、在策略层面需把握的若干重要关系

基于策略层面或政策角度，促进区域协调发展还需要处理好以下六个方面的关系。

（一）分类指导和一体联动的关系

分类指导和一体联动，是推进区域协调发展的两种有效手段。要坚持分类指导，提高区域政策针对性有效性，消除地区发展瓶颈制约，增强区域核心竞争力。同时，要促进一体联动，实现资源要素取长补短、优化配置，克服不良竞争，实现错位、协调发展。

分类指导是促进区域协调发展最重要的思路与原则。我国幅员辽阔、人口众多，各地区自然、经济、社会发展条件差异显著，推进区域发展必须因地制宜、分类指导，以充分发挥各地区的比较优势，形成合理分工基础上的有序发展，增强区域核心竞争力，推动形成优势互补高质量发展的区域经济布局。分类指导在空间指向上必然要突出重点，从各区域板块的实际出发制定相对独立的区域政策和区域规划。但这些区域规划和政策文件的制定又不是彼此孤立和相互隔绝的，而是根据国家战略方向，依据国民经济和社会发展总体规划制定的，是国家整体意志在局部的体现和落实，是推进"全国一盘棋"战略的有效途径、重要载体和具体步骤。也就是说，分类指导的区域政策与宏观政策是相互衔接、互为补充的，不存在所谓"碎片化"问题。不仅如此，它还有效解决了在实施一盘棋战略中容易出现的"一刀切"问题。近年来，我国东中西部区域增长格局发生历史性转变，一大批区域增长极陆续涌现，区域经济发展呈现出前所未有的活力与创造力，在实践上证明了分类指导的区域政策的科学性。未来应继续把分类指导作为制定区域政策的核心要求和基本出发点，在把握国家战略方向的基础上，坚持从各地实际出发，设定不同发展目标，提出不同任务要求，采取不同政策措施。

一体联动是促进区域协调发展的重要路径和有效手段，能够克服各自地域和条件的局限，在更大范围内利用和配置资源要素，实现资源要素的取长补短、优化配置，并有效拓展发展的空间；能够促进各个地区实现合理分工，避免造成资源重复配置和市场恶性竞争，实现错位发展、协调发展，做强做大比较优势，提高整体竞争力和综合发展能力；还能够将先进地区的思想理念、管理方式、先进技术、优秀人才以及高水平的公共服务等，通过适当形式传输到同一区域里相对落后的地区，提升这些地区追赶的速度和质量。简言之，对于发展较好的地区来说，一体联动可以拓展更大的发展空间，而对于相对落后的地区来说，不仅可以借力外部资源、技术，对接先进体制、规则，还能够把强有力的竞争对手转变为紧密的合作伙伴，从而加快自身发展。

实践中，处理好分类指导和一体联动的关系，要在两方面下好功夫：一是实施好一些重大的一体联动协同发展战略；二是推动各个地方深入开展各种形式的开放合作。近些年来，各地基于优势互补各种形式的合作由浅入深逐渐拓展，取得明显成效和丰富经验。应认真总结和运用已有的好经验及做法，深入开展各种形式的合作，从资源要素有序流动、产业体系协作共兴、科技创新协同发展、基础设施互联互通、生态环境联防联治、公共服务共建共享、制度创新衔接推广等方面入手，促进全方位、多层次、多领域的合作联动，并以此为基础推进区域一体化进程。各地区要全面放下思想包袱、转换思维模式，做到真心实意"联"、积极主动"融"和丝丝入扣"合"。

（二）单个区域战略实施和各战略互动融合的关系

制定实施区域重大战略的目的是实现国家战略目标和提升对区域发展的引领带动能力，每一项区域重大战略的制定都是依据特定区域的自然环境、当前基础、主要矛盾和国家全局对该区域的需求等因素制定的。因此，它们的基本目标、战略定位、主要任务和基本政策安排都各不相同，这种不同是"因区制宜"的必然选择，也是体现战略实施目标的必然要求。但如果囿于实施单个战略，而不注重区域重大战略间的互动融合，就会造成战略分割和政策极差，进而带来新的区域发展不平衡甚至加剧地区分化。

党的十八大以来，中共中央推动实施了一系列区域重大战略。2014年提出京津冀协同发展战略，重点在于疏解北京"非首都"功能，打破行政区划分割壁垒，推动要素有序流动和资源合理配置，探索经济和人口密集地区优化发展的路径及模式。2016年提出了长江经济带发展战略，明确了共抓大保护、不搞大开发的战略导向和生态优先、绿色发展的战略定位，全面推动长江经济带高质量发展。2018年提出了粤港澳大湾区建设战略，旨在让香港和澳门在更好融入国家发展大局中获得更广阔的发展空间，进一步提升粤港澳大湾区在国家经济发展和对外开放中的支持引领作用。2018年还提出了长江三角洲区域一体化发展战略，重点围绕高质量发展和一体化，加强不同层级地区、行业和领域间全方位协同互动，积累推广区域一体化和同城化发展的先进经验。2019年提出了黄河流域生态保护和高质量发展战略，旨在加强黄河流域生态环境保护，保障黄河安澜，推进水资源节约集约利用，推动高质量发展，将黄河打造成为造福人民的幸福河。2020年提出成渝地区双城经济圈建设战略，旨在推动都市圈城市群协同联动和城乡融合发展，打造带动全国高质量发展的重要增长极和新的动力源。区域重大战略充分考虑了我国国土空间类型多样、区域经济社会发展差别巨大的客观实际，明确了不同区域的差异化战略目标和发展导向，战略指导性和问题针对性强，战略实施体系和保障机制健全，对于促进不同战略区域高质量发展，扎实推动中国式现代化建设具有重大支撑作用。

但是，有着明确区域指向的单个区域战略，也为各战略间的相互隔断提供了潜在条件。如果对其简单封闭实施有可能造成各自为战或各司其政的问题。前者会使一些地区囿于圈中陷入自我循环境地，并在相互独立运作中使战略差别演变成为"战略分割"；后一种情况则阻碍了相关政策在地区间的融通和灵活运用，形成了地区间的"政策极差"。"战略分割"将导致生产要素自由流动直接受到限制，一些基于先行先试所形成的经验与做法得不到及时扩展，而规则、规制、管理标准等制度性要素开放也面临障碍等后果；而"政策极差"必然带来地区发展环境的差异、所得红利的悬殊，造成各地区发展机会的不均等和发展权利的不平等。也就是说，两者都可能给区域发展带来新的不平衡，也可能带来不合理的地区分化。促进各区域重大战略间的融合互动、融通补充，形成战略合力，有利于实现区域高质量发展与高水平均衡的有机统一，不仅能够更充分地激发每一个重大战略的潜能，助力各相关地区发展进程，而且有利于解决各自为战形成的诸多问题，促进区域协调发展和全面提升。

推进区域重大战略互动融合，要把握好三个关键。一是在总体上要确立战略间的开放性和贯通性，在区分一般原则和特殊规定、总体要求和定向指导、普遍赋予和特别授权的前提下，所有区域重大战略所体现的思路和要求都应向其他地区开放，包括向尚无区域重大战略覆盖的地区开放，允许甚至鼓励各个地区对体现市场经济本质要求与经济发展规律的制度、规则等自主吸收借鉴和移植复制。二是应最大限度保障战略间政策利好的平衡性，避免通过战略规划及其实施方案赋予经济发达地区直接的政策优惠或明确的财政金融等支持，同时应把对发达地区赋予的改革开放先行先试的权利主要集中于风险很大、成本较高、前景不明的事项上，切忌泛化。一旦探索成功，就应该允许全国各地区自主运用或自由复制，以此最大限度地控制由政策极差形成的马太效应。三是推动并实现国家区域重大战略的互动融合，需要强有力的组织机构推动和长效机制保障。当前不少区域已经形成了卓有成效的区域合作机制，这种机制同样可用于推动区域之间各重大战略的联动，不需要另起炉灶、从头做起。考虑到区域战略对一个地区的特别重要性，合作交流机构应该以实施这些战略为抓手，统领整个区域的合作交流工作。在吃透各区域重大战略精神实质的基础上，对建设目标、定位、任务、举措等各方面进行精心梳理，形成操作清单，以适当的机制促进各战略在地区间的融合互动，让所有的地区都能享有区域重大战略所带来的利好。

（三）维护市场竞争公平性和强化对特殊地区支持的关系

追求公平正义是社会主义制度的核心要求，也是市场经济的本质规定。推进区域协调发展，必须恪守公平公正原则，把其作为制定各项政策的出发点。但与此同时，要继续强化对特殊地区的支持。社会主义制度是追求公平正义的制度，建设市场经济也必须维护市场竞争的公平性。保障市场公平、公正和有序运行，这是毋庸置疑的，但据此质疑甚至否定区域战略中对一些特殊地区的支持，却是不正确的。一种比较有代表性的观点认为，目前国家对一些区域实施的支持性优惠政策，妨碍了市场公平竞争，破坏了统一市场规则，应予以废止。实际上这是一种误解。

从过去的实践看，在区域战略层面实施支持性优惠政策大体有两种情况。一种是对欠发达地区，特别是"老少边穷"地区实行的所得税优惠等政策。比如对西部地区实行 15% 的所得税优惠政策，对赣闽粤原中央苏区所采取的相关优惠政策等。对这些地区加以支持，既是改变其贫困落后面貌的需要，又是推进基本公共服务均等化的需要。从一个方面来说，这些地方基础差、底子薄、发展相对滞后，单靠自身努力很难改变其生产生活状况落后于全国平均水平的状态，必须依靠国家政策支持，加快缩小其与发达地区的发展差距，争取与全国其他地区同步基本实现现代化。从另一个方面来说，加大对欠发达地区的支持力度，恰恰是为了体现平等公正的原则。市场公平性的核心内容是机会均等、发展权利均等。长期以来，为了支持工业的发展、支持城市的发展、支持沿海地区率先发展，农村、中西部地区作出了重要贡献，如农产品的低价销售、土地和劳动力等生产要素的廉价供应等。大部分农村、中西部地区仍然是欠发达地区，对这些地区的发展给予积极的、适当的支持，实际上是一种有限的补偿。也就是说，在基本公共服务的提供上，区域间存在着严重的不平等，政府对·农村、中西部地区所提供的公共服务远逊于城市、东部地区。因此，对欠发达地区的支持，特别是在提供基本公共服务方面的支持，其实是一种必要的"还账"，是体现社会主义市场经济公平公正原则的必然要求。而且，在已经存在较大地区差距的情况下，仅靠市场机制是难以实现缩小区域差距、促进区域协调发展的。必须发挥政府的作用，通过必要的政策支持等手段来加快解决地区差距过大的问题。这种做法不仅不违背市场的公正性，而恰恰是追求公正性和保证发展权利均等化的体现。实践表明，正是通过强有力的区域政策，扭转了长期以来经济增长速度东高西低的状况和地区差距不断扩大的趋势，为促进区域协调发展奠定了坚实的基础。还要强调的是，包括欠发达地区在内的特殊类型地区等需求潜力巨大，蕴藏的发展潜力也十分巨大，以适度的优惠政策激发这种需求、激活这种潜力，进而发挥这些地区的"后发优势"，对于促进经济稳定增长、实现社会大局的持续稳定，是十分重要和必要的。另一种情况是对一些发展改革实验区和示范区实行的某些优惠政策。比如对横琴的粤港澳合作示范区、前海深港现代服务业合作区、平潭综合实验区实行了一些税收优惠政策。这些实验区和示范区是探索发展改革，特别是优化区域协调发展路径与方式的实验平台。在政策设计上，既考虑了实验主题的需要，也考虑了周边环境、国际通行做法和改革探索的要求。这类实验区和示范区的一部分设立在条件较好的经济发达地区，但这与对发达地区全面实行优惠政策完全不同。这种优惠政策实际上是一种先行先试政策，其目的在于改革创新、积累经验、摸索道路、提供示范。

因此，在制定实施区域发展战略过程中，必须坚持从实际出发，始终注重维护市场的公平性，保证各地区和全体劳动者能够享有平等的发展机会，获得均等化的基本公共服务；同时，必须坚持分类指导，对处于不同发展阶段的地区给予差异化的政策支持，并基于试验示范的要求给予相关试验平台以特殊的政策安排。

（四）制定实施跨区域发展战略和着力缩小区域政策空间单元的关系

由国家主导制定区域发展战略规划，是推进区域协调发展的一个重要特色和手段。近年来，国家主导制定区域规划的重点放到跨省区、跨大区域层面，加强对西部、东北、中部、东部四大板块发展的统筹协调，推动沿大江大河沿边沿海和沿重要交通干线的经济带建设。第一，从事权看，编制跨省区、跨大区域的区域发展规划，是地方政府包括省级政府难以推动的，应由国家承担。但我国地域辽阔、区情复杂、行政层级众多、区域板块大小交错，国家很难包办所有层级和区块的区域规划制定。第二，从现实基础看，这些年国家组织制定了一系列各种类型的区域规划，不仅基本覆盖了各个省区和重点地区，而且为进一步细化区域规划的制定打下了基础、提供了示范。随着京津冀协同发展、长江经济带发展、粤港澳大湾区建设、长三角一体化发展、黄河流域生态保护和高质量发展等重要战略的推出，国家重点组织跨省区、跨大区域层面区域规划制定的特点和成效都已得到明显体现。

但如果据此认为国家只能制定跨省区、跨大区域的区域规划，就不那么正确了。各个地区自然、经济、社会发展条件差异显著，这种基本国情决定了必须细化区域规划和区域政策单元。从理论上说，区域板块越细分，区域规划的指导性、针对性就越强，也越能精准发挥各个地区的比较优势，解决其所面临的瓶颈制约。所以必须进一步细化区域规划的空间板块，进一步缩小区域政策单元。从这个意义上讲，仍然要根据各自具体情况组织编制各省域内的区域规划。一般逻辑是，国家重点组织编制跨省区、跨大区域的区域规划，省级政府重点组织编制跨地市行政区的区域规划，以此类推，一直细化到最必要的空间板块的规划编制，形成多级联动、各负其责、一体贯通的区域规划研究制定工作局面。必须指出的是，一些关乎改革发展大局的重要功能区和试验区的规划及方案，尽管地处省级行政区内，但仍需国家组织制定或指导制定，是属于国家的事权和职责。一是因为这些功能区和试验区承担着重大的改革发展使命，关乎全局，涉及长远；二是因为这些功能和试验区的许多突破性的先行先试政策需要国家相关部门研究并赋权；三是这些功能区和试验区的探索极具创新性，也极具风险性，需要国家统筹协调和指导推动。

（五）统筹区域空间布局和建立区际利益平衡机制的关系

各地区的水土环境、地质状况、资源禀赋等差别很大，应当把握各自的区情，最大限度地发挥自身比较优势。国家也应基于各地的具体情况，统筹进行区域空间布局，特别是产业布局。这体现了全国一盘棋的需要，有利于国家的发展和长治久安。从静态看，地方的发展格局和国家的空间布局是一致的，或者说地方意志和国家意志是统一的。但从动态看，一些地区的发展需求难免会与国家统筹区域空间布局的要求产生矛盾，在变化发展的外部环境和日趋激烈的竞争状态下，原有的地区比较优势可能会转换成比较劣势，从而产生适应外部条件构筑新的比较优势的需求。例如，粮食问题关乎民族生存和国家安全，为确保粮食安全，国家统筹布局，以区域资源禀赋为基础划定了一批粮食主产区。但粮食附加值低，主产区光靠种粮难以实现跨越式发展。为了加快实现现代化，粮食主产区必然要求"退农进工"，转向发展非农产业特别是附加值较高的产业。这种想法或做法，从局部看无可非议，但从全局看，国家粮食安全将得不到保障，国家长治久安也将面临威胁。这就提出了一个重大问题，如何既维护国家的统一空间布局，又使各地的发展水平不至于形成过大差距。对此，有必要采取合理方式对因承担全局职责而付出代价的地方进行补偿，也有必要采取有效措施支持这些地区加快发展。一方面，各相关地区应在不影响国家统一空间布局前提下，充分挖掘自身潜力和有效利用外部条件，努力提升产业发展水平和经济效益。比如，粮食主产区要探索在不牺牲农业和粮食生产的前提下，走工业化、城镇化和农业现代化协调发展的路子。另一方面，国家要推动建立区际利益平衡机制，对那些按照国家统一空间布局发展附加值相对较低产业的地区，给予合理的补偿和必要的支持。

对于促进区域协调发展而言，建立区际利益平衡机制已刻不容缓。从现实基础出发，要着力在两个方面进行探索。一是建立健全稀缺资源、重要农产品的价格形成和补偿机制，有效平衡输出地和输入地的利益关系。价格决定应以市场为基础，综合考虑国际国内水平、地区发展需要和社会承受能力。补偿机制可以是纵向财政专项转移的方式，也可以是横向对接的区域补贴方式，还可以把两者结合起来。二是探索市场化的生态补偿机制，促进毗邻地区和重点流域上下游地区建立环境保护与经济发展相协调的制度体系。在此基础上，还可以推动建立跨地区投资、产业转移等重大事项的利益分享机制，促进区域间在基础设施建设、产业升级等方面的良性互动。

（六）解决当前突出问题和构建长效机制的关系

换个角度看，促进区域协调发展的进程，其实就是处理和化解一个又一个矛盾与问题的过程。党的十八大以来，我国加大了促进区域协调发展的力度，创新实施区域重大战略，进一步完善支持西部大开发、东北振兴、中部崛起、东部率先发展的政策体系，推动我国区域协调发展取得了显著成效。但也要看到，当前区域发展中仍然存在不少矛盾与问题，包括城乡区域发展和收入分配差距仍然较大，基本公共服务地区、人群均等化程度不高，部分地区发展陷入"泥淖"境地，一些脱贫地区巩固拓展已有成果的基础不牢等。有些问题又一定程度影响到国家整体经济发展、人民生活改善及社会和谐稳定，必须采取有力的措施予以化解或停缓。

需要明白的是，有些区域问题是长期存在的"顽症"，有些看似新生的问题实际上是老旧问题的变异形态，或有着深层的体制根基。

因此，单靠一些应激性举措是难以有效消除或治理的，需要用制度和机制建设的方法来预防及化解。促进区域协调发展要不断取得实质性进展，从根本上说依赖于构建一套科学的制度体系。换言之，促进区域协调发展必须着力构建长效机制。通过它持续稳定化解区域发展出现的突出矛盾，遏制区域差距的拉大。这些年，立足于促进区域协调发展，国家从不同层面对构建长效机制作了一些探索，取得了初步成效。实践证明，相关体制机制较为健全的地方，制约区域协调发展的突出矛盾和问题就解决得比较好，区域发展的协调性就能持续增强。但长效机制建设难度较大，从实践看，这方面的工作仍比较薄弱。区域间一些基本利益关系还没有理顺，区域间利益协调机制还不健全，区域发展的法治建设还比较滞后，区域规划和政策文件的实施缺乏必要的法律保障，实质性的区域一体化进展缓慢。

面向社会主义现代化建设新征程，必须立足于解决当前紧迫问题和推动形成协调发展长期态势有机结合，强化体制机制建设，着力构建促进区域协调发展的坚实制度基础。应认真总结近些年制度建设方面的有益经验和成熟做法，积极加以完善推广。继续围绕促进区域协调发展的一些重大问题进行理论研究和实践探索，特别应加强促进区域协调发展的立法探索，逐步形成一套完整的区域发展法律法规体系。通过不断健全区域协调发展体制机制，不断完善促进区域协调发展的各项举措，加快形成统筹有力、竞争有序、绿色协调、共享共赢的区域协调发展新机制。

【作者系国家发展和改革委员会原副秘书长，中国国土经济学会首席专家、国家低空经济融合创新研究中心专家指导委员会主任】

健全现代化基础设施建设体制机制，
为经济发展赋能

陈文玲

党的二十届三中全会通过的《中共中央关于进一步全面深化改革、推进中国式现代化的决定》指出："到二〇三五年，全面建成高水平社会主义市场经济体制，中国特色社会主义制度更加完善，基本实现国家治理体系和治理能力现代化，基本实现社会主义现代化，为到本世纪中叶全面建成社会主义现代化强国奠定坚实基础。"在新发展阶段，贯彻新发展理念、构建新发展格局将贯穿整个社会主义现代化建设强国过程。在此背景下，中国经济发展的新动能表现在以下七个方面：

一是中国重回历史本位，成为拉动世界经济增长的主要动力。百年未有之大变局，最大的变化是东升西降、南升北降。中国道路、中国制度、中国主张、中国文化将奠定中国今后一百年甚至几百年的历史地位。

二是中国基础设施建设特别是数字化基础设施建设能力领先全球，为中国长周期发展创造了可持续利用的独特优势。党的二十届三中全会通过的《中共中央关于进一步全面深化改革、推进中国式现代化的决定》提出："健全现代化基础设施建设体制机制"。现代化基础设施是促进高质量发展的重要支撑，事关国家经济安全和经济运行效率，在扩大国内有效需求、促进形成国内统一大市场、满足人民群众对美好生活的需要等方面发挥着重大作用。

一方面，在硬基础设施方面，铁路网、高速公路网、高速铁路网、港口网、航空网、管道网，这些硬基础设施的网络形态已经形成。中国的基础设施建设走得早、走得快、走得好。铁路网、高速铁路网、高速公路网、港口网、航空网等硬基础设施建设已完全实现互联互通。

另一方面，在数字化基础设施方面，我们在以人工智能、大数据、云计算、生物技术研发的第四次科技革命到来的时候，我们已经和世界最先进国家比肩。北斗卫星、超算能力、5G 和 6G 网络体系、云服务体系、人工智能等软基础设施建设，即数字化基础设施建设，超常发展，并作为重大项目将在"十四五"期间走在世界的最前列，为中国经济未来实现数字化转型创造先发优势。前三次科技革命我们都是落伍者，现在中国正在构建的创新型国家、创新型社会、创新型企业、创新型机构、创新型人才。这些方面的兴起，将深刻地改变我们的工作方式和生活方式，从而引发区域经济格局的一系列变革。比如我们的移动通讯从 3G 突破到 4G，再到 5G 和 6G。我国移动通信实现了 2G 跟随、3G 突破、4G 同步、5G 引领的跨越发展，建成了全球规模最大、技术领先的移动通信网络。从 2012 年 12 月到 2023 年 6 月，我国网民规模从 5.64 亿增加到 10.79 亿，互联网普及率从 42.1% 提升至 76.4%。中国数字化基础设施世界领先，也会使我们的区域经济布局发生非常重大的变化。没有高铁的时候，我从石家庄到北京坐火车需要六个小时，现在高铁最快 1 小时 6 分钟，这就是时间换了空间。我们迎来高铁时代，我们迎来硬基础设施的网络时代和数字化基础设施的互联互通，使我们的区域格局发生质的变化。

再者，硬基础设施与数字化基础设施叠加，有助于打造智能电网体系、立体化智能化交通体系、畅通无阻的现代物流体系等。这样的基础设施体系，将支持中国未来几十年，甚至上百年的发展。

三是创新将成为中国经济高质量发展的最大驱动力。国家"十四五"规划和2035年远景目标纲要中，将创新的重大方向明确为面向世界科技前沿、面向经济主战场、面向国家重大需求、面向人民生命健康，明确全社会研发经费投入年均增长7%以上，战略性新兴产业增加值占GDP比重超过17%，2025年数字经济核心产业增加值占GDP比重提高到10%。锻长板、补短板，从技术到产业，中国创新按下快进键。

四是区域经济发展的崭新布局为中国经济持续发展提供了战略纵深。"一带一路"建设作为国家未来在区域实现内外互动、东西互进的重大战略，已得到了世界众多国家的响应。此外，西部大开发、东北振兴等按照方位板块提出的区域布局进一步得到提升；京津冀协同发展战略、粤港澳大湾区战略、长三角一体化发展战略、长江经济带发展战略、黄河流域生态保护和高质量发展战略等新的区域发展战略连续推出；国家级经济技术开发区、国家级高技术开发区、国家级保税港区、国家级综合改革试验区、国家级新区、国家开发开放试验区等特殊功能经济区已经形成。崭新的区域发展布局，将激发区域发展的巨大潜力，提升中国经济增长韧性。

五是超大规模市场和持续增长的消费能力将成为我国经济发展的最大红利。中国未来的最大潜力是市场红利。中国对全球投资最大的吸引力之一是超大规模市场优势，是持续增长的巨大的国内需求。

六是完备和超大规模的制造能力是中国作为大国的核心竞争力。2023年，我国制造业增加值占GDP比重26.2%，占全球比重约30%。同时，完备的制造能力也是我国将来军工能力提高的基础。

　　七是碳排放、碳中和将成为中国经济发展的新引擎。在"绿水青山就是金山银山"理念引领下，中国生态文明建设取得显著成就。同时，我国高度重视应对气候变化的国际合作，力争于 2030 年前实现"碳达峰"、2060 年前实现"碳中和"的自主贡献目标。

【作者系中国国际经济交流中心原总经济师】

必须坚持以新发展理念指导现代化建设实践

史育龙

习近平经济思想是习近平新时代中国特色社会主义思想的重要组成部分，是以习近平同志为核心的党中央领导我国经济发展实践的理论结晶。习近平经济思想坚持以辩证唯物主义和历史唯物主义的科学世界观方法论认识世界、改造世界，系统回答了新时代我国经济发展的历史方位、根本立场、指导原则、路径选择、鲜明主题、根本保证等一系列重大问题，构建起科学完备、逻辑严密的思想理论体系，是指导我们建设社会主义现代化国家的科学理论。

一、科学分析当代中国在社会主义现代化进程中的历史方位，作出一系列重大判断

习近平经济思想把马克思主义基本原理同中国具体实际相结合，立于时代潮头，洞察时代风云，把握时代脉搏，统筹把握中华民族伟大复兴战略全局和世界百年未有之大变局，科学分析我国社会主义现代化事业所处的发展阶段、面临的机遇挑战，作出了一系列重大判断，明晰了社会主义现代化建设新的历史坐标。

一是科学判断我国进入新发展阶段。正确认识现代化事业所处的发展阶段，是我们党明确阶段性中心任务并正确制定路线方针政策的重要前提，是党领导社会主义现代化建设不断取得新成就的宝贵经

验。党的十九届五中全会指出，全面建成小康社会、实现第一个百年
奋斗目标之后，我们要乘势而上开启全面建设社会主义现代化国家新
征程、向第二个百年奋斗目标进军，这标志着我国进入了一个新发展
阶段。新发展阶段是社会主义初级阶段中的一个阶段，同时也是其中
经过几十年积累、站到了新的起点上的一个阶段，是我们党带领人民
迎来从站起来、富起来到强起来历史性跨越的新阶段。中国已稳居世
界第二大经济体、第一制造业大国、第一大外汇储备国，经济实力、
科技实力、综合国力显著提升，实现中华民族伟大复兴进入了不可逆
转的历史进程，我们比历史上任何时期都更接近、更有信心和能力实
现这一目标。把握新发展阶段，是贯彻新发展理念、构建新发展格
局、推动高质量发展的认识基础和现实依据。只有深刻认识新发展阶
段的科学内涵，才能既准确把握发展中面临的重大任务，又坚定攻坚
克难的信心，在高质量发展中按照既定目标持续推进实现社会主义现
代化进程。

二是深刻揭示社会主要矛盾转化。善于把握事物矛盾运动的基本
规律，优先解决主要矛盾和矛盾的主要方面，是我们党在长期实践中
总结形成的重要方法。党的十九大报告指出，我国社会主要矛盾已经
转化为人民日益增长的美好生活需要和不平衡不充分的发展之间的矛
盾。一方面，人民美好生活需要日益广泛，不仅对物质文化生活提出
了更高要求，而且在民主、法治、公平、正义、安全、环境等方面的
要求日益增长，亟需在国家治理体系和治理能力现代化建设中充分体
现人民利益、反映人民愿望、维护人民权益、增进人民福祉，不断增
强人民群众的获得感、幸福感、安全感。另一方面，我国社会生产力
水平总体上显著提高，社会生产能力在很多方面进入世界前列，但发
展不平衡不充分的问题依然突出，这已经成为满足人民日益增长的美

好生活需要的主要制约因素。不平衡既包括城乡区域发展、产业结构、收入分配的不平衡，也包括物质文明与精神文明、人与自然发展的不平衡；不充分既包括实体经济、创新能力等方面发展的不充分，也包括市场竞争、潜力释放、有效供给和制度创新等领域发展的不充分。深刻把握社会主要矛盾变化，是明确新发展阶段经济工作的主要任务，增强践行以人民为中心的发展思想的行动自觉，推进区域重大战略和区域协调发展战略、扎实推动共同富裕的逻辑起点。

三是全面分析战略机遇期内涵条件变化。党的十六大提出，21世纪头20年是我国必须紧紧抓住并且可以大有作为的重要战略机遇期。2008年爆发的国际金融危机深刻改变了世界经济增长态势和发展格局，对发展战略机遇期如何判断，是谋划新时代我国现代化建设面临的重大问题。习近平总书记指出，我国仍然处于重要战略机遇期，但机遇和挑战都有新的发展变化，机遇和挑战之大都前所未有，总体上机遇大于挑战。一方面，加快经济结构优化升级、提升科技创新能力、深化改革开放、加快绿色发展、参与全球经济治理体系变革等，带来巨大的发展新机遇。另一方面，国内外形势深刻变化带来一系列新的挑战。从国内看，发展不平衡不充分问题仍然突出，重点领域关键环节改革任务仍然艰巨，创新能力仍然不完全适应高质量发展要求，特别是今年以来经济发展面临多年未见的有效需求不足、供给冲击加剧、市场预期不稳三重压力，困难和挑战明显增多。从国际看，百年变局与世纪疫情叠加交织，乌克兰危机严重冲击世界政治经济格局，大国博弈日趋激烈，全球安全、发展面临的困难和挑战显著增多。准确把握战略机遇期内涵条件变化，从危机中育新机，从变局中开新局，是坚定不移奉行互利共赢的开放战略、坚持社会主义市场经济改革方向和基本经济制度、以创新驱动发展全面塑造发展新优势、统筹发展和安全的重要基础。

二、科学回答建设社会主义现代化国家的时代课题，破解一系列发展难题

习近平经济思想以 21 世纪马克思主义的伟大思想引领我国社会主义现代化建设的伟大实践，科学回答了中国之问、世界之问、人民之问、时代之问，成功破解了新时代社会主义现代化建设面对的一系列难题，体现出强烈的问题意识和鲜明的实践导向，引领中国式现代化迈出新的坚实步伐。

一是以党的领导确保现代化的正确方向。面对风云变幻的世界经济大潮、复杂繁重的国内发展任务以及波谲云诡的风险挑战，党的坚强领导是经济社会持续健康发展的根本保证，是现代化建设始终沿着正确方向前进的根本保证。党的十八大以来，党领导经济工作的体制机制不断建立健全，党中央重大决策落实机制不断完善，党把方向、管大局、保落实的作用充分发挥。例如，党中央全会通过五年规划建议、国务院组织编制规划纲要草案、提请全国人大审查批准后组织实施，已成为规范化的工作程序。党中央重大决策部署通过这一程序，转化成为党领导人民团结奋斗的行动纲领、各级政府履职尽责的重要依据。党的领导落实到经济工作各领域各方面各环节，制度优势不断转化为治理效能。例如，我们发挥社会主义优越性特别是集中力量办大事的优势，解决了许多长期想解决而没有解决的难题，办成了许多过去想办而没有办成的大事，打赢了人类历史上规模最大、力度最强的脱贫攻坚战，如期全面建成小康社会，推动我国社会主义现代化迈向新征程。

二是以高质量发展夯实现代化的经济基础。因应我国历史方位、

发展阶段、社会主要矛盾、战略机遇期内涵等的深刻变化，以习近平同志为核心的党中央提出立足新发展阶段、贯彻新发展理念、构建新发展格局、推动高质量发展等一系列新理念新思想新战略，建立高质量发展的指标体系、政策体系、标准体系、统计体系、绩效评价和政绩考核办法，推动质量变革、效率变革、动力变革，建设现代化经济体系。党的十八大以来，面向实现社会主义现代化和中华民族伟大复兴的宏伟目标，以习近平同志为核心的党中央统筹推进"五位一体"总体布局，协调推进"四个全面"战略布局，为社会主义现代化建设发挥了重要引领作用。2021 年，我国国内生产总值超过 114 万亿元，人均国内生产总值超过 1.2 万美元，已经高于全球平均水平。我国的综合国力迈上一个新的大台阶，中华民族伟大复兴迎来了前所未有的光明前景。

三是以全面深化改革释放现代化的持久动力。面对传统发展动力后劲不足、传统发展模式难以为继的局面，以习近平同志为核心的党中央坚持用改革的办法解决现代化进程中的问题，坚持社会主义市场经济改革方向，充分发挥市场在资源配置中的决定性作用，更好发挥政府作用，加快建设高标准市场体系，打造市场化法治化国际化营商环境，推动构建全国统一大市场。目前，全国市场主体总量已超过 1.57 亿户。我们以创新驱动发展，推动数字经济持续健康发展，促进新一代信息技术为设备赋智、为企业赋值、为产业赋能，全面塑造现代化新优势。2021 年，我国的创新指数在全球排名从 2012 年的第 34 位提高到第 12 位，位居中等收入经济体首位，成为唯一进入全球前 30 位的中等收入经济体。新产业、新业态、新商业模式不断涌现，2020 年我国"三新"经济增加值占比突破 17%，增速比同期 GDP 高出 1.5 个百分点。充满生机与活力的社会主义中国正在大步迈向现代化。

四是以更高水平开放展现现代化的中国贡献。近年来，面对经济全球化遭遇逆流，单边主义、保护主义蔓延，我国经济发展环境的复杂性、严峻性、不确定性上升的新形势，我们坚定奉行互利共赢的开放战略，实施更大范围、更宽领域、更深层次对外开放，建设更高水平开放型经济新体制，推动共建"一带一路"高质量发展，设立自由贸易试验区、中国特色自由贸易港，连续四年成功举办中国国际进口博览会，促进内外市场联通、要素资源共享，让中国市场成为世界的市场、共享的市场、大家的市场。2021年我国国内生产总值占全球比重已由2012年的11.4%上升到18%以上，我国作为世界第二大经济体的地位得到巩固提升。这些年，我国经济对世界经济增长的贡献总体上保持在30%左右，成为世界经济增长的主要引擎。中国的现代化建设为世界经济源源不断注入了正能量。

三、科学构建中国式现代化的理论框架，形成一系列创新成果

习近平经济思想紧紧围绕实现中华民族伟大复兴这一党的百年奋斗主题，承前启后，继往开来，不断深化对中国实际、中国国情的认识，对我国社会主义现代化的分阶段战略安排、中国式现代化的鲜明特征、新征程上推进现代化的实践路径等作出创新性贡献，构建了中国式现代化的理论框架。

一是提出了全面建设社会主义现代化国家新征程的两阶段战略安排。新中国成立之初，我们党提出"四个现代化"，并谋划了按"两步走"来实现的设想。改革开放后，我们党提出"三步走"战略目标。进入21世纪，在人民生活总体上达到小康水平之后，党又提出"全

面小康"新的更高要求。党的十九大站在新的、更高的历史起点上，对实现第二个百年奋斗目标作出分两个阶段推进的战略安排。第一个阶段，到 2035 年基本实现社会主义现代化。第二个阶段，到本世纪中叶把我国建成富强民主文明和谐美丽的社会主义现代化强国。这丰富和发展了社会主义初级阶段理论，深化了对人类社会发展规律和社会主义建设规律的认识，明确了全面建成小康社会后，开启全面建设社会主义现代化国家新征程的阶段性目标和战略任务。

二是揭示了中国式现代化五个方面的鲜明特征。习近平总书记在党的十九届五中全会第二次全体会议上指出，我国建设社会主义现代化具有许多重要特征。中国式现代化不同于西方现代化，是人口规模巨大的现代化、全体人民共同富裕的现代化、物质文明和精神文明相协调的现代化、人与自然和谐共生的现代化、走和平发展道路的现代化。中国式现代化是马克思主义中国化时代化的重大成果，为全面建设社会主义现代化国家指明了前进方向，拓展了发展中国家走向现代化的途径，为广大发展中国家探索适合自身特点的现代化之路提供了可行的方法借鉴。

三是指明了实现社会主义现代化的必然路径。习近平总书记在 2022 年全国"两会"期间提出新时代党和人民奋进历程中形成的"五个必由之路"重要认识。"五个必由之路"对实现社会主义现代化具有重要指导意义。必须坚持党对现代化事业的全面领导，充分发挥党总揽全局、协调各方的领导核心作用，不断为中国经济平稳健康可持续发展提供更加坚强的政治保证。必须坚持现代化的中国特色和社会主义性质，坚定道路自信，一以贯之地推进中国特色社会主义伟大事业。必须坚持依靠人民团结奋斗创造现代化新的历史伟业，使各族人民"像石榴籽一样紧紧抱在一起"，凝聚起社会各方力量，画出最大同心圆。必须坚持以新发展理念指导现代化建设实践，进一步把握历史发展规律和发展大势，加强前瞻性思考，统筹国内国际两个大局，努力促进我国迈上更高质量、更有效率、更加公平、更可持续、更为安全的发展之路。必须坚持按照全面从严治党的要求走好现代化的新征程，强化底线思维、增强忧患意识，发扬历史主动精神，走好新时代的赶考路，将党中央决策部署贯彻到位、落实到位，为持续推进我国社会主义现代化保驾护航。

【作者系习近平经济思想研究中心主任，曾任国家发改委宏观经济研究院研究员、科研管理部副主任、城市和小城镇改革发展中心主任，本文首发于《机关党建研究》2022 年第 6 期】

以产业高质量发展推动质量强国建设的思考与建议

黄汉权

产业高质量发展是质量强国建设的重要保障。党的十八大特别是党的十九大以来，我国产业高质量发展取得积极成效，但与发达国家相比仍有较大差距，主要表现为产业基础能力薄弱、产业链处于全球分工中低端水平、区域产业结构仍不合理、绿色生产方式亟待提升、供给质量和效率不够高等。推动产业高质量发展是一项系统工程，要以建设现代产业体系为抓手，推进产业基础高级化和产业链现代化、优化区域产业布局、提高产业绿色发展水平、高水平推动产业开放合作，加快构建支撑高质量发展的产业政策，推动产业质量变革、效率变革、动力变革，更好满足人民日益增长的美好生活需要。

党的二十大报告提出了加快建设质量强国的战略目标。2023 年 2 月，中共中央、国务院发布了《质量强国建设纲要》，对建设质量强国进行了顶层设计和部署安排。产业高质量发展是质量强国建设的重要基础和关键支撑，只有产业实现高质量发展，质量强国建设才能根深叶茂。要全面把握产业高质量发展和质量强国建设的内在关系，客观认识存在的问题和面临的挑战，采取有效措施扎实推进，确保质量强国建设目标如期实现。

产业高质量发展是质量强国建设的基础和前提

产业高质量发展是提升产品、工程、服务质量的重要保障。产业高质量发展体现在产品和服务供给上，就是能够不断提供更好更优的产品、工程和服务，形成一批消费者信得过的品牌产品、工程和服务，不断满足人民日益增长的美好生活需要。可见，提升产品、工程、服务质量是产业高质量发展的应有之义。

产业高质量发展是增强产业质量竞争力的必由之路。产业高质量发展要求创新成为引领产业发展的第一动力、产业结构优化合理、生产方式绿色低碳、区域产业布局合理、产业链价值链处于全球分工体系的中高端水平、产品和服务国际竞争力强，这些恰恰是增强产业竞争力的主要抓手。

产业高质量发展是提高经济发展质量效益的关键举措。经济效益好是产业高质量发展的本质要求，也是质量强国建设的重要内容。比如，产业高质量和质量强国建设都要求培育拥有自主知识产权的品牌产品，产品具有明显的成本优势、质量优势或技术优势，能够以最小的投入获得最大的产出。

我国产业高质量发展取得的成效

党的十八大特别是党的十九大以来，伴随着我国经济由高速增长阶段转向高质量发展阶段，产业发展质量效益也明显提高，主要体现在以下方面。

产业规模较快增长。2012—2022年，我国工业增加值从20.9万亿元增长到40.2万亿元，年均增长6.1%；制造业增加值从16.98万亿元增加到 33.5 万亿元，占全球比重从 20% 左右提高到近 30%，从 2010 年开始连续 13 年位居世界首位。

产业结构不断优化。2012—2022 年，我国三大产业占 GDP 比重从 10.1∶45.3∶44.6 变为 7.3∶39.9∶52.8，服务业占比连续多年超过"半壁江山"。高技术制造业和装备制造业占规模以上工业增加值比重分别从 2012 年的 9.4%、28% 提高到 2022 年的 15.5% 和 31.8%。

产业创新能力增强。随着创新驱动发展战略和制造强国战略深入实施，我国一批重大关键核心技术取得突破，部分领域处于与世界先进水平并跑甚至领跑的地位。比如，我国新能源汽车、核电、光伏、风电等重点产业跻身世界前列，高速铁路、5G 通信、特高压等领域全球领先。

产业链供应链富有韧性。我国产业体系相对完整，拥有 41 个工业大类、207 个中类、666 个小类，是全球拥有联合国产业分类制造业门类齐全的国家，产业链供应链韧性较强，有效应对了逆全球化、新冠疫情、俄乌冲突的影响。

对外开放水平不断提高。我国对外开放已经从传统贸易开放转向制度型开放，"一带一路"倡议深入推进，同 26 个国家和地区签署了 19 个自由贸易协定，我国 21 个自由贸易试验区和海南自由贸易港建设进展顺利，对外货物贸易稳居全球第一，是 140 多个国家和地区的主要贸易伙伴，成为全球供应链的重要枢纽。

制约我国产业高质量发展的主要因素

也要看到，同发达国家相比，同高质量发展的要求相比，我国产业特别是制造业尚有较大差距，存在突出短板和明显弱项。

一是产业基础能力薄弱。我国基础研究投入强度不高，导致原创成果少，核心设备"缺芯少魂"问题突出，重点领域关键核心技术受制于人。根据中国工程院的研究，我国集成电路产业的光刻机、通信装备产业的高端芯片、轨道交通装备产业的轴承和运行控制系统、电力装备产业的燃气轮机热部件，以及飞机、汽车等行业的设计和仿真软件等产业基础能力弱，存在被"卡脖子"的隐患。

二是产业链整体处于全球中低端水平。改革开放以来，我国产业大多以嵌入方式融入全球产业链，在全球供应链中处于加工组装的中低端水平。近年来，受劳动力成本上升、资源要素价格上涨、环境约束增强、中美贸易摩擦等多重因素影响，企业经济效益不断下降，代工型产业发展模式已难以为继，必须转型升级才有出路。

三是区域产业发展持续分化。其一，南北发展差距拉大。自2012年以来，我国南方地区经济增长速度快于北方，且差距逐年拉大，全国经济重心进一步南移。2022年，北方地区经济总量占全国的比重下降到38%以下，比2012年下降5个百分点。其二，发展极化态势更加突出。产业、人口、要素进一步向城市群和大城市集聚，长三角、大湾区、京津冀、成渝地区成为高端要素集聚高地，但广大中西部地区和东北地区人口、资源流失严重，产业发展活力不足。

四是产业绿色发展方式尚未全面形成。在工业领域，二氧化硫、氮氧化物和烟粉尘等主要污染物的排放量占比仍然高达90%、70%和85%左右。在农业领域，面源污染问题仍未得到有效遏制。特别是广大中小微企业，工艺装备仍较落后，能耗、水耗和资源消耗相对较高，污染物排放量小面广。

五是供给质量与人民群众美好生活需求相比仍有较大差距。制造业大而不强、宽而不深、全而不精，战略性新兴产业规模还不够大，现代服务业不够发达，农业现代化短板突出，导致一方面中低端产能严重过剩，另一方面高端产品和服务供给严重不足。

推动我国产业高质量发展的对策建议

推动产业高质量发展是一个系统工程，要对标建设质量强国的要求，加快建设现代产业体系，着力推动产业基础高级化和产业链现代化，优化区域产业布局，提高产业绿色发展水平，促进产业链迈向全球价值链中高端水平。

一是加快建设现代产业体系。其一，着力发展先进制造业。顺应制造业高端化、智能化、绿色化趋势，着力增强制造业技术创新能力，积极运用新技术新业态新模式改造提升传统产业，推动先进制造业和现代服务业融合发展，重塑优势产业竞争新优势，打牢我国制造业的基本盘。其二，培育壮大战略性新兴产业，把握新一轮科技革命和产业变革的机遇，大力发展和构建新一代信息技术、人工智能、生物技术、新能源、新材料、新能源汽车、高端装备、绿色环保等一批新的增长引擎，开辟新赛道，发展新产业，形成新动能。其三，加快发展现代服务业，围绕先进制造业、现代农业发展需要，推动一二三产业融合发展，加快发展研发、设计、咨询、专利、品牌、物流、法律、金融等生产性服务业；围绕更好满足人民高品质生活的需要，加快发展健康、养老、育幼、文化、旅游、体育、家政、物业等生活性服务业。其四，扎实推进农业现代化，按照供给保障强、科技装备强、经营体系强、产业韧性强、竞争力强的要求，加快建设农业强国。

二是推进产业基础高级化和产业链现代化。精准识别我国重要产业链的短板，找准"卡脖子"技术瓶颈，通过高水平实施产业基础再造工程，突破基础元器件、基础材料、基础工艺、基础软件等制约产业发展的共性和基础技术瓶颈，加快提升产业基础能力。深入实施重大装备制造攻坚工程，加强设备系统集成攻关，下大力气研发如工作母机、电子制造装备、智能检测装备等"短板"关键装备，力争尽快取得突破。打好产业补链强链延链攻坚战，推进优势产业延链，钢铁、石化、机械、轻纺等传统优势产业链向价值链高端升链，加快信息智能、生物技术、高端装备制造、新材料、新能源等新兴产业向上下游延展建链。

三是优化区域产业布局。立足区域禀赋差异，以特色产业集群为抓手，推动形成彰显优势、高质量发展的区域产业布局。以粤港澳大湾区、长三角、京津冀、成渝、长江中游城市群等为重点区域，以国家级产业园区为主要载体，以电子信息、高端装备、汽车、智能制造等行业为重点领域，建设具有影响力的世界级现代产业集群。支持中西部和东北地区精准承接产业转移，鼓励外资企业在中西部地区布局，从基础设施建设、税收优惠、信贷支持、人才引进等方面给予中西部地区更大支持力度，增加中西部地区引资、引企、引人的吸引力，培育建设一批优势特色产业集群。鼓励资源型城市加快转型发展，巩固提升资源深加工产业链的同时，着力培育接续替代产业，培育新兴产业集群。

四是提高产业绿色发展水平。加强绿色生产工艺研发、节能环保技术、再制造技术研发，鼓励企业强化绿色低碳技术的创新和应用，加快节能关键技术、重大环保技术装备、资源综合利用适用技术装备等成熟绿色制造工艺技术与装备在各行业各领域的推广应用。推动制造业绿色化发展，打造清洁生产、达标排放、低碳循环产业链，构建绿色工业体系；推动农业生产资源利用节约化，生产过程清洁化，废物处理资源化和无害化，产业链接循环化；大力发展低消耗、低污染的服务业，培育新能源、可再生资源等战略性新兴产业和节能环保产业。

五是高水平推动产业开放合作。按照我国开放重点从传统的商品、服务开放转向制度型开放的要求，提高产业对外开放水平，提升我国在全球产业分工地位。一方面，要高水平"引进来"，以自由贸易试验区、海南自由贸易港、国家重点开发试验区为重点，全面落实准入前国民待遇加负面清单管理制度，引导外资更多地进入先进制造业、战略性新兴产业和现代服务业。另一方面，要全方位"走出去"，支持有能力的企业完善全球化布局，深度参与全球产品研发设计、采购、生产、销售和服务，积极参与国际标准、规范和国际规则制定，培育一批拥有国际话语权的供应链核心企业。积极推动产业链供应链安全国际合作，保障关键战略性原材料和初级产品供应安全。

六是完善支撑高质量发展的产业政策。坚持问题导向和目标导向，聚焦制约产业高质量发展的痛点堵点，完善相关产业政策。强化竞争性政策的基础地位，推动实施以功能性政策为主的产业政策，主要聚焦市场失灵领域发力。完善产业政策支持方式，支持重点要从支持竞争性的生产环节转向支持前端的研发设计、中端的绿色生产方式、后端的市场消费，支持方式要从过去的事前补贴，转向税收优惠、事后奖励为主；支持对象方面要加大对"专精特新"小巨人和"隐形冠军"企业的支持。要按照建设高标准市场体系的要求，落实公平竞争审查制度，清理废除妨碍统一市场和公平竞争的各种规定和做法，促进生产要素在城乡、地区、行业、企业间自由流动与优化组合。

【作者系中国宏观经济研究院（国家发展和改革委员会宏观经济研究院）院长】

新发展阶段全面推进城乡融合高质量发展

魏后凯

城乡融合发展是现代化的重要标志，也是全面推进中国式现代化、实现全体人民共同富裕的必然要求。在新发展阶段，全面推进城乡融合发展，加快实现城乡共享共荣，事关国家现代化战略全局。习近平总书记高度重视城乡融合发展，多次在不同场合发表了一系列重要讲话，系统阐述了推进城乡融合发展和一体化的意义、目标、路径和制度保障，强调要构建新型工农城乡关系，推动城乡共享发展，走城乡融合发展之路。在 2017 年 12 月召开的中央农村工作会议上，习近平总书记深刻阐释了中国特色社会主义乡村振兴道路，即走城乡融合发展之路、共同富裕之路、质量兴农之路、乡村绿色发展之路、乡村文化兴盛之路、乡村善治之路、中国特色减贫之路。2018 年 9 月 21 日，习近平总书记在主持中共十九届中央政治局第八次集体学习时进一步强调："要把乡村振兴战略这篇大文章做好，必须走城乡融合发展之路。"坚持走城乡融合发展之路，是习近平总书记关于城乡融合发展论述的理论精髓和核心要义，也是习近平经济思想的重要组成部分和马克思主义政治经济学的重要创新成果，进一步丰富了马克思主义城乡关系理论，充分体现了以人民为中心和城乡发展一体化的思想，为新发展阶段全面推进城乡融合发展，实现乡村全面振兴提供了根本遵循和行动指南。

一、把握城乡融合发展的科学内涵

城市与乡村是一个互促互进、共生共存的有机整体。城乡融合和一体化是与城乡分割或城乡二元相对应的概念，它是经济社会发展到一定阶段的产物。进入新世纪以来，随着国家综合实力的增强和发展阶段的变化，我国开始把推进城乡融合发展和一体化提上重要日程。早在 2003 年 10 月召开的中共十六届三中全会上，中央提出了"统筹城乡发展"的要求，并把其列为"五个统筹"之首，强调要建立有利于逐步改变城乡二元经济结构的体制。2012 年 11 月，党的十八大明确提出了"推动城乡发展一体化"，强调要加大统筹城乡发展力度，促进城乡共同繁荣。2017 年 10 月，党的十九大进一步强调"建立健全城乡融合发展体制机制和政策体系"，这是中央文件首次提出"城乡融合发展"的概念。从"统筹城乡发展"到"城乡发展一体化"，再到"城乡融合发展"，既反映了中央政策的一脉相承，又符合新时代的阶段特征和具体要求。

统筹城乡发展、城乡发展一体化和城乡融合发展三个概念既有区别，又有联系。从区别看，统筹城乡发展强调政府的统筹作用，各级政府是城乡统筹的主体，统筹推进城乡资源合理配置和协调发展是政府应有的责任；城乡发展一体化强调城乡发展的一体化目标，旨在推动实现城乡规划布局、基础设施、产业发展、公共服务、环境保护和社会治理一体化；而城乡融合发展更加强调城乡双向融合互动和共建共享，是对统筹城乡发展和城乡发展一体化思想的继承和升华，也是实现城乡共荣和一体化的重要途径，其表述更加符合现阶段的发展特征。从联系看，三者均把城市与乡村看成一个有机整体，强调二者不可分割，体现了城乡发展共同体的理念，其最终目标是促进城乡要素自由流动、平等交换和均衡配置，推动形成城乡良性互动、深度融合、协调发展、共同繁荣的新格局。这三个概念是从不同视角和语境对城乡关系的内涵表达，三者之间并非是一种简单的替代关系，而是一种可以并存的包容关系。近年来一些中央文件先后或同时使用了城乡统筹、城乡发展一体化、城乡融合发展的概念。比如，2019年4月15日发布的《中共中央　国务院关于建立健全城乡融合发展体制机制和政策体系的意见》，在不同语境下就同时使用了统筹城乡发展、一体化发展、城乡融合发展三个概念。

城乡融合发展内涵丰富，具有综合性、互补性和多元性三个基本特征。从综合性看，城乡融合是一个多层次、多领域、全方位的全面融合概念，包括城乡要素融合、产业融合、居民融合、社会融合和生态融合等方面内容。城乡融合发展的本质就是通过城乡开放和融合，推动形成城乡互补互促互利互融、共建共享共荣的发展共同体，这一城乡发展共同体包括城乡教育共同体、医疗卫生共同体、文化共同体、生态共同体和产业共同体等。从互补性看，城市与乡村作为两种不同类型的地域综合体，二者在功能定位、人口分布、产业活动、聚落形态、文化特色等方面均具有明显的差异，需要在功能定位和产业发展上实现互补。不同于作为经济活动中心和非农产业集聚地的城市，乡村主要承担保障粮食安全和农产品供给、提供生态产品、传承农耕文明等功能。这种城乡互补性是城乡融合发展的基础和前提。从多元性看，中国国土辽阔，各地区自然条件、资源禀赋、社会经济特征和发展阶段等差异较大，一定要立足区情、因地制宜，积极探索各具特色的城乡融合发展模式和路径，走多元化的城乡融合发展之路，切忌不顾区情地简单复制，更不能照搬照抄国外和其他地区的模式。

二、加快构建新型工农城乡关系

正确处理好工农城乡关系是全面推进中国式现代化的内在要求。在现代化的进程中，城乡关系的演变具有自身的规律性。从国际经验看，随着经济社会发展和城镇化的推进，城乡关系演变大体经历了从二元分割到城乡融合，从"农业支持工业、农村支持城市"到"工业反哺农业、城市支持农村"的重要转变，城乡差距则出现了从扩大到稳定，再到逐步缩小的"倒 U 型"变化过程。伴随着城乡差距的变化，城乡贫困治理格局也随之发生重大转变。一般地讲，在发展初期阶段，贫困问题主要集中在农村，农村贫困治理成为国家贫困治理的主旋律；在中期阶段，随着城镇化进程中城市贫困问题的出现，城市和农村贫困问题同样重要，统筹城乡贫困治理开始提上日程；在后期阶段，随着城乡居民收入的均衡化，一些国家农村居民收入甚至超过城市居民，贫困问题主要集中在城市，城市贫困治理开始成为反贫困的核心主题。这也是当前一些发展中国家主要关注农村贫困治理，而一些发达国家主要关注城市贫困治理的根本原因。当前，虽然我国已经消除现行标准下的农村绝对贫困，但未来统筹城乡相对贫困治理的任务依然十分艰巨。

我国城乡关系的演变也经历了由二元分割逐步走向城乡融合的过程，目前已经越过了"倒 U 型"转变的拐点，进入城乡差距持续稳定缩小的发展阶段。早在 2005 年，当中国人均国内生产总值达到 1754 美元时，中央就提出我国总体上已进入以工促农、以城带乡的发展阶段，启动实施了社会主义新农村建设，实行工业反哺农业、城市支持农村和"多予少取放活"的方针。2015 年 4 月 30 日，习近平总书记在主持中共十八届中央政治局第二十二次集体学习时进一步强调："当前，我国经济实力和综合国力显著增强，具备了支撑城乡发展一体化物质技术条件，到了工业反哺农业、城市支持农村的发展阶段。"这一系列重要判断，符合世界城乡发展的一般规律和中国实际，也为后来国家政策由城市偏向转向农村偏向提供了坚实的科学基础。自 2004 年以来，中央连续发布 20 个一号文件聚焦"三农"，强调"三农"问题的重要地位，坚持农业农村优先发展，制定实施了一系列强农惠农政策，推动城乡关系由二元分割走向融合发展。在国家政策的有力支持下，近年来我国城乡差距已经出现持续稳定缩小的趋势，到 2022 年城乡居民人均可支配收入之比下降到 2.45，比 2012 年下降了0.43。

城乡融合和一体化是经济社会发展的结果，也是城乡关系演变的高级阶段。当前，我国已经进入重塑城乡关系的新时期，在全面建设社会主义现代化国家的新征程中，亟须加快构建符合共同富裕目标要求的新型工农城乡关系。事实上，随着经济形势和发展阶段的变化，我国对新型工农城乡关系的认识也在不断深化。2013 年，中共十八届三中全会通过的《中共中央关于全面深化改革若干重大问题的决定》就明确指出："必须健全体制机制，形成以工促农、以城带乡、工农互惠、城乡一体的新型工农城乡关系。"2017 年 12 月召开的中央农村工作会议进一步强调，要坚持以工补农、以城带乡，推动形成工农互促、城乡互补、全面融合、共同繁荣的新型工农城乡关系。在2020 年 12 月召开的中央农村工作会议上，习近平总书记对这一表述进行了微调，将"全面融合"改为"协调发展"，提出要"强化以工补农、以城带乡，加快形成工农互促、城乡互补、协调发展、共同繁荣的新型工农城乡关系"。新型工农城乡关系的内涵表达更加准确科学，更加符合新发展阶段的时代要求。

构建新型工农城乡关系，必须坚持以工补农、以城带乡，让广大农民更多分享改革发展和现代化成果，促进城乡共享发展。2013 年 11 月，习近平总书记在《关于〈中共中央关于全面深化改革若干重大问题的决定〉的说明》中指出要"让广大农民平等参与现代化进程、共同分享现代化成果"；2015 年 4 月，他在中共十八届中央政治局第二十二次集体学习时又强调，要"让广大农民平等参与改革发展进程、共同享受改革发展成果"；同年 12 月 20 日，他在中央城市工作会议上进一步强调，"要坚持工业反哺农业、城市支持农村和多予少取放活方针，推动城乡规划、基础设施、基本公共服务等一体化发展，增强城市对农村的反哺能力、带动能力，形成城乡发展一体化的新格局"。推进城乡融合发展和一体化，就是要在坚持城乡地位平等的基础上，通过资源共享、发展机会共享、公共服务共享和发展成果共享，逐步缩小城乡差距，实现城乡的共同富裕与繁荣。这种城乡共享发展，既是中国特色社会主义的本质要求，也是城乡融合发展和一体化的重要特征。

三、创新城乡融合发展体制机制

近年来，我国城乡融合发展快速推进，取得显著成效，但总体上看，过去长期形成的城乡分割体制机制尚未从根本上消除。如一些超大特大城市仍存在就业户籍限制，城市居民迁往农村尚缺乏制度性安排；土地市场城乡分割，房地产市场不完整，目前还主要是城市市场；城乡基本公共服务制度尚未完全接轨，绝大部分地区城镇与农村居民低保双轨运行，城乡居民与城镇职工、事业单位医疗、养老保险相差较大。在新形势下，深入推进城乡融合发展，必须锚定实现全体人民共同富裕的长远目标，全面深化城乡综合配套改革，建立完善城乡统一的户籍登记制度、土地管理制度、就业管理制度、社会保障制度以及公共服务体系和社会治理体系，促进城乡各项体制全面并轨，变城乡二元分治为城乡并轨同治，推动城乡居民基本权益平等化、城乡公共服务均等化、城乡居民收入均衡化、城乡要素配置合理化及城乡产业发展融合化，实现城乡共建共享共荣。

在土地制度改革方面，要按照城乡融合和一体化的要求，从根本上破除城乡分割的二元结构，加快建立城乡统一的土地市场。一是加快建立城乡统一的建设用地市场。在现有《城镇国有土地使用权出让和转让暂行条例》基础上，统筹城镇国有和农村集体建设用地管理，尽快制定出台相关条例，确定和规范集体经营性建设用地入市程序和收益分配，建立城乡统一的建设用地征收补偿办法，完善城乡建设用地使用权出让、转让、出租、抵押交易规则，鼓励各地因地制宜探索多元化的农村集体经营性建设用地入市模式。二是切实保障农民宅基地用益物权。宅基地是农村集体建设用地的主体。要深化农村宅基地改革试点，在"三权分置"框架下完善强化宅基地各项权能，赋予宅基地使用权和农房所有权完整的用益物权，在继承、流转、抵押、交易等方面拓展产权权能。三是建立城乡统一的土地交易平台。在确权登记发证的基础上，将农民承包地、集体经营性建设用地、宅基地、林地使用权等纳入全国统一的土地管理信息系统和交易平台，规范交易程序，促进农村集体土地合理有序流转。

在要素平等交换方面，要遵循市场经济规律，加快建立市场化的要素价格形成机制，尽快取消各种不合理的行政干预和限制性规定，切实保障农民在劳动、土地、资金、技术等要素交换上获得平等权益，实现城乡居民权益平等和要素报酬均等。一是保障农民工同工同酬。关键是深化城乡就业和劳动报酬制度改革，消除各种城乡不平等的规定，使进城农民工在就业服务、技能培训、劳动报酬、福利待遇等方面享有同城镇职工同等的劳动报酬权益。二是保障农民公平分享土地增值收益。重点是完善和落实农村承包地承包经营权、宅基地使用权各项权能，同时将集体建设用地中的工业、商业、旅游、商品住宅等经营性用地纳入出让转让使用轨道，建立城乡统一的经营性建设用地有偿出让转让使用制度，加快推进农村集体经营性建设用地同等入市，实现其与国有建设用地同权同价，提高农民在土地增值收益中的分配比重。三是保障金融机构农村存款主要用于农业农村。长期以来，农村居民储蓄存款资金通过银行系统大量流向城市和非农产业，导致农民贷款难、贷款贵、贷款慢。破解这一难题需要多管齐下，既要引导县域金融机构将吸收的存款主要用于当地，重点支持乡村产业发展和乡村建设，又要强化农户信用体系建设，完善农户贷款风险补偿机制，创新农村金融产品和服务方式，提高金融服务"三农"能力。

在要素双向流动方面，要实行城乡开放，畅通城乡人口、资金和技术流动渠道，加快推动城市资本、人才、技术下乡，构建城乡要素双向合理流动的新格局。一方面，要畅通城乡人口双向流动渠道，确保人口"流得出"和"回得来"。在全面放开城镇落户限制、加快农业转移人口市民化的同时，积极鼓励农民工回乡创业就业，引导城市居民返乡创业和养老，进一步完善驻村帮扶、大学生村官、科技特派员、教师轮岗、派驻医师等制度体系，推动城市各类人才参与乡村振兴。另一方面，要破除体制机制障碍，推动城市资本下乡，积极引导城市各类资本尤其是工商资本参与乡村振兴。既要优化营商创业环境，加强规划和政策引导，全方位做好服务工作，又要严格土地用途管理，加强对下乡资本的全过程监管，并制定发布负面清单，明确禁止和限制的领域，防止其侵害农民利益，确保国家粮食安全。

【作者系中国社会科学院学部委员、农村发展研究所所长】

全面推进乡村振兴，实现高质量发展

黄承伟

党的十九大提出实施乡村振兴战略，党的二十大作出全面推进乡村振兴的决策部署，党的二十届三中全会强调："坚持农业农村优先发展，完善乡村振兴投入机制。"习近平总书记关于全面推进乡村振兴、建设农业强国方略和中国式现代化的重要论述为新时代新征程全面推进乡村振兴提供了根本遵循和行动指南。推进中国式现代化视野下乡村振兴的高质量发展，必须以习近平总书记相关重要论述为指引，全面认识新时代新征程推进乡村振兴的时代内涵，从理论维度、推进路径、要素保障等多个方面，准确理解和把握中国式现代化视野下全面推进乡村振兴的现实逻辑。

一、新时代新征程全面推进乡村振兴的时代内涵

实施乡村振兴战略是决胜全面建成小康社会、全面建设社会主义现代化国家的重大历史任务。这是习近平总书记把马克思主义基本原理同中国国情农情实际情况、同中华优秀传统文化有机结合，对乡村发展战略定位中国之问、世界之问、人民之问、时代之问的回答。党在百年奋斗历程中，始终把农业农村农民问题作为关系国计民生的根本性问题。党的十八大以来，中国共产党带领全国人民打赢了人类历史上规模最大的脱贫攻坚战。在脱贫攻坚取得全面胜利、第一个百年

奋斗目标如期实现后，作出"三农"工作重心从脱贫攻坚历史性转移到全面推进乡村振兴的部署，旨在回应新时代我国人民日益增长的美好生活需要和不平衡不充分发展之间的矛盾在农村更加突出的现实要求。以习近平同志为核心的党中央从党和国家事业全局出发，着眼于实现"两个一百年"奋斗目标，顺应亿万农民对美好生活的向往，在党的十九大提出实施乡村振兴战略，党的二十大对"全面推进乡村振兴"作出战略部署。这表明，全面推进乡村振兴对于全面建成社会主义现代化国家、实现第二个百年奋斗目标、实现中华民族伟大复兴的中国梦具有划时代的里程碑意义。全面推进乡村振兴是中国特色社会主义道路在农村的创新实践，是习近平新时代中国特色社会主义思想生动实践的重要组成部分，是道路自信、理论自信、制度自信、文化自信的时代体现。习近平总书记关于全面推进乡村振兴的重要论述明确要求，加强党对乡村振兴工作的领导；加快推进农业现代化，发展壮大乡村产业，强化乡村振兴人才支撑，走乡村文化兴盛之路，焕发乡村文明新气象；建设宜居宜业和美乡村，加强农村基层党组织建设，健全乡村治理体系，加快推进乡村治理体系和治理能力现代化；保障和改善农村民生，建立健全城乡融合发展体制机制和政策体系。这一系列重要论断，丰富发展了党的"三农"工作理论，为全面推进乡村振兴发展指明了方向。从精神实质上看，全面推进乡村振兴将助力实现马克思主义城乡融合发展思想的中国化时代化，进一步彰显社会主义实现共同富裕的本质要求，更充分体现共同富裕的长期性、全民性、全面性、共建性和共享性，更充分彰显中国共产党"坚持人民至上"的价值立场，从而丰富中国式现代化的乡村振兴道路。

全面推进乡村振兴是建设农业强国的重要战略任务。习近平总书记在党的二十大报告中提出建设农业强国目标，在 2022 年中央农村工作会议上系统阐述了建设农业强国的基本方略。就其政治逻辑看，只有建设农业强国，才能夯实我们党的执政基础；只有建设好农业强国，才能够提升我们党的执政能力，为人类文明作出更大的贡献。因此，在建设农业强国的过程中，要充分体现全过程人民民主、以人民为中心，只有这样才能够真正体现乡村振兴是为农民而兴，乡村建设为农民而建。理解建设农业强国方略的科学内涵，需要把握以下重要论断：一是"战略定位与特征"。"强国必先强农，农强方能国强。没有农业强国就没有整个现代化强国；没有农业农村现代化，社会主义现代化就是不全面的。"二是"头等大事"。"无论社会现代化程度有多高，14亿多人口的粮食和重要农产品稳定供给始终是头等大事。"三是"重要任务"。党的二十大报告对推进乡村振兴作了全面部署，建设农业强国方略被摆在更加重要的位置。四是"驱动力量"。即依靠科技和改革，充分发挥科技是第一生产力、人才是第一资源、创新是第一动力的作用。五是"一体推进"。"一体推进"既是方法，也是理念。从乡村发展、乡村建设、乡村治理到建设宜居宜业和美乡村，体现更为系统的办法和思维在指导实践中的运用。六是"坚强保障"。坚持和加强党的全面领导。

建设农业强国的基本方略，不仅蕴含着丰富的科学内涵，也提出了明确的实践要求。一是抓紧抓好粮食和重要农产品稳产保供，全力抓好粮食生产，加力扩种大豆油料，发展现代设施农业，构建多元化食物供给体系，统筹做好粮食和重要农产品调控。二是加强农业基础设施，重点是加强耕地保护和用途管控，加强高标准农田建设，加强水利基础设施建设，强化农业防灾减灾能力建设。三是强化农业科技和装备支撑，需要从推动农业关键核心技术攻关、深入实施种业行动、加快先进农机研发推广、推进农业绿色发展等方面着力。四是巩固拓展脱贫攻坚成果，重点是坚决守住不发生规模性返贫底线，增强脱贫地区和脱贫群众内生发展动力，稳定完善帮扶政策。五是推动乡村产业高质量发展，主要措施包括：做大做强农产品加工流通业，加快发展现代乡村服务业，培育乡村新产业新业态，培育壮大县域富民产业。六是拓宽农民增收致富渠道，聚焦促进农民就业增收、促进农业经营增效、赋予农民更加充分的财产权益等方面。七是扎实推进宜居宜业和美乡村建设，重点是加强村庄规划建设，持续加强乡村基础设施建设，扎实推进农村人居环境整治提升，提升基本公共服务能力。八是健全党组织领导的乡村治理体系，强化农村基层党组织的政治功能和组织功能，提升乡村治理效能，加强农村精神文明建设。九是强化政策保障和体制机制创新，集中在健全乡村振兴多元投入机制、加强乡村人才队伍建设、推进县域城乡融合发展三个方面精准发力。新时代新征程建设农业强国就是抓好以乡村振兴为重心的"三农"各项工作，可以说，建设农业强国方略赋予了全面推进乡村振兴更全面、更系统、更具有支撑作用的时代使命。

新时代新征程全面推进乡村振兴必须走中国式现代化的乡村振兴道路。2023 年 2 月 7 日，习近平总书记在新进中央委员会的委员、候补委员和省部级主要领导干部学习贯彻习近平新时代中国特色社会主义思想和党的二十大精神研讨班上发表重要讲话，深入阐述了中国式现代化理论。习近平总书记指出，概括提出并深入阐释中国式现代化理论是党的二十大的一个重大理论创新，是科学社会主义最新重大成果。这次重要讲话对中国式现代化理论体系作了系统阐释，和党的二十大报告一起形成了完整的理论体系。中国式现代化的中国特色、本质要求和重大原则，也即党的二十大报告集中阐述的中国式现代化的内容，就是中国式现代化理论体系的核心内容。这套理论的外延还包含中国式现代化的根本遵循、战略支撑、物质基础、精神基础等方面。党的二十大报告明确概括了中国式现代化是人口规模巨大的现代化、是全体人民共同富裕的现代化、是物质文明和精神文明相协调的现代化、是人与自然和谐共生的现代化、是走和平发展道路的现代化等五个方面的中国特色，深刻揭示了中国式现代化的科学内涵。这既是理论概括，也是实践要求，为全面建成社会主义现代化强国、实现中华民族伟大复兴指明了一条康庄大道。

学习领会习近平总书记在新进中央委员会的委员、候补委员和省部级主要领导干部学习贯彻习近平新时代中国特色社会主义思想和党的二十大精神研讨班上的重要讲话，要深刻领悟讲话中做出的重要论断。如，中国式现代化代表着人类文明进步的发展方向。这一重要判断意味着，中国式现代化的意义不仅面向中国，而且面向全人类，也即这套理论体系指引的是全人类文明进步的发展方向，其实践结果必然是一种区别于西方现代化模式、全新的人类文明形态。再如，中国式现代化为广大发展中国家独立自主迈向现代化树立了典范，提供了全新选择，等等。这些重要思想、重要论断，是我们坚定"四个自信"的重要来源，也是我们深刻领悟"两个确立"的决定性意义、做到"两个维护"的重要思想基础和理论认识。习近平总书记指出，推进中国式现代化是一个系统工程，需要统筹兼顾、系统谋划、整体推进，正确处理好顶层设计与实践探索、战略与策略、守正与创新、效率与公平、活力与秩序、自立自强与对外开放等一系列重大关系。这些正是中国式现代化理论的内涵与外延。习近平总书记在党的二十大报告中指出，"中国式现代化的本质要求是：坚持中国共产党的领导，坚持中国特色社会主义，实现高质量发展，发展全过程人民民主，丰富人民精神世界，实现全体人民共同富裕，促进人与资源和谐共生，推动构建人类命运共同体，创建人类文明新形态。"

习近平总书记关于全面推进乡村振兴、建设农业强国方略和中国式现代化三个方面构成了全面推进乡村振兴、走中国式现代化道路的理论体系。在这一理论体系指引下，全面推进乡村振兴就是中国式现代化视野下的乡村振兴。全面推进乡村振兴、建设农业强国，需要中国式现代化视野，需要具备中国式现代化的理论思维。

二、中国式现代化视野下全面推进乡村振兴的现实逻辑

全面推进乡村振兴在理论和实践上存在诸多基本问题，对其理论特征及实践要求的认识，构成了中国式现代化视野下全面推进乡村振兴的现实逻辑。

（一）乡村振兴现实逻辑的理论维度

首先是乡村振兴的历史方位。乡村振兴战略的提出以及它的演进有其历史方位，集中体现在：第一，乡村振兴战略的提出具有深刻的时代背景。第二，实施乡村振兴战略是习近平新时代中国特色社会主义思想的伟大实践。第三，乡村振兴战略确立了农业农村优先发展的目标定位。第四，乡村振兴战略为新发展阶段的"三农"工作指明了方向——确立了新时代城乡关系新格局，确立了农业农村现代化的战略目标，为农村农业发展带来了新动能。比如，重大的区域发展战略、一系列的新实施战略对农业农村发展发挥了重要作用。再比如，增强脱贫地区和脱贫群众的内生发展动力，乡村振兴责任制考核办法，东西部协作，中央单位定点帮扶等，系统地解决了乡村发展动力来源，以及"发展为了谁"的问题。第五，乡村振兴战略具有重要的

时代意义。如何贯彻新发展理念，怎么在新发展格局中作出乡村振兴的贡献等，是认识乡村振兴战略时代意义的重要维度。

其次是乡村振兴的理论指引。伟大变革源自新的理论指引，伟大实践推动理论创新。理论指引不仅指引当前工作，更重要的是指引工作的发展方向、发展过程。新发展阶段全面推进乡村振兴行动纲领的形成有其深刻的历史和现实依据，行动纲领具有丰富内涵，具有鲜明的理论品格，其理论贡献包括：发展了马克思主义经典作家的乡村发展理论，发展了中国共产党关于乡村建设的思想，推动了中华优秀传统文化的新时代发展，丰富了全球乡村发展理论与实践，蕴含着丰富的时代价值。

最后是乡村振兴的顶层设计。2018 年以来的中央一号文件、《乡村振兴战略规划（2018—2022 年）》、《中国共产党农村工作条例》、《中华人民共和国乡村振兴促进法》、《中共中央、国务院关于实现巩固拓展脱贫攻坚成果同乡村振兴有效衔接的指导意见》以及各部门相关配套政策，共同构成实施乡村振兴战略的"四梁八柱"。需要强调的是，《中国共产党农村工作条例》是乡村振兴重要的顶层设计文件，该条例明确了乡村振兴中诸多重大关系，在一定程度上可以理解为：《中国共产党农村工作条例》为《中共中央、国务院关于实现巩固拓展脱贫攻坚成果同乡村振兴有效衔接的指导意见》和《中华人民共和国乡村振兴促进法》提供了依据来源，具有重要指导作用。全面推进乡村振兴的顶层设计，包括：第一，明确了坚持农业农村优先发展是实现振兴战略的总方针。第二，明确了农业农村现代化是实施乡村振兴战略的总目标。习近平总书记在 2022 年中央农村工作会议讲话中提出建设农业强国，其中蕴含了三个概念，即全面推进乡村振兴、农业农村现代化和建设农业强国。全面推进乡村振兴的总目标是农业农村现代化，农业农村现代化又是建设农业强国的必要条件、重要内容。可见，只有实现农业农村现代化才能建成农业强国，建设农业强国必然要求加快农业农村现代化。农业强国是在国家层面提出来的战略要求、战略部署，农业农村现代化则是对农业农村怎样发展提出要求，全面推进乡村振兴的总目标就是实现农业农村现代化。第三，以农业高质高效发展推进农业现代化。第四，以乡村宜居宜业建设为中心推进农村现代化。第五，以农民富裕富足为目标推进农民现代化。[7]农业农民农村现代化既是农村现代化的重要内容、全面推进乡村振兴的重要路径，也是建设农业强国的重要内容。全面推进乡村振兴的顶层设计还明确了乡村振兴的总要求，即产业兴旺、生态宜居、乡风文明、治理有效、生活富裕；明确了乡村振兴包含产业、人才、文化、生态、组织的全面振兴；明确了乡村振兴战略的基本原则，即坚持和加强党对乡村振兴的全面领导，坚持农业农村优先发展，坚持农民主体地位，坚持乡村全面振兴，坚持深化农村改革，坚持城乡融合发展，坚持人与自然和谐共生，坚持因地制宜、循序渐进。

（二）乡村振兴现实逻辑的推进路径

第一，防止返贫是前提。防止返贫与乡村振兴有内在的理论逻辑。巩固拓展脱贫攻坚成果、坚持守住不发生规模性返贫是乡村振兴战略的底线任务，要保持主要帮扶政策的总体稳定，持续增加脱贫群众收入和壮大集体经济是防止返贫的根本路径，构建持续提升"三保障"和安全饮水保障水平的长效机制。这些理论逻辑都体现在习近平总书记关于"三农"工作、关于全面推进乡村振兴的重要论述中。

第二，乡村发展是关键。乡村发展有广义和狭义之分，广义的乡村发展实际上包含了乡村建设、乡村治理，狭义的乡村发展主要指

2022 年的中央一号文件所定义的"聚焦产业，促进乡村发展"，即解决宜业问题。确保粮食安全是实施乡村战略的首要任务，也是乡村发展的基础。习近平总书记在 2022 年中央农村工作会议的讲话中，把确保粮食安全和重要农产品的稳产保供提升为建设农业强国的首要任务。持续推进农村一二三产业融合发展是乡村发展的重要内容和路径。坚持农业农村绿色发展是基本原则和首要原则。

第三，乡村建设是基础。乡村建设行动的目标任务是到 2035 年，城乡基本公共服务均等化基本实现，城乡融合发展体制机制更加完善；农村生态环境根本好转，生态宜居的美丽乡村基本实现。我国一直致力于推进乡村建设，近年的厕所革命、农村人居环境提升行动等成效明显。特别在 2022 年党中央、国务院印发了乡村建设五年行动方案后，目标任务更加明确，核心就是要持续强化乡村建设的规划引领、持续改善农村人居环境、持续完善乡村基础设施、持续加强乡村文化建设。2023 年中央一号文件同样对上述方面加以明确，更体现出宜居特点，致力于让农民就地过上现代文明的生活。

第四，乡村治理是根本。加强和改进乡村治理意义重大。其一，完善现代乡村社会治理体制。通过加强和改进乡村治理来完善现代乡村社会治理体制，建立健全党委领导、政府负责、民主协商、社会协同、公众参与、法治保障、科技支撑的现代乡村社会治理体制，这是治国理政的一个方略和努力方向。其二，健全"三治结合"的乡村治理体系。德治、法治、自治"三治结合"以完善乡村治理体系，这是各地在推进乡村治理工作中的实践探索。其三，提升乡、镇、村为农服务的能力，这是乡村治理中需要加强和改进的内容。

第五，城乡融合是目标。习近平总书记要求：乡村振兴要走城乡融合发展之路。从发展维度看，一个国家、一个地方的发展，无非就是城镇发展和乡村发展。不可能孤立地发展城市或只发展乡村，而是要找到将二者相融合相促进的路径、体制机制和相关政策体系，只有这样才能够真正实现乡村振兴。没有城乡的融合发展，就不会有乡村振兴。目前在探索实践的基础上，一条有效的路径是把县域作为城乡融合发展的重要切入点，中央专门印发了相关文件作出部署：一是要推进以人为核心的新型城镇化，促进大中小城市和小城镇协调发展；二是要把县域作为城乡融合发展的重要切入点，强化统筹谋划顶层设计，破除城乡分割的体制弊端，加快打通城乡要素平等交换、双向流动的制度性通道；三是加快小城镇发展，完善基础设施和公共服务，发挥小城镇连接城市、服务乡村的作用。《中共中央、国务院关于建立健全城乡融合发展体制机制和政策体系的意见》提出了九种建立健全有利于城乡要素合理配置的体制机制。但是，具体负责乡村振兴及具体推进工作的领导同志，大多还没有关注这九种模式，还主要是盯着巩固脱贫攻坚成果，盯着"五大振兴"谈乡村发展，这样的理解及其指导下的实践，与习近平总书记关于乡村振兴重要论述提出的要求是有明显差距的。无论是在理论上，还是在实践中都无法满足全面推进乡村振兴的各项要求。此外，在促进城乡间要素合理流动的同时，还要推动城乡之间的公共服务均等化和欠发达地区之间的公共服务均等化。这两个方面同等重要，是现代化进程中需要着力解决好的问题。

（三）乡村振兴现实逻辑的保障体系

第一，乡村振兴的要素保障。无论是 2018 年以来每年的中央一号文件，还是各地各部门围绕巩固拓展脱贫攻坚成果、全面推进乡村振兴的各类顶层设计政策文件，要素保障的重点主要有以下方面：一是资金要素保障。不仅是财政资金，更重要的是金融、保险和各种社会资本的支持。二是人才要素保障。没有人才，乡村振兴便无从谈起。三是技术要素保障。这三个方面是一个完整的政策体系，需要在深入研究的基础上，打好政策组合拳。以人才要素保障为例，需要研究哪些属于乡村振兴的人才，需要构建怎样的人才体系。国家对每一类乡村振兴人才的政策支持和政策落实，需要进行分类分析，需要研究怎么围绕乡村振兴来培育人才。比如，如何提供好服务，更精准地构建体系化的农村职业教育。

第二，构建乡村振兴帮扶格局。帮扶格局在脱贫攻坚和长期的扶贫开发中形成，大扶贫格局是打赢脱贫攻坚战的重要力量。回顾总结打赢脱贫攻坚战的历史，一个重要力量是新时代十年构建起的专项扶贫、行业扶贫、社会扶贫等多方力量、多种举措有机结合、互为支撑、协同参与的"三位一体"大扶贫格局，形成了跨地区、跨部门、跨单位、全社会共同参与的多元主体社会服务体系。这是扶贫开发、脱贫攻坚积累形成的重要经验，中国特色特征鲜明，是充分彰显中国共产党领导的政治优势和中国特色社会主义制度优势重要的载体和内容。大帮扶体系中的每一个元素都在实践中促进相关理论的丰富发展，都会对人类文明新形态的构建产生影响。比如，"三位一体"中的社会扶贫，我们把中央定点单位的帮扶归类到社会扶贫。中央定点单位包括国有企业、国有银行，这些单位的帮扶行动，评价其效果不仅是帮扶成效好不好、帮扶力度有多大，更重要的是作为党领导下的国有企业、国有银行应该怎么既遵循市场规则、银行规则、企业规则以确保盈利，又能履行好中国共产党全心全意为人民服务的宗旨，承担起中国共产党推动共同富裕、实现中国式现代化的责任，这实际上是创造一种新的企业形态。所以，如果国有企业、国有银行的管理层，没有从这样高度去认识帮扶工作，帮扶力量就会减弱，难以达到中央的要求。因此，既要加大帮扶力度，又要探索建立既满足市场运行的要求，又能够满足中国共产党政治优势彰显要求的体制机制和运转体系。在乡村振兴新阶段，对于定点帮扶单位，不能盲目地提需求，更重要的是如何把定点帮扶融进全面推进乡村振兴体系中，激发和形成自发的帮扶力量，这样的帮扶才能够确保帮扶力度的持续加强，不再仅停留在"被要求"的帮扶状态。这就要求改变定点帮扶单位的经营管理理念。构建大扶贫格局的基本经验为乡村振兴战略实施帮扶格局的形成提供了借鉴。首先要明确构建乡村振兴战略、实施帮扶大格局的新要求。国家在相关政策文件中明确提出加强东西部协作、定点帮扶，引导社会力量参与乡村振兴等工作部署。从 2022 年的完成情况看，帮扶力量非常大，如东西部协作的大口径资金超过 600 多亿元，中央定点帮扶的大口径支持资金达到 200 多亿元，两项相加达千亿。中国财政投入 1600 多亿元，加上其他数百亿的社会帮扶，如"万企帮万村"的资金，用于巩固拓展脱贫攻坚成果、全面推进乡村振兴的财政性、公益性投入有 3000 多亿元，加上金融贷款支持、其他融资专项债等，投入力度巨大。总之，推动新发展阶段乡村振兴战略实施帮扶格局的形成与发展，需要动员优化东西部协作、中央单位定点帮扶、民营企业和社会组织参与，形成大帮扶格局，凝聚大帮扶合力。

第三，深化乡村振兴领域改革。改革是全面推进乡村振兴的重要法宝。深化农村领域的改革主要是：其一，深化农村土地制度改革，主要是"三块地"——承包地、集体经营性建设用地、宅基地的制度改革。推进农村土地改革，一定要严守习近平总书记 2016 年在安徽省凤阳县小岗村主持召开农村改革座谈会上划定的改革底线："不能把农村土地集体所有制改垮了，不能把耕地改少了，不能把粮食产量改下去了，不能把农民利益损害了。"[9] 其二，巩固和完善农村基本经营制度，包括集体所有权、农户承包权、土地经营权的有效形式。我国的农村改革不断深化，出现很多创新模式，这些创新对于其他国家而言，不一定可以全部借鉴和照搬，但相当多的做法经验是有参考借鉴价值的。其三，完善农业支持保护制度，包括建立健全农村集体资产管理制度，完善农业投资管理机制，等等。

三、中国式现代化视野下推进乡村振兴的高质量发展

高质量发展是全面建设社会主义现代化国家的首要任务，是解决发展不平衡不充分问题、体现新发展理念的发展。新时代新征程全面推进乡村振兴，是以建设农业强国为目标的乡村振兴，是中国式现代化视野下的乡村振兴。推进中国现代化视野下乡村振兴高质量发展，必须牢牢守住"两条底线"，融入构建新发展格局，统筹推进"三个乡村"，扎实推进"三个现代化"，增强内生发展动力，坚持党对农村工作的全面领导。

牢牢守住"两条底线"，即守住保障国家粮食安全底线和守住不发生规模性返贫底线。粮食安全不仅仅是经济问题，更是政治问题。保障粮食和重要农产品稳定安全供给始终是建设农业强国的头等大事，是全面推进乡村振兴的目标和基础。为此，一要强化各级党政机关的政治责任，要从政治的高度看待粮食安全问题；二是要落实藏粮于地、藏粮于技、藏粮于储战略；三要调动"两个积极性"，即农民的种粮积极性和地方政府的重粮抓粮积极性；四要加快发展农业社会化服务促进种粮综合效益提高；五要树立大食物观，构建多元化食物

供给体系，多途径开发食物来源，实现粮食进口来源多元化；六要在确保国家粮食安全的基础上，把提升重要农产品供给保障能力也作为全面推进乡村振兴的首要任务和有力支撑，着力提升大豆和油料产能，着力保障"菜篮子"产品供给，着力统筹做好重要农产品调控，着力推动发展农产品全产业链。"巩固拓展脱贫攻坚成果是全面推进乡村振兴的底线任务，要继续压紧压实责任，把脱贫人口和脱贫地区的帮扶政策衔接好、措施落到位，坚决防止出现整村整乡返贫现象。"首先，要完善监测帮扶机制，夯实确保不出现规模性返贫工作的基础。精准确定监测对象，及时落实社会救助、医疗保障等帮扶措施，强化监测帮扶责任落实。做到早发现、早干预、早帮扶，科学优化监测指标，完善多元监测体系，强化监测能力建设，坚决守住不发生规模性返贫的底线任务目标。其次，要推动脱贫地区更多依靠发展来巩固拓展脱贫攻坚成果。加大对脱贫地区区域发展能力提升的政策支持，落实好《关于支持国家乡村振兴重点帮扶县的实施意见》，促进中央财政支持、金融帮扶、土地政策、人才政策、项目支持、生态帮扶、社会帮扶、基础设施建设、公共服务保障等14方面倾斜支持政策落地生效；在保障基础生产生活设施的前提下，大力发展现代化农业生产设施；构建外部龙头企业与本地新型经营主体协同的联农带农机制；以多种手段培育脱贫人口的就业意愿与就业能力；促进易地搬迁劳动力在安置地充分就业，创新和完善安置点公共服务供给，加强易地搬迁弱劳动力精准帮扶，加快易地搬迁集中安置区的社会融入。最后，完善稳步提高兜底保障水平，确保不出现规模性返贫的兜底性制度安排。不断完善新发展阶段的社会救助内容，持续提升社会救助政策的集成性和综合性，逐步构建社会救助多元主体协同机制，稳步提升社会救助经办机构能力，建立健全社会救助集成化系统等。

融入构建新发展格局。加快构建以国内大循环为主体、国内国际双循环相互促进的新发展格局，是党中央明确的重大战略任务，是实现高质量发展的必然要求。全面推进乡村振兴高质量发展必须融入新发展格局构建。首先，着力挖掘农村巨大的内需空间。广大农村的基础条件与乡村现代化的要求存在不同程度的差距，这为乡村发展投资提供了巨大的空间。随着收入增加，农村居民消费结构升级、生活质量持续提高、消费方式逐步转变，农村消费市场的成熟和农村消费潜力的释放，为国内大循环提供广阔市场空间。大力发展乡村旅游、农业休闲观光、农村康养等新产业、新业态，成为进一步激发城市居民消费需求的动力，从而推动国内大循环畅通。其次，把乡村一二三产业融合发展作为目标，通过大力发展高标准农田、现代农业、特色产业、农产品加工业、农村电商、新型服务业、乡村休闲旅游、田园综合体等新产业、新业态，打造农业全产业链，建设现代农业产业园、优势特色产业集群、"三产融合"发展示范园、农业绿色发展先行区，推进现代农业经营体系建设，促进农业供给侧质量效益和竞争力的提升，助力新发展格局构建。第三，促进城乡融合发展，着力提高发展的平衡性、协调性、包容性。把优化农村公共基础设施建设作为重点任务，加快建成全民覆盖、普惠共享、城乡一体的基本公共服务体系。通过深化土地制度三权分置改革，持续增加农民收入；深化农村集体产权制度改革，增加农民财产性收入，推动更多低收入人群迈入中等收入行列。把公共基础设施建设的重点放在农村，在推进城乡基本公共服务均等化上持续发力，加强普惠性、兜底性、基础性民生建设，把城乡基本公共服务差距缩小到一定区间内。通过破除城乡二元结构的体制性障碍、全面深化农村改革、实施乡村建设行动等举措，健全城乡融合发展体制机制，实现城乡经济社会协调发展。

统筹推进"三个乡村"。一是聚焦产业促进乡村发展。把农村一二三产业融合发展作为农业农村经济转型升级的重要抓手和有效途径。采取优化主导产业选择、强化产业支撑，提升产业链供应链现代化水平、深入推进"三产融合"，完善利益联结机制、保障农民充分受益，丰富财政资金投入方式、提升财政资金撬动能力，大力推进现代农业产业园建设，培育农业农村经济发展的新动力、不断提高农民收入，促进乡村产业兴旺。着力促进农民就地就近创业就业。不断提升和加强县域基础设施公共服务建设，大力发展县域经济和富民产业，系统优化提升产业平台功能，强化支持政策培育返乡创业能人，持续推动农村创业就业创新，拓宽农民就地就近就业创业新途径，强化人力资本支持优化就业服务。二是扎实稳妥推进乡村建设行动。把创新乡村建设推进机制作为重点，充分调动农民参与乡村建设和管护的积极性、主动性、创造性；加强乡村建设行动统筹协调、责任落实、政策支持、要素保障，推动打通政策痛点堵点难点，形成推进乡村建设合力；坚持数量服从质量、进度服从实效，求好不求快，以普惠性、基础性、兜底性民生建设为重点，既尽力而为又量力而行。在理念上坚持乡村建设是为农民而建；在目标上坚持从实际出发，不搞"齐步走""一刀切"；在推进上坚持遵循城乡发展建设规律，防止超越发展阶段搞大融资、大拆建、大开发，守住防范化解债务风险底线；在方式上坚持充分体现农村特点，保留具有本土特色和乡土气息的乡村风貌，实现乡村建设与自然生态环境有机融合。做到先规划后建设，继续把公共基础设施建设重点放在农村，要注重保护传统村落，深入开展农村人居环境整治，积极开辟多渠道资金投入，探索政府主导、集体补充、村民参与、社会支持的资金投入机制，保证农村人居环境整治工作的资金需求。三是加强和改进乡村治理。提高农村基层组织建设质量。着力提升农村基层党员干部的战斗力，着力加强农村基层党组织的领导力，着力提高农村基层权力运用的约束力。健全自治、法治、德治相结合的乡村治理体系。解决好乡村治理的行政化与碎片化、村民公共参与过程的差异化、"三治"样板模式的同质化等问题，进一步完善以党组织统合引领优化基层管理体制，以构建长效激励机制提升村民各阶段公共参与的积极性，因地制宜地探索自治、法治、德治相结合的乡村治理体系。加强农村精神文明建设：着力解决存在的问题，如农村精神文明建设缺乏有效载体、主体性缺位、建设同质化等问题；加强党对农村精神文明建设的引领作用；注重农村精神文明建设的人才培养与榜样力量；拓展新时代文明实践中心的载体作用。四要推进更高水平的平安法治乡村建设。在农村社会治安防控体系建设和农村法律服务供给两个方面发力。完善预防性法律制度，坚持和发展新时代"枫桥经验"。健全矛盾纠纷多元化解机制。

扎实推进"三个现代化"。一是以农业高质高效发展推进农业现代化。切实保障粮食等重要农产品安全，深化农业供给侧结构性改革，强化现代农业的科技支撑，优化现代乡村产业体系，畅通城乡要素双向流动，推进农业高水平对外开放。二是以乡村宜居宜业建设为中心推进农村现代化。科学推进乡村规划建设，先规划再建设；大力实施人居环境改造、厕所革命、垃圾处理、污水处理等行动，持续提升乡村宜居水平；加强乡村人才队伍建设；推进县乡村公共服务一体化。三是以农民富裕富足为目标推进农民现代化。实现农民现代化是"以人民为中心"发展思想的具体体现，是实现乡村振兴核心目标的关键，是中国式现代化的重要内容。农民现代化过程具有长期性、艰巨性和复杂性，必须久久为功。从实践要求看，可以从以下方面综合施策以加快推进农民现代化：提升农民思想政治素质、科学文化素质、创业创新素质、文明文化素质、受教育程度、身心健康素质、经营管理素质、法治素质和生活水平。

增强内生发展动力。党的二十大报告指出，"巩固拓展脱贫攻坚成果，增强脱贫地区和脱贫群众的内生发展动力"。一是做好"土特产"这篇大文章。统筹指导各地科学做好"土特产"文章，遵循市场规律，瞄准现代需求，把握目标定位，突出"小而精"，支持以中央财政衔接资金为先导、撬动社会资本共同精准培育"土特产"产业，并引导各地"土特产"均衡布局专业细分市场、特色小众市场。二是贯彻新发展理念创造新就业。依托数字乡村建设，支持脱贫地区因地制宜培育共享农业、体验农业、创意农业、农商直供、个人定制等农村数字化新产业新业态，为脱贫群众创造更多家门口就业的新机会和新岗位。三是深化农村改革，创新扶贫项目资产运营管理，推进农村土地制度改革和农村集体产权制度改革，优化脱贫地区营商环境，消除阻碍县域内破除城乡二元结构的体制机制因素，创新制度政策供给。四是把推进乡村人才振兴摆在更加突出的位置，大力培养一大批乡村发展引路人、产业带头人、政策明白人，畅通城乡人才流动渠道。建立健全发挥农民主体作用的制度体系。培养培育农民参与意识、技能和能力。

坚持党对农村工作的全面领导。党的领导是任何工作完成、事业发展的最根本性保障要素，与资金、人才、技术、改革不是同一个层次的。习近平总书记一再强调"全面推进乡村振兴，必须健全党领导农村工作的组织体系、制度体系、工作机制，提高新时代党全面领导农村工作的能力和水平"。实现党的领导，一要坚持以人民为中心的发展思想；二要坚持巩固和完善农村基本经营制度；三要坚持走中国特色社会主义乡村振兴道路；四要坚持教育引导农民听党话、感党恩、跟党走。在全面推进乡村振兴中实现党的全面领导，要坚持五级书记抓乡村振兴，要把全面从严治党落实到乡村振兴的全过程各环节，要落实好《中国共产党农村工作条例》，要全面实施《中华人民共和国乡村振兴促进法》，要营造乡村振兴的良好氛围。

【作者系农业农村部中国乡村振兴发展中心主任，曾任国务院扶贫办中国扶贫发展中心主任】

健全因地制宜发展新质生产力体制机制

黄群慧

    2023 年 9 月在新时代推动东北全面振兴座谈会上，习近平总书记提出"新质生产力"概念，之后围绕新质生产力发表了一系列重要论述。习近平总书记关于新质生产力的重要论述，继承和发展了马克思主义生产力理论，是马克思主义生产力理论中国化的最新进展，进一步丰富了习近平经济思想的理论体系，对新时代新征程推进中国经济高质量发展具有重大的指导意义。推进高质量发展是新时代的硬道理。我国经济已经从高速增长阶段转向高质量发展阶段，需要新的理论指导推进高质量发展的实践。新质生产力已经在实践中形成并展示出对高质量发展的强劲推动力、支撑力，通过从理论上进行总结概括，形成新质生产力理论，为新时代推进高质量发展奠定了生产力理论基础。

    与一般意义的人类经济社会发展不同，高质量发展是以新发展理念为指导的，要求发展具有创新是第一动力、协调成为内生特点、绿色成为普遍形态、开放成为必由之路、共享成为根本目的的五方面特性。习近平总书记将新质生产力概括为创新起主导作用，摆脱传统经济增长方式、生产力发展路径，具有高科技、高效能、高质量特征，符合新发展理念的先进生产力质态。这意味着新质生产力是创新驱动主导的更高发展水平的生产力，是符合创新发展、协调发展、绿色发展、开放发展和共享发展理念要求，推动高质量发展的生产力。

一、发展新质生产力要求创新是第一动力、发挥主导作用

创新是引领发展的第一动力。生产力是生产能力及其要素的发展，新质生产力是创新能力及其构成要素的发展，这意味着创新在新质生产力中起主导作用，是其关键的特征。这在继承和发展马克思主义政治经济学生产力发展的理论基础上，深化了有关技术进步促进经济增长、人类社会发展等方面理论认识。

创新是有目的的、创造性的、复杂性的高级实践活动，对应物质生产实践、社会关系实践与科学实验等人类实践活动，具体包括科学创新、技术创新、制度创新等基本形式。创新是一种渗透性的生产要素，可以提高劳动者的能力、促进资本积累以及改进劳动资料特别是生产工具，可以将科学知识转化为生产力、引发生产工具变革从而推动生产关系的变革，可以把巨大的自然力和自然科学并入生产过程，使生产过程科学化，进而对提高生产力、促进经济发展产生巨大的促进作用。

从经济增长视角看，创新一般是指把一种新的生产要素和生产条件的新组合引入生产体系的活动，包括新产品、新技术、新需求、新供给、新组织等。创新是全要素生产率提升的根源，通过创新，可以摆脱单纯依赖要素数量增加的粗放型传统经济增长方式，推动质量变革、效率变革、动力变革，实现经济增长方式从数量扩张向质量提升的转变。

当今世界正处于新一轮科技革命和产业变革的深度演化过程中，全球科技创新空前密集活跃。以人工智能、量子信息、移动通信、物联网、区块链为代表的新一代信息技术，以合成生物学、基因编辑、脑科学、再生医学等为代表的生命科学技术，以清洁高效可持

续为目标的新能源技术，融合机器人、数字化、新材料的先进制造技术，正在加速推进制造业向智能化、服务化、绿色化转型发展，进而推动人类生产生活方式的全面变革。原创性、颠覆性科技创新成果竞相涌现，带来生产力要素结构中实体性要素与非实体性要素结合广度、深度、频度的深入拓展，推动生产力加速迭代跃升，体现出与传统生产力发展不同的质态。新质生产力的提出，把握了当今世界这一影响深远的变革趋势，深刻揭示了未来人类社会发展的动力。

科技创新能够催生新产业、新模式、新动能，是发展新质生产力的核心要素。以数字化、信息化、智能化、绿色化和融合化为基本特征的新科技正在推进传统的劳动者、劳动资料和劳动对象及其组合方式发生质的变革，成为构成新质生产力的新型生产要素。新型生产要素及其新组合催生了大量的新产业、新模式，这些如雨后春笋般勃发的未来产业、新兴产业以及传统产业的深度转型，整体推进了产业体系从传统走向现代，推动现代化产业体系形成。建设现代化产业体系，也正是以科技创新为驱动培育新质生产力要素，促进未来产业、新兴产业和传统产业转型的过程。因此，以科技创新引领现代化产业体系建设，是新质生产力发展的基本路径。

发展新质生产力，尤其是要高度重视以人工智能技术赋能现代化产业体系建设。人工智能是基于算力、算法和数据等关键要素发展起来的、引领新一轮科技革命和产业变革的战略性技术，能够逐步使机器具有人类的智能，具有渗透协同性、颠覆创新性、自主生成性和高效赋能性，对人类经济社会发展具有重大和深远的影响，是新质生产力的典型代表。未来，我国应该进一步加快以人工智能全方位、深层次赋能新型工业化，针对装备制造业、电子信息、原材料、能源电力、消费品等重点行业，构建重点行业大模型和工业知识库，以场景应用为牵引，大力发展智能产品，以制造业全流程智能改造实现人工智能和制造业深度融合。

二、发展新质生产力要求生产要素优化组合、结构协调平衡

新发展理念中的协调发展理念是具有普遍意义的关于发展问题的方法论。从哲学方法论上看，协调发展理念遵循了事物是普遍联系的唯物辩证法，认为经济社会发展是一个各发展要素相互联系、相互作用的整体性运动，必须从内在联系观点去把握整个发展过程。坚持协调发展理念，就是要学会"弹钢琴"、增强发展的整体性协调性平衡性，实现发展要素优化组合、发展结构平衡协调。

新质生产力是以劳动者、劳动资料和劳动对象及其优化组合的跃升为基本内涵的，其发挥作用过程就是具备相应的知识、技能和素质的新型劳动者通过新型劳动工具作用于新型劳动对象的过程。新质生产力的发展，不仅要通过创新驱动促进新型劳动者、新型劳动对象、新型劳动工具等新型要素从量变到质变的发展，更要实现新型生产要素合理匹配、优化组合的跃升，从而形成更高效率、更好水平的生产函数，推进全要素生产率的持续、快速提升。以协调发展理念为指导，发展新质生产力要从普遍联系的视角处理好劳动者、劳动资料和劳动对象的关系，形成各生产要素相互促进、相互适应的发展战略和政策体系。要充分发挥新型劳动者作为新质生产力的活跃的主体作用，发扬科学家、企业家和工匠精神，大力培育新型劳动者；要充分认识把握数据等新型劳动对象的属性，适应数智化时代的人与人、人与自然之间的新挑战和新要求；要高度重视

人工智能、机器人、物联网、云计算等新型劳动工具具有的革命性的力量，同时，也要认识到新型劳动工具效能的有效发挥，还依赖于新型劳动者的创造性劳动、新型劳动对象的丰富场景、新型基础设施的强有力支撑。

发展新质生产力，要求其产业结构承载和区域结构布局要注重平衡协调。从新质生产力产业载体上看，加快建设现代化产业体系，要注意把握产业体系的完备性、先进性和安全性的协同，在加快培育壮大新兴产业、布局建设未来产业的同时，重视将科技创新成果应用到具体传统产业和产业链上，着力改造提升传统产业，科学布局科技创新、产业创新，促进数字经济和实体经济深度融合，打造具有国际竞争力的数字产业集群。从新质生产力区域布局上看，要围绕区域协调发展战略、区域重大战略、主体功能区战略、新型城镇化战略等，优化生产力布局，促进区域协调发展，形成优势互补、高质量发展的区域经济布局和国土空间体系。要因地制宜发展新质生产力，根据本地资源禀赋、产业基础、科研条件等，有选择地推动新产业、新模式、新动能发展，用新技术改造提升传统产业，积极促进产业高端化、智能化、绿色化。

三、发展新质生产力要求绿色低碳发展、人与自然和谐共生

新发展理念中的绿色发展理念，从理论上回答了人类经济社会发展中的人与自然关系问题，深化了中国式现代化建设中关于人与自然和谐共生的规律性认识。一般意义的生产力是指人类改造自然、利用自然的能力，新质生产力则本身就是绿色生产力，是以人与自然和谐共生为基本理念的生产发展能力，要求人类社会生产活动必须尊重自

然、顺应自然、保护自然，在遵循自然发展规律的前提下寻求人类自身发展。习近平总书记提出了绿水青山就是金山银山、保护环境就是保护生产力、改善环境就是发展生产力等重要论断，是新质生产力理论的重要内涵。

新质生产力本身就是绿色生产力的重要论述，对人类社会的现代化理论和面临的发展与环境相容性问题进行了科学反思，蕴含着重大理论价值。一方面，这是对马克思主义生产力理论的传承和创新，将生态环境纳入生产力范畴，开辟了马克思主义生态观和马克思主义政治经济学的新境界。另一方面，将生态环境等要素纳入生产函数，拓展了"绿水青山与金山银山"的双向转化路径，将生态系统作为经济社会系统的重要组成部分，也是对千百年来人与自然关系规律性认识的科学总结和关于人与自然关系思想认识的理性升华。

发展新质生产力，要求树立大局观、长远观、整体观，牢固树立和践行绿水青山就是金山银山的理念，坚定不移走生态优先、绿色发展之路，高度重视"自然资本"增值，加快发展方式绿色转型。要加快绿色科技创新和先进绿色技术推广应用，做强绿色制造业，发展绿色服务业，壮大绿色能源产业，推动产业生态化和生态产业化，打造高效生态绿色产业集群，形成和完善绿色低碳供应链，在全社会大力倡导绿色健康生活方式，推进经济社会全面绿色低碳转型，为可持续发展提供强大动力。

四、发展新质生产力要求全球范围开放融合、互联互通

新发展理念中的开放发展理念，进一步深化了对经济全球化规律的认识，丰富发展了马克思主义政治经济学关于世界经济的理论内

涵。马克思、恩格斯关于世界贸易、世界市场、世界历史的重要论述，揭示了经济全球化的本质、逻辑和过程，构成了开放发展理念的理论基础。从马克思生产力理论出发，经济全球化和开放也是生产力发展、社会化大生产的必然要求。在经济全球化过程中，由于比较优势的发挥和产品市场边界的扩大，引发生产规模扩大，分工进一步细化，专业化水平进一步提高，生产要素进一步集中，生产成本进一步降低，产品质量进一步提高，从而促进了生产效率和总产出的大幅提升。特别是由于生产要素的全球化流动，人员、知识和思想的全球交流，有力推动了技术创新和技术扩散，从而极大地促进了生产力的发展。

在新一轮科技革命和产业变革的背景下，现代信息技术催生万物互联社会的加速到来，社会化大生产和生产力发展的全球化特征愈发鲜明。随着陆、海、空、数字等软硬件基础设施互联互通，生产力发展的边界和场域不断拓展融合。当今世界科技创新需要在开放场域的交流、碰撞、合作、互促中得到发展，同时，围绕人工智能等全球性技术难题和技术治理，开放合作也是人类应对共同挑战实现繁荣发展的法宝。这都要求发展新质生产力，必须坚持开放发展理念，在开放中不断拓宽生产力要素系统边界，支撑生产力结构系统升级，并驱动其生产力功能系统的整体协调与全面发展，从而实现在经济全球化进程中不断培育和壮大新质生产力。

中国坚定不移推动贸易和投资自由化便利化，实施更大范围、更宽领域、更深层次对外开放，建设更高水平开放型新体制，积极参与全球治理体系，推进各国携手打造人类命运共同体，推进构建广泛的利益共同体，这是经济全球化潮流的发展方向，更是发展新质生产力的基本要求。

五、发展新质生产力要求实现以人为本、共享包容

新发展理念中的共享发展理念，从理论上回答了社会主义经济发展的根本目的，要求做到促进社会公平正义、让发展成果更多更公平惠及全体人民，实现发展为了人民、发展依靠人民、发展成果由人民共享。共享发展理念的实质就是坚持以人民为中心的发展思想，体现了人民是推动发展的根本力量的唯物史观，体现了逐步实现共同富裕的社会主义根本原则和中国式现代化的中国特色。

邓小平同志于 1992 年初在南方谈话中提出："社会主义的本质，是解放生产力，发展生产力，消灭剥削，消除两极分化，最终达到共同富裕。"这深刻揭示了生产力发展与共享发展的关系。生产力发展水平构成共享发展的物质基础，一个社会要实现共享发展，前提是要有高水平的生产力，实现全体人民共同富裕则需要更高水平的生产力，未来共产主义社会一定是建立在生产力高度发达的基础上。但是，这并不是说只有达到共产主义社会的生产力水平才能实现共享。生产力发展是一个动态过程，共享发展也是一个动态过程。坚持共享发展理念，不仅包括在共享覆盖面上实现人人享有、各得其所的"全民共享"，还包括在共享实现途径上实现发扬民主、人人参与的"共建共享"，以及在共享发展过程上实现由低级向高级、从不均衡到均衡的"渐进共享"。因此，生产力发展过程是可以和共享发展过程相容的。

以共享发展理念为指导发展新质生产力，要求坚持其终极目标是人的自由全面发展和人类社会的共同进步，践行人人参与、人人建设、人人享有的生产力发展观。作为生产力的最新形态，新质生产力发展就是要将更好满足人民日益增长的美好生活需要作为发展的根本

目的，全面体现以人为本导向，追求人的价值实现与全体人民共同富裕。尤其是在人工智能、数字化的趋势下，要探索数字经济背景下创新发展、协调发展与共享发展内在统一的新质生产力发展模式。一方面要努力实现新质生产力关键技术领域创新取得新的重大突破，另一方面要积极预防和消除城乡之间、社会不同群体之间的数字基础设施鸿沟，推动数字技术在不同行业、不同地区、不同群体中最大程度地扩散应用，通过政策性教育培训推动劳动者技能更好地适应数字技术进步，使数字经济红利最大程度惠及社会大众。

【作者系第十四届全国政协委员、经济委员会委员，中国社会科学院经济研究所研究员，中国社会科学院经济研究所原所长】

加快建设现代化产业体系
提升产业链供应链韧性和安全水平

赵昌文

加快建设以实体经济为支撑的现代化产业体系，是党中央从全面建设社会主义现代化国家的高度作出的重大战略部署，关系到我们在中国式现代化进程和国际竞争中赢得战略主动。党的二十大对"建设现代化产业体系"作出部署，二十届中央财经委员会第一次会议提出，推进产业智能化、绿色化、融合化，建设具有完整性、先进性、安全性的现代化产业体系，党的二十届三中全会进一步指出，健全提升产业链供应链韧性和安全水平制度。怎样深刻理解现代化产业体系的内涵？如何持续提升产业链供应链韧性和安全水平？

一、现代化产业体系是现代化国家的物质技术基础

现代化产业体系是一个与时俱进的概念，其内涵至少包含以下几个方面：

一是以实体经济为支撑。党的二十大明确提出，坚持把发展经济的着力点放在实体经济上，推进新型工业化，加快建设制造强国、质量强国、航天强国、交通强国、网络强国、数字中国。二十届中央财经委员会第一次会议强调，现代化产业体系是现代化国家的物质技术基础，必须把发展经济的着力点放在实体经济上，为实现第二个百年

奋斗目标提供坚强物质支撑；加快建设以实体经济为支撑的现代化产业体系，关系我们在未来发展和国际竞争中赢得战略主动。会议强调的"五个坚持"中第一个就是"坚持以实体经济为重，防止脱实向虚"。中国式现代化不能走脱实向虚的路子，必须加快建设以实体经济为支撑的现代化产业体系。过去我国依靠强大的实体经济创造了经济快速发展和社会长期稳定"两大奇迹"，未来全面建成社会主义现代化强国、以中国式现代化全面推进中华民族伟大复兴，必须始终重视发展实体经济。以实体经济为支撑，制造业是核心，改造升级传统产业是根本，培育壮大新兴产业是重点。制造业是实体经济的基础，要保持制造业占比基本稳定，巩固完整产业体系优势，锻长板、补短板、强基础。传统产业是现代化产业体系的基底，要坚持推动传统产业转型升级，通过技术改造和设备更新，不断提升竞争力，不能当成"低端产业"简单退出。战略性新兴产业和未来产业是现代化产业体系的新引擎，要用好我国超大规模市场和人力资本等创新资源，培育发展新动能、增强竞争新优势，加快形成新质生产力。

二是把握人工智能等新科技革命浪潮。全面建设社会主义现代化国家，进一步解放和发展社会生产力，要求我国必须深度参与甚至引领新一轮工业革命。习近平总书记指出，"创新是引领发展的第一动力，是建设现代化经济体系的战略支撑。""我们正面对着推进科技创新的重要历史机遇，机不可失，时不再来，必须紧紧抓住"。二十届中央财经委员会第一次会议强调，要把握人工智能等新科技革命浪潮。科技创新是建设现代化产业体系的关键支撑。以科技创新引领现代化产业体系建设，需要紧密结合世界科技发展前沿，高效集聚全球创新要素，加强科技创新特别是原创性、颠覆性科技创新，不断培育产业发展新动能新优势。在激烈的国际竞争中，我们要开辟发展新领域新赛道、塑造发展新动能新优势，从根本上说，还是要依靠科技创新。依照关键投入品、主导技术及产业、对生产生活方式的影响等标准，世界经济史上至少已经发生了三次工业革命。历史上的工业革命，释放了巨大生产力，对人类社会的生产生活方式和全球政治经济格局产生了深远影响。近代以来的大国崛起史，就是一部工业革命引领史。与过去数次错过工业革命不同，中国当前已总体上具备了深度参与甚至引领新工业革命的基础条件。保持并增强产业体系完备和配套能力强的优势，高效集聚全球创新要素，推进产业智能化、绿色化、融合化，建设具有完整性、先进性、安全性的现代化产业体系，是中国深度参与和引领新工业革命的关键任务。

三是适应人与自然和谐共生的要求。中国式现代化是人与自然和谐共生的现代化。党的二十大指出，推动绿色发展，促进人与自然和谐共生。从发达国家的现代化历史看，工业化、城市化进程中都伴随着对生态环境的巨大破坏。党的十八大以来，我国生态环境保护发生历史性、转折性、全局性的变化，习近平生态文明思想和"绿水青山就是金山银山"理念已经深入人心、融入各项制度和政策。党的十八大至党的二十大十年间，我国以年均3%的能源消费增速支撑了年均6%以上的经济增长，二氧化碳排放强度下降了35%，推动绿色低碳高质量发展取得积极成效，也为全球应对气候变化作出了贡献。二十届中央财经委员会第一次会议提出加快构建现代化产业体系，"推进产业智能化、绿色化、融合化"，绿色将是未来我国经济社会高质量发展的底色。毫无疑问，绿色低碳转型会带来全球产业的成本结构发生显著变化，未来企业的环境外部性成本在总成本中的占比会大幅度提升，气候变化因素也使得后发国家的赶超进程又多了一些额外约束条件。但绿色低碳转型也为我国建设现代化产业体系提供了新的动力。减污降碳特别是"30·60"碳目标，会倒逼绿色技术进步与产业升级，为我国培育产业竞争优势提供新的机遇。我国的绿色技术、绿色产业、绿色金融市场近年来发展较快，在碳中和大背景下，全球产业链供应链将制定新的碳排放标准，若能尽快做好各方面应对工作，就能够在新的国际合作分工中占据更有利地位，提升绿色发展的国际话语权。

二、当前我国建设现代化产业体系面临的主要挑战和有利条件

在世界百年变局、世纪疫情、保护主义、地缘政治等因素影响下，全球主要经济体对经济自主、可控的要求更高，战略性、公共性强的产业部门和其他产业部门之间的分化更明显，全球产业链供应链布局出现分散化、多中心化甚至阵营化的趋势。发达经济体利用产业链供应链作为大国博弈、地缘政治竞争、意识形态冲突的重要工具，扰乱了基于自由贸易、多边贸易规则的国际经济秩序，引发更多保护主义、贸易摩擦与经济冲突，对全球产业链供应链稳定、安全、开放带来冲击，加速全球供应链重构。基于资源配置效率、"成本—效益"等传统供应链的构建原则仍将发挥基础性作用，但保障本国关键的产业、基础设施、原材料、零部件、产品等供应链安全将成为新驱动力。基于供应链安全、国家竞争的原因，供应链区域化、利益集团化、本土化更加明显，供应链竞争将更加激烈，全球供应链体系与格局会发生重大变化。此外，发达国家纷纷推出强调环境保护的供应链法案，增大了企业合规成本。欧盟提出可持续供应链发展方面的高水平标准、规则、规范等，对于发展中国家的企业进入欧洲市场、融入西方主导的产业链供应链体系增加了不小

挑战，将增大发展中国家企业生产运营成本，降低发展中国家产业竞争力。

受疫情、地缘政治冲突等因素影响，美西方在产业链供应链领域"去中国化"动向愈加明显且呈现长期化趋势。发达经济体加快产业链供应链布局转向、支持本国企业从中国迁出，限制关键核心技术流向中国，以实现多元化、保障经济安全的名义组建将中国排除在外的供应链联盟。特别是在高新技术产业方面加大对中国的遏制，禁止中国获取前沿、核心科技资源，欲将中国科技企业和产品排除在全球体系之外，以延缓中国高科技产业发展速度。这些国家还希望通过减少在中国的投资生产和产品更新，推动在华企业向越南、印尼、印度等转移，发展中国家加大承接产业转移力度，"一转一接"一定程度上将挤压中国出口市场。

准确把握多重危机下全球产业链供应链格局深刻变化，顺应全球产业体系和产业链供应链新态势，提升产业链水平，重构我国产业竞争新优势，直接影响到我国经济的高质量发展和国际竞争力，必须积极应对、系统谋划。

与此同时，我们必须看到，经济全球化仍是不可逆转的历史大势。在全球产业分工变革过程中，效率和成本导向的底层逻辑不会发生根本改变，产业垂直分工和水平分工的基本范式不会发生根本改变，发展中国家通过融入全球产业链供应链体系实现追赶发展的模式不会发生根本改变。在新一轮全球产业链供应链重构中，我国具备超大规模市场的需求潜力、完整的产业配套能力、高水平的人力资本和创新能力、高水平的对外开放和持续改善的营商环境等诸多有利条件。巩固增强这些优势，增强市场吸附力、产业竞争力，我国就能够在激烈的国际竞争中谋求更大发展空间。

三、持续提升产业链供应链韧性和安全水平

未来一个时期，决定全球产业发展趋势的关键线索有两个：一个是新一轮科技革命和产业变革的发展演进；另一个是中美战略竞争及其引发的国际政治经济环境的深刻变化。对我国而言，核心问题是尽快提高产业基础能力和产业链现代化水平，进一步提升我国产业链供应链的韧性和安全水平。当前，主要应做好以下工作。

一是加快科技自立自强步伐，增强产业链创新的动力和能力。这是提升产业链供应链的韧性和安全水平的基础。要把产业链创新作为"十五五"的重要任务，"围绕产业链部署创新链""围绕创新链布局产业链"，把问题导向与能力导向结合起来。针对产业链供应链关键环节存在的"卡脖子"问题，要发挥好有为政府和有效市场的协同作用。少数"讨不来""买不来"的关键核心技术，要发挥好市场经济体制下的新型举国体制优势，利用超大规模市场优势和外部倒逼压力，通过高效配置科技力量和创新资源集中力量攻关突破。对于更多的技术难题突破，还是要立足于开放的国际创新合作，坚持开放式协同创新。通过营造良好创新生态，处理好"研"和"用"的关系，激发企业、高校、科研院所等不同主体的创新活力，确保高端制造和未来产业领域形成自主可控的创新链。

二是适应数字化、绿色化、融合化的变革趋势，提高产业链现代化水平。以人工智能和工业互联网为代表的新一代数字技术，已经成为新一轮工业革命的标志性通用技术，正在广泛深入地赋能各行各业。"十五五"期间，产业数字化与数字产业化同等重要，不可偏废。要全面推动各类产业与ICT技术的深度融合，不断提高行业数字化水平。利用我国超大规模市场优势，加快推动智能制造、智能交通、智

能物流、智能终端服务等发展。要引导利用好现有的各种工业互联网平台集聚发展，为更多制造业企业提供服务。"十五五"期间，绿色发展和生态文明理念将更加深入人心。要大力推进绿色增长战略，利用好政策杠杆和监管手段，加强对钢铁、石油化工、冶金、有色、电力、煤炭、建材、轻工、纺织、医药等重点行业能源、原材料、水资源的管理，提高资源利用率，加快构建全生命周期的产业循环体系。制造业和服务业深度融合是制造业和服务业各自发展的客观需要，符合产业发展规律，也是发达国家的成功实践。要推动制造企业与服务企业打破自身业务边界，发展制造服务化与服务型制造。

三是在促进产业升级中构建安全高效的产业链供应链体系。加快推动制造业质量变革、效率变革和动力变革，提高产业链的效率与韧性。我国总体上已进入工业化后期，绝大多数传统工业和制造业部门的数量增长将进入平台期甚至开始下降，但不能简单对比国际上已经完成工业化国家产业结构变动的一般规律，作为一个大国和发展不平衡、不充分的经济体，推动传统产业改造提升仍然是"十五五"甚至更长一个时期我国产业转型升级的主要任务，必须加快提升产品质量，满足更多中等收入群体不断改善的消费需求。必须从战略高度紧紧把握住新一轮科技革命与产业变革的大势，主动应对高技术引领的国际产业竞争，加快培育发展战略性新兴产业和未来产业，使其朝着满足未来市场需求、可持续发展要求和高技术化方向升级。要把合理管控产业转移与促进产业升级相结合，重点是留住产业链核心环节和加快提升产业创新能力。要做好稳定产业链供应链体系的基础性工作，包括营造低成本、高水平的营商环境，促进国内区域联动、梯度、协调发展，加快全国统一大市场建设和区域一体化发展进程。

四是在高水平开放中不断提升产业国际竞争力。新发展格局不是封闭的国内循环，而是开放的国内国际双循环。现代化产业体系应具有更大的开放性，必须遵循经济规律，坚持市场原则，促进生产要素自由流动。要继续引导优势企业提升全球资源配置能力，积极参与国际竞争，把有竞争力的产品卖出去，做好全球生产力的布局和优化，形成更强创新力、更高附加值、更安全可靠的产业链供应链。还可以通过积极探索对标更高标准经贸协议的规则、规制、管理、标准，推动共建"一带一路"高质量发展等举措，加强与周边国家构建安全高效、循环畅通、互利共赢的产业链供应链，着力发展更高层次开放型经济。

【作者系中山大学国家发展研究院院长、吴小兰讲席教授、岭南学院讲席教授，曾任中国国际发展知识中心主任、研究员，国务院发展研究中心产业经济研究部部长、研究员，四川大学党委常委、副校长】

健全实体经济和数字经济深度融合制度，
推动经济高质量发展

邵春堡

党的二十大要求把发展经济的着力点放在实体经济上。从数字经济发展的角度，需要认识着力实体经济的重要，把数字经济作为着力实体经济的重要抓手，按照加快发展、深度融合、产业集群的策略，找准着力点，使数字经济更好地赋能实体经济，推动经济高质量发展。

一、着力实体经济的重要性

强调着力实体经济，对于防范发展中的风险，提高发展质量至关重要。

1. 从实体经济与虚拟经济的关系看。实体经济是源和基础，虚拟经济是流和高端，把实体经济底座做大夯实，方能承受其上的虚拟经济高楼大厦。实体经济和虚拟经济应该呈正三角形，不能倒三角形，否则就会头重脚轻，影响经济社会的稳定发展。可见，实体经济对整个经济社会发展具有基础和决定作用。

2. 从汲取 2008 年国际金融危机的教训看。上世纪中叶美国开始的"去工业化"，其实也是在逐渐掏空它们的实业，直到现在美国从事制造业的人口占比只有 9%—10%。而美国的金融和服务业迅速发展，就业人数在 1994 年就达到 73%。金融和服务业的极度发展，造成美国房地产市场异常繁荣，产生大量金融衍生品，金融泡沫加剧，导致 2008 年次贷危机爆发，次贷资产的证券化加重其危机扩散，资金链断裂，银行破产，国际债务飙升。正是虚拟经济膨胀，脱离工业制造业等实体经济，成为金融危机的根本诱因。在金融危机前，美国整体经济的虚拟化达到了 30 倍到 40 倍的水平。制造业空心化非常严重，以至于几任美国总统花力气推动制造业回归都难以如愿。近年英国逐渐衰弱，竞争力丧失，人们同样也在反思"去工业化"的问题。金融危机之后，各国学者都在研究如何接受教训，其中有研究认为我国虚拟经济与实体经济的黄金比例为 16.7 : 1 较为合适，就是要注意脱实向虚，防止价值虚拟。

3. 从国家竞争力的基础看。实体经济是国家发展的本钱，是财富创造的根本源泉，是国家强盛的重要支柱，是国家发展与安全的保障，也是数字化转型中对传统经济改造和升级的基础。即便完成转型，也应保障实体经济应有的比例。习近平总书记曾指出，"像我们这么一个大国，要想强大，必须靠实体经济"，"不论经济发展到什么时候，实体经济都是我国经济发展、在国际经济竞争中赢得主动的根基"。

改革开放以来几十年的快速发展，使我国成了世界第一制造大国；而美国这些年的虚弱与其制造业空心化不无关系。如果实体经济薄弱，本国创造的产品越来越少，遇到复杂的国际形势和风险，就会影响信心，引起恐慌，导致物价上涨和通货膨胀。美国目前的衰退风险和趋势就有这样的因素。乌克兰危机造成欧洲能源危机，牵连世界粮食风险和危机，尽管有地缘政治因素，也说明做大实体经济至关重要，有实体经济座底和支撑，就有利于防范风险、克服危机。

二、着力实体经济的抓手

在整个经济发展中，数字经济已成为生力军，是赋能实体经济的重要角色，应该是着力实体经济的主要抓手。

1.杠杆和支点的撬动作用。数字经济是以数字智能科技为基础产生的新经济形态，具有先进的智能生产力。能够发挥杠杆和支点的撬动作用，会对实体经济产生神奇的作用。正是在数字经济的快速发展中，我国工业互联网产业规模已经破万亿元，正在推进"中国制造"走向"中国智造"。

2.规模的推动和拉动作用。近年来数字经济发展速度之快，辐射之广，规模之大，影响之深，正在展现数字化创新的无穷魅力。2021年我国数字经济在整个GDP的占比达到39.8%，成为整个经济发展的重要增长极，是拉动发展的一支劲旅，正在推动生产方式、生活方式和治理方式深刻变革。数字经济目前的规模和势能，完全可以对实体经济发挥其规模带动或推动作用。

3.数字化转型中的枢纽作用。数字经济是新生事物，具有蓬勃活力，是数字化转型的关键要素，是重塑世界的一支力量。它的天平倾向哪里，哪里的分量就会显得更重一些。这些年数字化转型促进智能制造、数字农业、数字金融、数字服务、数字贸易等各个方面。现在强调实体经济，数字经济就会在转型的枢纽中偏向工业、农业和服务业，着力实体经济，加大数字经济与实体经济的深度融合，使其捆绑一体，针对性地赋能。

三、着力实体经济的策略方法

数字经济发展着力实体经济，关键要赋能于实体经济。习近平总书记在二十大报告中针对数字经济讲了三句话："加快发展数字经济，促进数字经济和实体经济深度融合，打造具有国际竞争力的数字产业集群。"数字经济发展的这个策略思路，也就是数字经济促进实体经济发展的重要方法。

1. 加快发展

数字经济越是快速发展，越能加快赋能实体经济。数字经济有三个特征，即智能发展、平台发展、生态发展。

智能发展是以数据密集和科技密集，取代资本密集和资源密集，在实体经济原来机械化、电气化、自动化的基础上，赋予其智能化，通过机器人、人工智能等智能系统的发展，生产出巨量和优质的产品和服务，从而做大蛋糕。这是一种有利于机器人更多担负体力劳动、人类更多担负脑力劳动的趋势，是处理发展中人与机器人的管控、协作和人机分工的劳动关系。

平台发展是共享资源、机会和过程的发展方式，注重物品的使用而不必考虑样样拥有，从而省去不必要的投资，减少整个社会的重复和浪费现象。这是一种有利于大家共享成果的趋势，是处理发展中人与人对资源、机会和过程以及成果的分配关系。

生态发展是数字化条件下，物质、能量和信息并存，且信息占比越来越大、物质和能量占比相对减少的发展方式，趋于轻资产为主的智能发展，从而极大减少对能源、自然的无度开发，减轻自然生态和地球的重负，保障做大和分好蛋糕的可持续性。这是一种友好外部、长远和普惠民生的发展趋势，是处理发展中人与自然共生共存及和谐的永久关系。

数字经济的三个特征，理论上可以分开认识，实践中它们融为一体，将会取得三个一相加大于三的效果。加快数字经济发展，就有利于实体经济的高质量和可持续的发展。

2. 深度融合

加强数字经济与实体经济的深度融合，是着力实体经济的核心。

在方向上，要坚持数字化、网络化、智能化。数字化重在转型，利用数字技术实现企业内部资源综合配置优化、业务流程集成优化和管控高效化；网络化重在协同，聚焦人、机、物的开放互联，实现跨企业资源和能力的社会化动态共享和协同利用；智能化重在改造，利用数字孪生、人工智能等实现全社会人与人、人与物、物与物的智能交互与赋能，支持全要素、全过程、全场景资源、能力和服务的按需精准供给。三者要协调过程和功能，注重相互融合。数字化达到一定程度，网络化才能取得实质进展；资源和能力网络化连接达到足够的复杂度，自组织、智能决策的技术和产业投入回报价值才会更加突显，智能化才能步入全面发展的快车道。

在过程中，要做到全方位、全链条、全要素的融合和改造。包括数智维度、资源维度、实体维度的各方位，供应、制造、销售、服务的诸链条，资本、数据、技术、人员的全要素，这样才能将智能化贯穿到价值创造、数字化管理和高效运营中。

在作用上，得到放大、叠加、倍增的效应。利用平台就能比以往的资源配置放大选择的范围、加快速度、节省成本，提高效率；融合相关技术就可能促成许多功能的叠加、集成并产出更多的小微型产品；特别是智能化促进人机和环境系统融合，贯穿态势理解、决策、指挥，将会在各个环节中起到倍增、超越、能动的作用。

3. 产业集群

建设具有国际竞争力的数字产业集群，将产生若干积极效应。

一是倍增效应。数字产业集群，其实也是数字产业化和产业数字化深度融合的放大和倍增，形成规模效益、品牌效应，并通过上下游的链结，形成合理的结构，提高区域内的竞争力。

二是奖惩效应。数字产业集群可以汇聚数字产业界的横向合作和纵向成链的企业，形成激励机制，同业竞争，促进创新，优胜劣汰。

三是溢出效应。集群范围内的数字产业企业，有着大体相同的人才和技术要求，本来都有这些方面的稀缺，集群后就有利于区域和集群内企业的技术交流和人才培养、流动，产生技术和人才的溢出效应。

四是带动效应。通过数字产业集群，既带动和影响没有集群的数字产业界企业，辐射和影响区域内的其他企业，也是对战略性新兴产业融合集群发展的一种示范，以小集群推动大集群。

四、赋能实体经济的着力点

哪儿有问题，哪儿就是着力点。在数字经济发展，特别在数字产业化和产业数字化的融合方面，还存在深度不够、重点不突出的问题，这些正是数字经济赋能实体经济的着力点。

1. 工业尤其是制造业

针对有些企业担心联网后的数据标准和安全问题、有的企业仍然停留在单纯信息系统建设，未将数字化、智能化融入生产运营中，以及数智化改造中工业设备的衔接问题。是否应该从根本上超越原来的生产方式，摆脱传统产业的惯性和依赖，无论有无条件，抑或条件是否充分，都要从两个方面不同程度地努力。一方面，提高设备的智能、效率和精度，实现单机智能化或通过单机设备的互联而形成智能生产线、智能车间、智能工厂；另一方面，更加合理和智能地使用设备，虽然有些设备在功能和用途上完全不同，需要不同的解决方案，但它们都有一些共同点，比如，可以共同采用以工业网关为中心的物联网、边缘计算和自动化，通过智能改造和运营实现制造业的价值最大化。此外，还要考虑企业更新的设备是否符合数字智能化的要求，避免进口设备和陈旧设备等成为数字化的障碍。

2. 农村农业

针对农村数字化的条件比城市和工业差许多的问题，包括基础设施薄弱、网络信号差、缺少长远规划，以及整体的传统农业与数字经济的融合推进较慢，要注重农业物联网、农业大数据、精准农业和智慧农业等设施的建设；利用各种数字智能技术，从宏观和外部层面，对各种农业生产要素进行重新组合和优化，畅通城乡要素的流动和融合，鼓励一些数字化公司进军农业产业，充当生力军，发挥骨干和带动作用；建议在县一级设立数字技术骨干和信息骨干，在乡村振兴中，给乡村干部讲明白数字化，开阔应有的技术视野，并做出数字化转型的示范，以点带面，促进农业数字化，提高新型农业效率。

3.中小微企业

针对中小微企业的数字化需求分布零散、体量小、营收少，以及融资难等问题，国家在优化基础设施布局、结构、功能和系统集成，构建现代化基础设施体系中，考虑和覆盖到中小微企业的发展所需，使各级政府或大企业建设的新基础设施，可让中小企业共享；中小企业数字化融资仍需得到国家政策扶持、社会帮扶；有关部门要对中小企业领导进行数字化转型的培训，讲清数字化对企业全面素质提升和改造的好处，组织优质的数字化转型服务商，对中小企业进行技术指导，探索中小微企业数字化改造的模式，以不同类型企业数字化转型的成功样本为范例，对中小微企业数字化转型予以引导，走出中小微企业改造升级的路子。

【作者系中国国际经济技术合作促进会副理事长】

坚持发展和安全并重，实现高质量发展和
高水平安全的良性互动

余晓晖

习近平总书记 2024 年 3 月 6 日在看望参加全国政协十四届二次会议的民革、科技界、环境资源界委员时发表的重要讲话立意高远、思想深邃，为我国实现高水平科技自立自强、培育新质生产力指明了方向，也为我国互联网、信息通信业和数字技术的创新发展提供了根本遵循，为全行业的科技工作者提供了行动指南。

一是强化体制机制创新，推动技术革命性突破。发挥新型举国体制优势，借鉴和发挥我国通信产业跨越式发展成功经验，将"中央举旗定向、政府精心组织、产学研用联动、企业担当主体、国际国内统筹"的成功模式巩固好、利用好，强化 6G、人工智能、下一代互联网、量子信息等信息通信领域颠覆性前沿技术的协同攻关，积极培育新兴产业和未来产业，构筑未来发展新优势。

二是强化资源供给创新，推动生产要素优化配置。提升网络资源供给能力，适度超前建设 5G、千兆光网等新型基础设施，构建世界一流算力基础设施，深化云网融合、算网融合，探索推进算力互联网发展，以信息流加速人才、技术、资本等生产要素高效连接和创新性配置。提升数据资源供给能力，支持数据应用设施、数据流通设施建设，促进跨企业、跨行业的数据交易和流通，释放数据对技术等其他生产要素的放大、叠加、倍增作用，推进数据驱动的创新。

三是强化融合应用创新，推动产业深度转型升级。大力推动数字技术在传统产业的集成应用，加快工业互联网在重点行业、产业集群、工业园区的深度应用和全面普及，推广 5G 工厂。全面推动企业"智改数转网联"，分类、分业、分阶段体系化推动新一代信息通信技术与工业等实体经济深度融合，加快探索人工智能在工业等领域部署应用，实现全域、全链、全环节数字化转型和智能化升级，推动研发设计、生产制造、经营管理等范式变革，培育更多新模式新业态。

四是坚持发展和安全并重，实现高质量发展和高水平安全的良性互动。提升产业链供应链韧性和安全水平，以长板带短板、以整机带部件，实现重点产业链自主可控、安全可靠。防范化解工业和信息化领域重大安全风险，提升网络安全极端情况风险防范能力；健全领域数据安全保障政策、制度、标准体系，围绕人工智能、工业互联网、车联网等新兴与融合领域，深入实施分类分级安全管理，持续提升安全保障能力和水平。

【作者系全国政协委员，中国信息通信研究院院长、党委副书记】

保障高水平科技自立自强，推动高质量发展

吴善超

党的二十大全面擘画中国式现代化新蓝图，强调发展是党执政兴国的第一要务，科技是第一生产力，人才是第一资源，创新是第一动力，赋予教育、科技、人才一体联动、共同为现代化建设提供基础性、战略性支撑的新使命，并对健全新型举国体制、聚力打赢关键核心技术攻坚战、加快实现高水平科技自立自强作出新部署。2022 年 9 月，习近平总书记主持召开中央全面深化改革委员会第二十七次会议，审议通过《关于健全社会主义市场经济条件下关键核心技术攻关新型举国体制的意见》，强调要把政府、市场、社会有机结合起来，科学统筹、集中力量、优化机制、协同攻关。立足新时代统筹国家发展和安全需要，健全新型举国体制，构建协同高效的关键核心技术攻关组织体系，提升科技创新体系化能力，对于加快推进高水平科技自立自强、建设世界科技强国具有重大战略意义。

一、紧扣科技发展时代主题，推动举国体制探索与实践守正创新

举国体制演进有着深厚的历史渊源和深刻的历史逻辑。从我国发展看，举国体制的演化大致经历了三个阶段。

1. 第一阶段是农耕文明时期的古代举国体制实践

在古代农业社会，采取国家主导、集中组织动员方式，统一调配资源，在全国范围形成整体合力，在重大民生工程、赈灾救济、社会保障等领域推动基础设施建设。大型水利工程、交通运输工程、边境防御工程是古代举国体制的代表作，特别是举全国之力修筑长城，几乎贯穿了古代中国农耕文明的始终。中央集权下的古代举国体制，曾对推动经济发展和社会治理、建设中华民族古代文明发挥了积极作用。

2. 第二阶段是新中国成立后的传统举国体制探索

这一阶段又可分改革开放前、改革开放后两个时期。改革开放前，举国体制已广泛运用于竞技体育、工业建设、国防建设、科技攻关等领域。以科技领域为例：

在组织战略上，建立了以中国科学院为主干的科技管理体制和科技创新体系，出台新中国首个科技发展规划，确立了"重点发展，迎头赶上"等方针。

在资源配置上，国家协调工农业生产，高度集中有限资源优先配置于对国防安全至关重要的科技与产业。

这一时期建成了相对完备的工业体系，实现了农业国向工业国的转变，特别是在"一穷二白"的基础上取得了"两弹一星"等重大成就。

改革开放后，举国体制探索更加注意学习借鉴西方科技发达国家的经验，特别是党的十四大提出建立社会主义市场经济体制的目标，重大科技攻关、重大战略产品研制逐步引入市场机制。这一时期相继取得一系列基础科学突破和工程技术成果，也都得益于在全国范围的统一组织、集中动员和高效调配。同时，举国体制下各类战略目标的推进和实现，也越来越依赖于多元主体的广泛参与，市场及社会第三方力量不断强化。我国探索形成了一套行之有效的战略规划体制、人才管理机制、战略决策体系、科技攻关模式等，成为传统举国体制的重要组成部分。

3. 第三阶段是党的十八大以来的新型举国体制建设

科技创新的国内外环境新变化，特别是新一轮科技革命和产业变革加速演进，科研范式酝酿深刻变革，对举国体制实践提出了新要求。新型举国体制之"新"，主要体现在适应新的时代条件、竞争形势和发展阶段，包括社会主义市场经济新条件、大国战略博弈激烈复杂的新形势，立足于我国进入构建新发展格局、推动高质量发展、全面推进中国式现代化的新发展阶段。例如，集成电路被视为新时代的"两弹一星"，二者在集中力量办大事等组织方式上有相近之处，但也有显著差别。集成电路作为产业，需要商业化经营与运作，面向广泛的国内国际市场需求，形成相当产业规模才能取得经济效益，需要综合考虑质量、效益、成本等因素。而"两弹一星"作为战略威慑力量，相对不受价值规律和产业发展规律约束，不追求商业化运作。以习近平同志为核心的党中央发扬历史主动精神，统筹部署、持续深化科技体制改革，推动新型举国体制建设取得显著成效。我们坚持党对科技事业的全面领导，观大势、谋全局、抓重大、抓根本，形成了高效的组织动员体系和统筹协调的科技资源配置模式。全面加强国家创新体系建设，出台一系列重大改革举措，着力破解深层次体制机制障碍，着力整合政府、市场、社会的力量，着力营造良好政策环境，不断完善支持全面创新的基础制度，构建具有全球竞争力的开放创新生态。在新型举国体制等制度保障下，基础研究和原始创新不断加强，一些关键核心技术实现突破，战略性新兴产业发展壮大，载人航天、探月探火、深海深地探测、超级计算机、卫星导航、量子信息、核电技术、新能源技术、大飞机制造、生物医药等取得重大成果，突破若干关键核心技术。我国科技实力正在从量的积累迈向质的飞跃、从点的突破迈向系统能力提升，科技创新取得新的历史性成就，进入创新型国家行列。

科技领域举国体制作为大科学时代的产物，在国际上被广泛应用。从西方发达国家实践看，适用举国体制的重点领域，通常是大型基础设施或重大战略产品，需要政府在中期支持企业等联合研发的关键共性技术，需要倾斜资源高强度持续投入战略高技术等。西方国家更强调市场主导、政府协调，实行符合市场规律和研发需要的收益分配机制，实现行政主导的科学研究与市场主导的试验开发良性互动，启示我们既要体现国家意志、重视国家愿景和使命导向，也要重视以自由市场的机制激发内生动力。新型举国体制建构需要充分发挥党领导下社会主义集中力量办大事的制度优势，也应当吸收借鉴世界文明成果和有益经验，不断深化对创新发展、人才成长、科技管理的规律性认识，推动与科技创新相适应的制度创新、全面创新。

习近平总书记在党的二十大报告中对健全新型举国体制作出系统部署，强调形成支持全面创新的基础制度，这为深化新一轮科技体制改革指明了前进方向，提供了根本遵循。

在科技投入制度方面，要拓展多元化科技投入渠道，深化财政科技经费使用机制改革，提高科技投入效能，激发创新主体活力。

在研发管理制度方面，要统筹面向世界科技前沿、经济主战场、国家重大需求、人民生命健康等"四个面向"的研发布局，加强国家战略科技力量协同，推进创新链产业链资金链人才链"四链"深度融合。

在知识产权制度方面，要健全高效的知识产权综合管理体制，打通知识产权创造、运用、保护、管理、服务全链条，强化知识产权法治保障。

在人才制度方面，要实行更加积极、更加开放、更加有效的人才政策，完善人才战略布局，加快建设国家战略人才力量，形成人才国际竞争的比较优势。

二、聚焦"国之大者"精准定位，准确把握新型举国体制实践要求

1. 放眼全球审时度势把准方位，是健全新型举国体制的重要前提

我国进入新发展阶段，这是厚积薄发、阶梯递进的积势蓄能期，是优势集聚、机遇彰显的战略叠加期，是挑战剧增、风险累积的承压前行期，是跨越赶超、爬坡过坎的时间窗口期。当今世界正处于百年未有之大变局，进入新的动荡变革期，人类文明的未来充满前所未有的复杂性、不稳定性、不确定性、不安全性。全球科技创新进入空前密集活跃期，新一轮科技革命和产业变革蓬勃兴起、加速演进，布局大科学、构筑大平台、凝聚大团队、催生大成果成为科技创新的战略选择，全球科技结构、经济结构正在重塑，科技创新成为大国战略博弈的竞技场、逐鹿场、主战场。世界动荡变革的复杂性、大国博弈的尖锐性，使科学技术的重要性全面上升。健全新型举国体制，完善相应政策和机制，保障和推动科技自立自强，是顺应大科学时代全球科

技创新趋势，适应科技支撑中国式现代化战略需要、赢得主动赢得优势赢得未来的战略选择。

2. 集中力量协同攻坚关键核心技术，是健全新型举国体制的重要使命

构建新型举国体制，是党领导科技事业发展、推动有组织创新的经验结晶。我国科技发展进入新阶段，面临新的机遇和挑战。关键核心技术集"燃眉之急""心腹之患""后顾之忧"于一体，是跨越"引进—落后—再引进—再落后"陷阱、突破"卡脖子"难题、摆脱受制于人困局的重点。新时代加快原创性引领性科技攻关，突破关键核心技术，锻造大国重器，关乎产业链供应链韧性和安全水平，关乎高水平科技自立自强的发展目标。当前和今后一段时期，要主动适应战略环境新变化，将新型举国体制实施聚焦于攻坚那些要不来、买不来、讨不来的关键核心技术。凡重大科技突破，无不需要集成多种资源、动员多元力量、调动多方积极性。因此，不仅要举政府和国家财政之力，也要举市场多元主体、社会各界之力，综合战略科技力量、战略人才力量等各方面力量，形成合力、协同发力。要在战略必争、体系必备、发展必需、安全必要的技术领域，提高投入强度，集合精锐力量，作出战略性安排，力争取得原创性突破，塑造引领型发展。

3. 深化改革科学统筹优化机制，是健全新型举国体制的必然要求

习近平总书记强调，科技领域是最需要不断改革的领域。实现高水平科技自立自强，最紧迫的是要破除体制机制障碍，最大限度释放科技第一生产力、人才第一资源的潜能，激活创新第一动力。新型举

国体制基于国家意志、国家使命，旨在以制度创新、体制安排确保攻坚必胜。我国科技体制改革循序渐进，主体架构基本确立，健全新型举国体制成为当前科技体制改革啃硬骨头、涉险滩、闯难关的重要内容和关键举措之一。以改革创新精神健全新型举国体制，要坚持系统观念，加强科学统筹。

4.统筹处理政府和市场的关系

政府和市场两个作用的发挥，首先是作用性质不同，要发挥市场配置创新资源的决定性作用，发挥政府宏观管理、统筹协调、公共服务等方面作用；其次是作用程度不同，市场的作用要充分发挥，政府的作用要更好发挥，而不是更多发挥；再次是发挥作用的优先序，在市场有效的领域尊重并优先发挥好市场配置创新资源的决定性作用，在市场失灵的方面更好发挥政府作用，保障有力主体、有效市场，实现有为政府、有序组织，强化敏捷治理、高效能治理。要全面强化企业科技创新主体地位，包括企业在创新决策、人才集聚、创新组织、成果转化、价值评判等方面的主体地位、主体作用，特别要鼓励支持民营企业勇担国家科技战略任务。此外，社会组织作为第三方力量，具有连接政府与市场、构建协作网络、营造创新生态等独特功能，其不可或缺的作用将日益凸显。

5.统筹处理中央和地方的关系

习近平总书记指出，要支持有条件的地方建设综合性国家科学中心或区域科技创新中心。适应我国地区科技发展不平衡不协调不充分的具体国情，调动中央和地方两个积极性，促进央地联动，平衡关键核心技术的领域布局、空间布局，发挥优势区域率先试点探索和示范带动效应，在少数创新资源相对集中、产业基础相对较好的区域建设新的区域科技创新中心，辐射带动周边地区高质量发展。新型举国体制实施要充分依托我国超大规模市场优势，就要协调好国家科技创新战略与区域发展战略实施，推动国家创新体系与区域创新体系协同优化，更好以科技支撑畅通国内大循环，服务构建新发展格局。

6.统筹处理目标导向和自由探索的关系

科学研究要坚持目标导向和自由探索两条腿走路。新型举国体制下，既要有明确目标的"揭榜挂帅"和"赛马制"，也要保留自由探索的空间。自由探索是推动科技创新从不确定性到确定性进化的重要途径，也是科学发现、技术发明从未知到已知的精神动力。要把世界科技前沿同国家重大战略需求、经济社会发展目标紧密结合起来。同时，尊重科学规律，尊重科学家对科学前沿的敏感性和探索精神，对承担攻关任务的科学家和科研团队充分授权，依靠创新主体自由发挥想象力、激发和展现创造力，才能敏锐洞察变革于端倪、把握先机于初始、引领方向于"无人区"。

7.统筹处理自立自强和开放合作的关系

深刻理解发展、安全、开放的辩证关系，从长远看，愈是开放、愈加安全、愈能自强。坚持开放互鉴，广泛学习借鉴科技发达国家有效整合政府、市场、社会多元主体，实现技术突破、产业突围、后发赶超、创新引领的成功经验，结合国情科情为我所用、用有所成。深化开放创新，主动融入全球创新网络，广聚天下英才，充分用好国际创新资源加快提升自主创新能力，使高水平科技自立自强与高水平对外开放相互支撑、相得益彰。

三、加快健全新型举国体制，凝心聚力打赢关键核心技术攻坚战

党的二十大对健全新型举国体制、提升国家创新体系整体效能、坚决打赢关键核心技术攻坚战作出系统部署，必须精心组织、全面落实。关键核心技术攻关不可能毕其功于一役，新型举国体制建设也不可能一蹴而就，健全这一体制必将贯穿科技支撑中国式现代化全过程。要突出党的领导这个根本，抓住系统布局、协同组织的两个关键，提升跨界集成的效能，在创新实践中持续完善创新制度，久久为功，加快提升国家自主创新能力。

1. 加强党中央集中统一领导

我们党历来拥有驾驭复杂变革局势的战略能力。实现高水平科技自立自强，要实现思想伟力、制度活力、科技实力、精神动力的有机统一。党中央组建中央科技委员会，是加强党对科技工作的统一领导、统筹新时代国家创新体系建设和持续深化科技体制改革的重要战略举措。重组后的科技部首要职能之一是推动健全新型举国体制，有利于科技宏观管理和统筹协调的战略聚焦、业务聚焦、精力聚焦，有利于国家战略科技力量、战略人才力量统一调配，有利于形成产学研协同"全国一盘棋"的整体格局。在党中央集中统一领导下，以党的组织力保障人才调度力、资源配置力、创新执行力，克服资源配置、力量布局等方面的分散、重复、封闭、低效、协同不力等弊端，形成权威统一高效的决策指挥体系，通过有序组织、有效组织，真正把制度优势转化为科技发展和治理效能。要加强政治引领，强化国家使命感召，大力弘扬"两弹一星"精神，倡导科学家精神，涵养优良学风，

激浊扬清，荡涤学术不端，褒扬安心专心潜心，抑制浮躁浮夸浮华，引导科技人才恪守科研诚信和科技伦理，进一步激发踔厉奋进创新创造的磅礴动能。

2. 加强系统布局

习近平总书记强调，对核心技术可以从三个方面把握，一是基础技术、通用技术，二是非对称技术、"杀手锏"技术，三是前沿技术、颠覆性技术。我们要尊重技术研发和创新规律，提高技术认知力，加强体系化布局和独创性设计。

一是统筹"四个面向"的全面布局。关键核心技术往往具有综合集成性，既是科技前沿的制高点，也是产业和经济的增长点，可能是国际竞争的制衡点，还可能是国计民生、国家安全的结合点。要坚持"四个面向"的战略导向，明确主攻方向和切入点，统揽全局，系统部署，重点突破。

二是统筹基础与前沿布局。保持战略清醒，深化技术预见，加强超前部署和非对称布局。在"卡脖子"攻坚中遭遇"根技术"和底层原理瓶颈时，应适时补充布局相关基础研究，以正本清源、固本培元。着眼开辟新赛道，前瞻部署未来技术、颠覆性技术，打造新的增长引擎，塑造未来竞争新优势。

三是统筹科技领域和领域科技的协同布局。产业部门更有条件精准把握本领域创新需求，本轮国务院机构改革中，让产业领域科技管理职能回归产业部门，有利于发挥需求导向牵引科技攻关的作用，更好围绕产业链部署创新链、围绕创新链布局产业链，同时让科技行政主管部门聚焦抓战略、抓改革、抓规划、抓服务的主责，更好发挥夯实基础、积蓄源头、储备后劲、支撑发展、引领未来的作用。

四是统筹"四链"融合生态布局。重视创新环境建设，强化企业主体地位，促进国家实验室、国家科研机构、研究型大学等创新主体相融共生。完善优先领域甄别机制、重大项目选题生成机制、科学分类评价机制等，形成关键核心技术的体系化战略布局。

3.加强协同组织

适应科技产业革命、科研范式变革，探索与关键核心技术攻坚相适应的高效能科研组织模式，高效有力调配科技力量和创新资源。提升关键核心技术创新力、竞争力、持续力，必须快速、高效整合各方力量，防止因立项周期过长、团队力量分散等贻误战机。

政府力量主要体现在作为宏观管理与统筹协调者、重大科技计划组织者、公共服务提供者。

市场力量主要表现为发挥配置资源的决定性作用、检验创新价值、淘汰缺陷产品与商业模式。

社会力量中科技服务组织能有效发挥桥梁纽带作用，搭建跨界交流平台和合作网络，营造良好创新生态。

要有序组织战略科技力量，使不同机构功能定位精准、职责任务清晰、衔接协同紧密；有效激励战略人才力量，将各类人才用好用活、才尽其用。要强化党和国家作为重大科技创新领导者、组织者的作用，把政府、市场、社会力量有机结合起来，激发创新主体活力，形成多元主体同时发力、同向发力、综合发力的战斗力系统，织密关键核心技术的体系化协同网络。

4.加强跨界集成

关键核心技术是荟萃人类知识、巧夺天工的智慧集成，需要跨界融合，强化跨学科跨领域协同攻关。

战略层面要着眼教育、科技、人才一体联动，科技创新与制度创新相辅相成，以关键核心技术突破带动从人才强、科技强到产业强、经济强、国家强。

资源层面要统筹项目、基地（平台、设施）、人才一体化配置，稳定支持与竞争性支持相结合，以高强度持续投入、要素集聚、力量集成催生重点突破。

产业层面要着力推进产学研、创新链产业链资金链人才链深度融合，加强政策衔接，发挥科技型骨干企业引领作用，促进大中小企业融通创新，促进产品集成、产业集聚。

领域层面要促进多学科交叉，科学、技术、工程融合，战略高技术与未来技术衔接，科技与人文、自然科学与社会科学有机结合，有效集成跨学科、跨领域、跨地域的创新要素，塑造跨界融通、协同共生的生态雨林，织链成网、拓网成体，培育关键核心技术的体系化攻坚能力。

【作者系中国科学技术协会办公厅副主任、一级巡视员，曾任中国科协创新战略研究院党委书记】

为高质量发展和高水平安全提供强大科技支撑

刘冬梅

中国式现代化要靠科技现代化作支撑，实现高质量发展要靠科技创新培育新动能。新时代以来，我国坚持把创新作为引领发展的第一动力，把科技创新摆在国家发展全局的核心位置，注重科技创新和体制机制创新"双轮驱动"，创新活力不断迸发。习近平总书记指出："近年来，我国科技创新成果丰硕，创新驱动发展成效日益显现"。我们要深刻认识近年来我国创新驱动发展成效对推动高质量发展的重要作用，深入贯彻落实党的二十届三中全会通过的《中共中央关于进一步全面深化改革、推进中国式现代化的决定》提出的"构建支持全面创新体制机制"，进一步加大科技创新力度，全面提升国家创新体系的整体效能，抢占科技竞争和未来发展制高点。

从科技强到产业强、经济强、国家强的创新发展路径逐步形成。近年来，我国深入实施创新驱动发展战略，科技创新能力快速提升，重点技术领域进入跟跑、并跑、领跑并存阶段，一些前沿领域开始进入并跑、领跑阶段。基础前沿研究实现新突破，在量子科技、生命科学、物质科学等领域取得一批重大原创成果。战略高技术领域迎来新跨越，载人航天、探月探火、深海深地探测等领域取得新成果。在科技创新能力不断提升的同时，创新驱动引领高质量发展不断取得新成效，新能源汽车、高铁技术、北斗导航实现新突破，集成电路、人工智能等新兴产业蓬勃发展。

深化体制机制改革，打好关键核心技术攻坚战。深化科技体制机制改革，才能充分激发创新创造活力。近年来，我国加快健全社会主义市场经济条件下新型举国体制，发挥党和国家作为重大科技创新领导者、组织者作用，构建关键核心技术攻关的高效组织体系。同时，建立使命驱动、任务导向的国家实验室体系，布局建设基础学科研究中心；改革创新重大科技项目立项和组织管理方式，实行"揭榜挂帅"等制度，建立完善以信任为前提的科研管理机制等。目前，中国特色国家实验室体系加快构建，高水平研究型大学、科研院所创新能力不断提升，科技型企业迅速壮大，国际科技创新中心和区域科技创新中心在全球创新网络中的影响力持续提升。

全面加强基础研究，提升原始创新能力。基础研究是创新的源头活水。近年来，我国着力加强基础研究。在目标方面，明确坚持"四个面向"，坚持目标导向和自由探索"两条腿走路"，把世界科技前沿同国家重大战略需求和经济社会发展目标结合起来，凝练基础研究关键科学问题。在投入方面，持续增加财政投入，同时加快构建多元化投入格局。在人才队伍建设方面，培养使用战略科学家，支持青年科技人才挑大梁、担重任，培育具备科学家潜质、愿意献身科学研究事业的青少年群体。在学科建设方面，持续优化学科布局，大力支持新兴学科、冷门学科和薄弱学科发展，积极推动学科交叉融合和跨学科研究。我国基础研究投入比重连续 5 年超过 6%，为提升原始创新能力提供了有力支撑。

聚焦科技创新与产业创新深度融合，破解科技成果转化难题。科技创新与产业创新融合，才能转化为现实生产力。近年来，我国加强顶层设计，围绕建立健全全国性技术交易市场，搭建科技成果供需对接平台、强化技术转移服务体系建设、优化科技成果信息服务平台。聚焦科技成果转化的使用权、处置权、收益权等，深入开展高校及科研院所科技成果的赋权试点、评价改革试点及管理改革试点等改革。着力推动企业主导的产学研深度融合，更好发挥企业作为科技创新"出题人""答题人"和"阅卷人"的作用。2023年，我国登记技术合同和成交金额分别比上年增长22.5%和28.6%，推动更多科研成果"下书架上货架"。

营造良好创新环境，激发和调动科技人员积极性。创新驱动的实质是人才驱动。近年来，我国深化科技奖励制度改革，优化科技人才表彰制度，深入开展科技人才评价改革试点、使命导向的科研院所管理改革试点以及高校、科研院所薪酬制度改革试点，同时持续深化项目评审、人才评价、机构评估改革，为科研人员排忧解难、松绑减负。对于青年科技人才，在工作中提供机会、搭建平台，在生活上帮助解决后顾之忧，让年轻人真正沉下心来搞科研，我国青年科技人才队伍快速成长。数据显示，国家重点研发计划参研人员中45岁以下的占比已经超过80%，北斗导航、探月工程、中国"天眼"这些大工程中许多项目团队的平均年龄刚过30岁。

根据世界知识产权组织的《2023年全球创新指数报告》，我国创新能力综合排名从2012年的第三十四位上升到2023年的第十二位。同时也要看到，我国原始创新能力还相对薄弱，一些关键核心技术受制于人，顶尖科技人才不足。要深入学习贯彻习近平总书记在全国科技大会、国家科学技术奖励大会、两院院士大会上的重要讲话精神，深入学习贯彻党的二十届三中全会精神，加强原创性、引领性科技攻关，以科技创新推动新质生产力发展，为高质量发展和高水平安全提供强大科技支撑；加强顶层设计和统筹协调，真正将科技与产业、金融、教育等各方面工作协同起来；深化科技体制机制改革，健全支持全面创新的基础制度。

【作者系中国科学技术发展战略研究院党委书记、研究员，中共二十大代表】

四、保证篇

坚持党中央对全面深化改革的集中统一领导，
坚决维护党中央权威

李洪峰

党的二十届三中全会通过的《中共中央关于进一步全面深化改革、推进中国式现代化的决定》阐述了进一步全面深化改革的原则，其中第一条也是核心的一条是：坚持党的全面领导，坚定维护党中央权威和集中统一领导，发挥党总揽全局、协调各方的领导核心作用，把党的领导贯穿改革各方面全过程，确保改革始终沿着正确政治方向前进。由此可见，加强党的全面领导是党和国家的根本所系、命脉所系。

一、党和国家全部历史全部实践最重要、最根本的经验

中国共产党走过的百年辉煌历程充分证明、反复证明：中国共产党是中国革命、建设和改革事业的中流砥柱，是中国人民和中华民族的主心骨，是中国特色社会主义的最本质特征，是中国特色社会主义制度的最大优势。党政军民学，东西南北中，党是领导一切的。党是最高政治领导力量。正是因为始终坚持党的集中统一领导，我们才克服无数艰难险阻，成功开拓了中国道路、创立了中国理论、建立了中国制度、发展了中国文化，根本改变了中国的面貌、中华民族的面貌、中国人民的面貌、中国共产党的面貌。正是因为始终坚持党的集

中统一领导，我们才成功实现了伟大历史转折、开启改革开放和社会主义现代化建设新时期。正是因为始终坚持党的集中统一领导，我们才成功开创了中国特色社会主义新时代，成功应对一系列重大风险挑战，推动党和国家事业发生历史性变革、取得历史性成就，团结和凝聚全国各族人民全面建设社会主义现代化国家，为实现中华民族伟大复兴的中国梦而努力奋斗。在坚持党的集中统一领导这个决定党和国家前途命运的根本问题上，必须立场坚定，旗帜鲜明，绝不能有丝毫动摇。

加强党的全面领导特别是党中央集中统一领导，必须坚决维护党中央权威。党的历史经验表明，凡是党中央权威和集中统一领导坚持得好，党的事业就兴旺发达；反之，党的事业就遭受挫折。党的十九届六中全会《中共中央关于党的百年奋斗重大成就和历史经验的决议》深刻指出："党确立习近平同志党中央的核心、全党的核心地位，确立习近平新时代中国特色社会主义思想的指导地位，反映了全党全军全国各族人民共同心愿，对新时代党和国家事业发展、对推进中华民族伟大复兴历史进程具有决定性意义。"全党要把思想和行动统一到党的十九届六中全会精神上来，增强"四个意识"，坚定"四个自信"，做到"两个维护"，保证全党团结统一、步调一致向前进。

二、坚持人民至上，始终把人民放在心中最高位置

党的根基在人民、血脉在人民、力量在人民，人民是党执政兴国的最大底气。民心是最大的政治，正义是最强的力量。党的最大政治优势是密切联系群众，党执政后的最大危险是脱离群众。党代表中国最广大人民根本利益，没有任何自己特殊的利益，从来不代表任何利

益集团、任何权势团体、任何特权阶层的利益，这是党立于不败之地的根本所在。全心全意为人民服务是我们党的根本宗旨，从群众中来、到群众中去，一切为了群众、一切依靠群众的群众路线，是我们党的根本工作路线。为中国人民谋幸福、为中华民族谋复兴，是我们党的初心和使命。人民对美好生活的向往，是我们党的奋斗目标。过去是这样，现在是这样，将来永远是这样。只要我们始终牢记江山就是人民、人民就是江山，坚持一切为了人民、一切依靠人民，坚持为人民执政、靠人民执政，坚持发展为了人民、发展依靠人民、发展成果由人民共享，坚持自觉强化和接受人民监督，坚定走全体人民共同富裕道路，就一定能够领导人民夺取中国特色社会主义新的更大胜利。

三、坚持思想建党、理论强党，始终把思想政治建设摆在首位

我们党是理论上成熟和发展的党。始终重视思想建党、理论强党，始终把思想政治建设摆在首位，是我们党的又一根本优势。历史的发展总是一代人带着一代人走，一代人开辟一代人的路。一代人有一代人的实践，一代人有一代人的认识。理论建设的基本原则是：老祖宗不能丢，又要讲新话。在继承中发展，在发展中继承，继承和发展紧密结合，相互促进。毛泽东思想是马克思列宁主义在中国的创造性运用和发展，是马克思主义中国化的第一次历史性飞跃。中国特色社会主义理论体系是对马克思列宁主义、毛泽东思想的继承和发展，它的形成，实现了马克思主义中国化新的飞跃。以习近平同志为主要代表的中国共产党人，坚持把马克思主义基本原理同中国具体实际相结合、同中华优秀传统文化相结合，坚持毛泽东思想、邓小平理论、

"三个代表"重要思想、科学发展观，深刻总结并充分运用党成立以来的历史经验，从新的实际出发，创立了习近平新时代中国特色社会主义思想。习近平新时代中国特色社会主义思想是当代中国马克思主义、二十一世纪马克思主义，是中华文化和中国精神的时代精华，实现了马克思主义中国化新的飞跃。

遵循实践、认识、再实践、再认识的马克思主义认识论，理论建设包含从实践上升到理论和从理论再回到实践，用理论指导实践，这样两个不可或缺的历史过程。前一个过程不容易，后一个过程更艰巨。新时代思想建党、理论强党的根本任务，是用习近平新时代中国特色社会主义思想武装头脑、指导实践、推动工作。这是做好一切工作的重要前提。理论联系实际，是重大理论问题，也是重大政治问题。要把理论武装作为党的一项基本理论建设、基本政治建设来抓，作为进行伟大斗争、建设伟大工程、推进伟大事业、实现伟大梦想的中心环节和基础工作来抓，努力从根本上提高全党的马克思主义理论水平。

四、进一步贯彻党的民主集中制，坚持全面从严治党

民主集中制优势同党的政治优势、组织优势、密切联系群众优势一样，同样是我们党的根本优势。我们党靠民主集中制治党治国治军，靠民主集中制建设班子、培养干部，靠民主集中制联系群众、服务人民，靠民主集中制抵御风险、战胜困难，靠民主集中制保证党和国家的政治方向。坚持和健全民主集中制，是关系党和国家前途命运的重大政治问题。制度治党，首先靠民主集中制治党。民主集中制是我们党的根本组织原则和根本领导制度，是马克思主义政党区别于其

他政党的重要标志。这项制度把充分发扬党内民主和正确实行集中有机结合起来，既可以最大限度激发全党创造活力，又可以统一全党思想和行动，有效防止和克服议而不决、决而不行的分散主义，是科学合理而又有效率的制度。各级领导班子，都要完善和落实民主集中制的各项制度，坚持民主基础上的集中和集中指导下的民主相结合，既充分发扬民主，又善于集中统一。

贯彻民主集中制同全面从严治党，是紧密联系、内在统一的。要管好、治好我们这样的大党，必须一手抓制度，一手抓作风。没有严格严密的制度，必然是软弱涣散、一盘散沙；同样，不抓全面从严治党，也必然是软弱涣散、一盘散沙。必须清醒地认识到，全党经受"四大考验"，永远在路上；全党防范"四种危险"，永远在路上；保证党不变质、不变色、不变味，永远在路上。在任何时候、任何情况下，全面从严治党都来不得半点松懈，必须警钟长鸣、利剑高悬，始终保持永不懈怠的精神状态和一往无前的奋斗姿态，始终保持踏石留印、抓铁有痕的意志品质，在推动伟大社会革命过程中广泛深入持久地推进伟大自我革命，进一步把党建设得更加坚强有力。在以习近平同志为核心的党中央坚强领导下，在新时代创造中华民族新的更大辉煌！

【作者系十七届中央纪委委员、中央纪委驻原文化部纪检组组长】

深化党的建设制度改革，引领干部担当作为

彭　华

党的二十届三中全会通过的《中共中央关于进一步全面深化改革、推进中国式现代化的决定》指出，聚焦提高党的领导水平和长期执政能力，创新和改进领导方式和执政方式，深化党的建设制度改革，健全全面从严治党体系。党的干部制度作为国家制度和国家治理体系的重要组成部分，具有坚持德才兼备、选贤任能，聚天下英才而用之，培养造就更多更优秀人才的显著优势，为党和国家各项事业发展提供了有力保障。进行伟大斗争、建设伟大工程、推进伟大事业、实现伟大梦想，需要牢牢抓住干部这个决定性因素，激励广大干部自觉投身实现"两个一百年"奋斗目标、实现中华民族伟大复兴中国梦的伟大实践，担当作为、建功立业。

一、发挥教育培训的基础作用，提升干部担当作为的内生动力

马克思主义认为，人类的所有劳动实践，无一例外都是由人的需要引发的，需要是人的实践活动的最初动因和内驱力。但人的需要转化为正确的行为，不是自然而然产生的，需要被认知才能转化为动机，动机被刺激才能转化为行为。教育培训的过程，就是引导干部认知需要、激发动机的过程。激励干部担当作为，要通过教育培训提升干部主动担当的意识，增强干部善作善成的能力，锤炼干部顽强拼搏

的本领。

加强理想信念教育，强化干部担当作为的思想自觉。习近平总书记指出："现实生活中，一些党员、干部出这样那样的问题，说到底是信仰迷茫、精神迷失。"干部不担当、不作为，归根结底是理想信念不坚定，缺乏推进新时代中国特色社会主义事业发展的思想自觉。要用马克思主义科学理论武装头脑，把理想信念建立在对科学理论的理性认同上，建立在对历史规律的正确认识上，建立在对基本国情的准确把握上，特别是坚持用习近平新时代中国特色社会主义思想武装头脑，坚定对马克思主义的信仰、对中国特色社会主义的信念，增强"四个意识"，坚定"四个自信"，做到"两个维护"，自觉做习近平新时代中国特色社会主义思想的坚定信仰者和忠实实践者，以政治忠诚彰显政治担当。

加强专业素质培养，提升干部担当作为的能力水平。激励干部新担当新作为，要培养干部适应新时代要求的能力素质。形势任务发展对干部的专业化要求越来越高，必须加快干部知识更新、能力培训，大力培养具备专业能力、专业素养、专业精神的优秀干部。要坚持系统思维，全面提升干部的学习本领、政治领导本领、改革创新本领、科学发展本领、依法执政本领、群众工作本领、狠抓落实本领、驾驭风险本领，实现干部全面发展。要坚持发展眼光，提升干部教育培训的规划性和前瞻性，制定全国财政干部教育培训规划，与时俱进开展培训，提升干部认识时代、紧跟时代、引领时代的能力。要坚持务实作风，立足工作实践和岗位要求，突出政治建设统领作用，加强干部专业训练，有针对性地开展"点穴式"培训，强根基、补短板、堵漏洞，帮助干部更好地适应改革发展需要。

加强基层实践锻炼，增强干部担当作为的斗争本领。习近平总书记指出："干部要深入基层、深入实际、深入群众，在改革发展的主战场、维护稳定的第一线、服务群众的最前沿砥砺品质、提高本领。""坚持在重大斗争中磨砺，越是困难大、矛盾多的地方，越是形势严峻、情况复杂的时候，越能练胆魄、磨意志、长才干。"正确认识和妥善处理工作面临的新情况新问题，必须加强政治历练、实践锻炼、基层磨炼，提高干部解决复杂问题的本领。要着眼服务党和国家事业发展大局锻炼干部，围绕打赢三大攻坚战、"一带一路"建设、雄安新区建设、自贸区建设、海南全面深化改革开放等工作培养锻炼干部。要优化工作方式，既要有计划地选派干部到基层锻炼，还要防止预设路径、"镀金""铺路"，真正在基层一线考验和锻炼干部。要做到因材施教、因地制宜，根据干部特点，有针对性地提升综合管理、组织领导、处理复杂问题等能力。

二、发挥选人用人的导向作用，激发干部担当作为的整体活力

习近平总书记强调："对干部最大的激励是正确用人导向，用好一个人能激励一大片。"选人用人的导向、风气和环境，直接影响到干部队伍的精神状态、工作热情和干事氛围。要发挥选人用人的导向作用，把干部成长目标与组织发展目标统一起来，激发干部队伍整体活力。

坚持事业为上，鲜明树立讲担当、重担当的用人导向。选拔任用敢担当善作为的干部，是践行新时代党的组织路线的内在要求。必须坚持事业为上，突出实绩要求，把敢不敢扛事、愿不愿做事、能不能干事作为识别干部、评判优劣、奖惩升降的重要标准，把干部干了什么事、干了多少事、干的事组织和群众认不认可，作为选拔干部的根

本依据，大胆使用敢担当善作为的干部，带动全体干部干事创业、奋发有为。要以领导班子干事创业带动干部队伍担当作为，着眼建设一支忠诚干净担当的高素质干部队伍，选优配强一把手，重点选拔政治坚定、锐意进取、积极作为、敢于担当的优秀干部；要合理搭配领导班子成员，突出政治素质和专业素养，优化年龄、性别、经历等结构，增强班子整体功能，提升干事创业合力；要加强干部梯队建设，建立持续发现和动态管理的长效机制，保障各个层级干部储备，做到数量充足、质量优良。

坚持知事识人，客观公正地考核评价干部。习近平总书记指出："用人得当，首先要知人。知人不深、识人不准，往往会出现用人不当、用人失误。"科学准确识人察人，是评价和使用干部的基础和前提。要认真落实习近平总书记提出的"二十字"好干部标准、"三严三实"和"忠诚干净担当"等一系列重要要求，完善干部考核考察机制，把功夫下在平时，全方位、多渠道了解干部，从党和人民事业出发公平对待和使用干部，通过日常考核、分类考核、近距离考核，全面考察了解干部的德才素质和业绩表现。用好日常考核这个基础，及时掌握领导班子日常运转、重点任务推进和干部日常表现情况。抓住分类考核这个关键，区分主要领导干部、班子成员、不同岗位干部履职要求，分级分类建立多维度有针对性的考核体系，提升考核的针对性和精准度。发挥近距离考核这个优势，建立经常性近距离有原则接触干部工作机制，综合采取谈话调研、问卷调查、列席重要会议、设置征求意见箱等方式，有针对性地了解干部政治素质、担当作为等方面情况。

坚持为我所用，加强财政系统人才队伍建设。激励干部新担当新作为，要注重从各个方面选拔专业化人才，不断优化领导班子和干部队伍知识结构、能力结构、专业结构。在理念上要坚持不拘一格，适当突破身份、地区、行业、层级等界限，"不求所有、但求所用"，吸纳更多优秀人才参与到财政改革发展的事业中来。在制度上要全面深化人才发展体制机制改革，完善人才培养、评价、流动、激励机制，建立有利于优秀人才脱颖而出的制度体系。在方法上要坚持顶层设计与重点实施相结合，兼顾长期需求和当前矛盾，研究制定财政系统人才队伍建设总体规划，重点推进当前急需紧缺的对外财经人才库建设，不断提升人才培养的前瞻性、针对性、实效性。

三、发挥干部管理的激励作用，增强干部担当作为的外部推力

习近平总书记指出："全面从严治党的目的是更好促进事业发展，激励干部增强干事创业的精气神。"正向激励旨在发挥"助推器"作用，凝聚敢担当、善作为的强大正能量，负向激励旨在发挥"紧箍咒"作用，规范干部履职行为、督促干部积极作为，防止干部不作为、乱作为。正向激励与负向激励的辩证统一，共同形成促进干部担当作为的外部推力。

从严管理监督，鞭策干部干事创业。严管就是厚爱，是对干部真正负责，最终是对事业真正负责。对于不作为、慢作为的干部，消极懈怠、萎靡不振的干部，不愿负责、不敢碰硬的干部，必须坚决处理、果断调整，形成调整一个、教育一片、鞭策一批的震慑效应。要把从严管理落实到干部队伍建设全过程，"严"出作风、"严"出士气、"管"出担当、"管"出业绩，不能"一禁了之""一免了之"。要坚持用制度管人管事，用制度规范权力运行，形成党内监督、法律监督和群众监督相结合的权力监督机制，避免以权谋私和权力旁溢。比如，

建立健全内控制度、干部监督联席会议制度，严格落实领导干部个人有关事项报告、兼职审批等制度，织密扎牢干部监督的制度笼子。要抓住重点，管在关键时、管到关键处、管住关键人。比如，探索开展干部行为失范纪实工作，实时了解存在苗头性、倾向性问题的干部；盯住"凡提四必"、民主推荐、组织考察等重点环节，对存在不良反映的干部从严审核把关，坚决防止"带病提拔"。

强化正向激励，引领干部担当作为。要认真落实习近平总书记提出的"三个区分开来"重要要求，建立健全容错纠错机制，细化具体措施，保护干部的积极性、主动性、创造性，旗帜鲜明地为干事者加油、为担当者担当。要真情关爱干部，帮助解决实际困难，关注身心健康，让广大干部安心、安身、安业。对基层干部特别是困难艰苦地区和奋战在脱贫攻坚第一线的干部，要给予更多理解和支持，在政策、待遇等方面给予倾斜。要发挥先进典型的示范带动作用，深入宣传先进典型先进事迹，大力弘扬艰苦奋斗、干事创业的优良传统作风，激发干部担当作为、建功立业的热情，在全国财政系统内营造"求真务实、开拓创新，知重负重、攻坚克难，勇于斗争、担当作为"的良好氛围。

【作者系财政部人事教育司司长兼巡视办主任，曾任中央组织部全国组织干部学院副院长】

深入推进党风廉政建设和反腐败斗争，坚持一体推进不敢腐、不能腐、不想腐

蔡志强

坚持一体推进不敢腐、不能腐、不想腐，是习近平总书记关于党的自我革命的重要思想的伟大实践，是新征程反腐败斗争总的要求的重要内容。我们要科学把握坚持一体推进"三不腐"的时代内涵和实践要求，深化体制机制建设，坚决打赢反腐败斗争攻坚战持久战。

习近平总书记在二十届中央纪委三次全会上发表的重要讲话，总结了全面从严治党的新进展、新成效，明确提出推进党的自我革命"九个以"的实践要求，对持续发力、纵深推进反腐败斗争作出战略部署。习近平总书记在重要讲话中把"坚持一体推进不敢腐、不能腐、不想腐"列为新征程反腐败斗争总的要求的重要内容，充分表明一体推进不敢腐、不能腐、不想腐，不仅是反腐败斗争的基本方针，也是新时代全面从严治党的重要方略。全面从严治党永远在路上，党的自我革命永远在路上。新征程上，要深入学习贯彻习近平总书记重要讲话精神和习近平总书记关于党的自我革命的重要思想，以永远在路上的坚韧和执着，不断实现不敢腐、不能腐、不想腐一体推进，坚决打赢反腐败斗争攻坚战持久战。

一、坚持一体推进"三不腐"是习近平总书记关于党的自我革命的重要思想的伟大实践

党的十八大以来，我们党开展史无前例的反腐败斗争，坚持无禁区、全覆盖、零容忍，坚持一体推进"三不腐"。经过新时代坚持不懈的强力反腐，反腐败斗争取得压倒性胜利并全面巩固，成功走出一条中国特色反腐败之路。坚持一体推进"三不腐"来自于习近平总书记对反腐败斗争、全面从严治党一以贯之、与时俱进的深刻思考和不懈推动，是我们党推进全面从严治党和反腐败斗争实践的科学总结。

标本兼治是我们党管党治党的一贯要求。坚持一体推进"三不腐"，就是要做到让党员干部因敬畏而"不敢"、因制度而"不能"、因觉悟而"不想"。在十八届中央纪委二次全会上，习近平总书记提出"三不腐"体制机制建设要求："把权力关进制度的笼子里，形成不敢腐的惩戒机制、不能腐的防范机制、不易腐的保障机制"。此后又进一步从顶层设计上思考谋划一体推进"三不腐"的有效举措、长久之策，推动正风肃纪反腐向纵深发展。在十九届中央纪委四次全会上，习近平总书记指出："一体推进不敢腐、不能腐、不想腐，不仅是反腐败斗争的基本方针，也是新时代全面从严治党的重要方略。"在二十届中央纪委二次全会上，习近平总书记强调："要把不敢腐、不能腐、不想腐有效贯通起来，三者同时发力、同向发力、综合发力，把不敢腐的震慑力、不能腐的约束力、不想腐的感召力结合起来。"在二十届中央纪委三次全会上，习近平总书记进一步强调："围绕一体推进不敢腐、不能腐、不想腐等完善基础性法规制度"。新时代以来，在习近平总书记关于坚持一体推进"三不腐"重要论述科学

指引下，我们不断巩固良好政治生态，开展了史无前例的反腐败斗争，消除了党、国家、军队内部存在的严重隐患。

坚持一体推进"三不腐"，要在党和国家事业发展的全局中把握其整体要求，坚持统筹联动、一体运行，增强总体效果。把不敢腐的强大震慑效能、不能腐的刚性制度约束、不想腐的思想教育优势融于一体，坚持三者同时发力、同向发力、综合发力，推动各项措施在政策取向上相互配合、在实施过程中相互促进、在工作成效上相得益彰。坚持一体推进"三不腐"是习近平总书记关于党的自我革命的重要思想的伟大实践，是习近平新时代中国特色社会主义思想的世界观和方法论的生动体现和科学运用，有力推动全面从严治党向纵深发展。

二、科学把握坚持一体推进"三不腐"的时代内涵和实践要求

坚持一体推进"三不腐"直指人类社会腐败治理和政党实现自我监督的政治难题，牢牢把握公权力运行的党性原则和监督要求，构建了系统完备、科学规范、执行有力的反腐败制度运行机制。

加强党对反腐败斗争的集中统一领导，牢牢掌握反腐败斗争的领导权、主动权。党委（党组）健全全面从严治党制度，发挥好主导作用，统筹推进各类监督力量整合、程序契合、工作融合，强化对反腐败斗争全过程领导。持续深化纪检监察体制改革，做实专责监督，搭建监督平台，织密监督网络，整合反腐败全链条力量，协助党委推动监督体系高效运转。严格落实民主集中制，按照集中统一领导、分工负责、权责一致原则，明确"一把手"和领导班子各自分管的事项、掌握的权力以及应负的责任。实现党委（党组）主体责任、书记第一

责任人责任和纪委监委监督责任贯通联动、一体落实。

反腐败是最彻底的自我革命，要始终坚持严的基调、严的措施、严的氛围。始终坚持实事求是，确保依规依纪依法，做到坚定稳妥、精准惩治。坚持从政治上看腐败问题，敢于斗争，敢于胜利。持续盯住"七个有之"问题，把严惩政商勾连的腐败作为攻坚战重中之重，坚决打击以权力为依托的资本逐利行为，坚决防止各种利益集团、权势团体向政治领域渗透。深化整治金融、国企、能源、医药和基建工程等权力集中、资金密集、资源富集领域的腐败，清理风险隐患。严厉整治发生在群众身边的腐败和作风问题，以正风肃纪反腐的扎实成效赢得人民信赖和拥护。

突出思想建党与制度治党同向发力、党内监督与群众监督有机统一。把握标本兼治、系统施治原则，"惩前毖后、治病救人"方针和监督执纪"四种形态"，坚持教育挽救、惩戒激励并重，健全完善既从严监督约束又激励担当作为的政策策略。坚持纪在法前、纪严于法，推进纪法贯通、法法衔接，完善权力配置和运行制约机制，创新查办重大案件机制，加快新兴领域治理机制建设，完善系统治理制度等，以高效运行的机制保障"三不腐"一体推进。

运用治理的理念、系统的观念、辩证的思维管党治党。要不断提高战略思维、历史思维、辩证思维、系统思维、创新思维、法治思维、底线思维能力，通过系统管理、动态管理、闭环管理实现"三不腐"一体推进。

用"全周期管理"方式一体推进"三不腐"。把握增量和存量的关系，更加有力遏制增量，更加有效清除存量。把握好惩治与防范、治标与治本、阶段性与连续性的关系，形成上下贯通、左右衔接、内外联动的监督合力。把握反腐败斗争新动向，发挥好全面从严治党的独特优势，既猛药去疴、重典治乱，也正心修身、涵养文化；既夯实治本的基础，又用好治标的利器，下大力气铲除腐败滋生的土壤和条件，坚决打赢反腐败斗争攻坚战持久战。

三、深化坚持一体推进"三不腐"体制机制建设的实践路径

打赢反腐败斗争攻坚战持久战，要求我们始终坚持以习近平新时代中国特色社会主义思想为指导，深入学习贯彻习近平总书记关于党的自我革命的重要思想，对反腐败斗争的新情况新动向要有清醒认识，对腐败问题产生的土壤和条件要有清醒认识，以永远在路上的坚韧和执着，深化坚持一体推进"三不腐"体制机制建设。

坚定维护党中央集中统一领导，落实管党治党政治责任。加强反腐败协调机制建设，把党的领导贯穿一体推进"三不腐"全链条。要落实管党治党政治责任，坚定拥护"两个确立"，坚决做到"两个维护"，健全党的领导制度体系，完善党中央重大决策部署落实机制。要锚定党委主体责任和纪委监督专责，抓住"问责"要害，压实各级党委（党组）全面从严治党主体责任特别是"一把手"第一责任人责任，贯通落实相关职能部门监管职责，健全各负其责、统一协调的管党治党责任格局。

健全体制机制，把严的基调、严的措施、严的氛围长期坚持下去。要深化对反腐败斗争规律性认识，将"全面从严"的要求贯穿干部教育、使用、管理、监督全过程，贯穿权力运行和责任落实全过程。一是在不敢腐上持续加压，保持零容忍震慑不变、高压惩治力量常在，提升及时发现和处置腐败问题的能力。紧盯重点问题、重点领域、重点对象、新型腐败和隐性腐败，更加有力遏制腐败增量，更加

有效清除腐败存量。二是在不能腐上深化拓展，加强重点领域监督机制改革和制度建设，健全风腐同查同治工作机制，既"由风查腐"又"由腐纠风"。立足健全全面从严治党体系，推动完善党内监督体系、基层监督体系、各类监督贯通协调机制，持续推进反腐败国家立法，与时俱进修改监察法，不断改善制度运行环境。三是在不想腐上巩固提升，更加注重正本清源、固本培元、纠树并举，以学习贯彻新修订的纪律处分条例为契机，在全党开展一次集中性纪律教育。弘扬伟大建党精神，加强新时代廉洁文化建设，推动形成廉荣贪耻的社会氛围，推动作风建设常态化长效化。

前移关口，确保"三不腐"同时同向综合发力。坚持一体推进"三不腐"既是政治要求、纪法要求，也是中国共产党人的党性要求。一要坚持严管和厚爱结合、激励和约束并重，健全培养选拔、从严教育管理监督年轻干部的常态化工作机制。坚持"三个区分开来"，完善激励党员干部敢于担当作为的干部考核评价机制、容错纠错机制和教育引导机制，形成奋进新征程、建功新时代的浓厚氛围和生动局面。二要发扬斗争精神，严明政治纪律和政治规矩，把严的要求贯彻到党规制定、党纪教育、执纪监督全过程，保持政治上、思想上、组织上、制度上对腐败的压倒性力量常在，有效应对腐败手段隐形变异翻新升级。三要开展深入细致的思想政治工作，立足国之大者，用理想信念强基固本，用党的创新理论武装全党，用优秀传统文化正心明德，补足精神之"钙"，铸牢思想之"魂"，筑牢思想道德防线。四要始终把中央八项规定作为铁规矩、硬杠杠，常态长效深化落实。要坚持党性党风党纪一起抓，把反"四风"与反腐败、反特权结合起来，常抓不懈、久久为功。持续放大坚持一体推进"三不腐"叠加效应、综合效能，进一步增强反腐败斗争的主动性、系统性、实效性，确保党永远不变质、不变色、不变味，始终成为中国特色社会主义事业的坚强领导核心。

【作者系中国纪检监察学院北戴河校区主任，教授，博士生导师】